EDITH VAN DEN GOORBERGH OSC

Klara von Assisi. Mystik im Alltag

Vena vivida – Lebendige Quelle VI

WFF 10

Werkstatt Franziskanische Forschung

Band 10

Vena vivida – Lebendige Quelle

Texte zu Klara von Assisi und ihrer Bewegung

VI

Werkstatt Franziskanische Forschung

Band 10

Edith van den Goorbergh OSC

Klara von Assisi
Mystik im Alltag

Vena vivida – Lebendige Quelle
Texte zu Klara von Assisi und ihrer Bewegung
VI

Herausgegeben von der
Werkstatt Franziskanische Forschung
in Verbindung mit der
Fachstelle Franziskanische Forschung

Bibliografische Information der Deutschen Nationalbibliothek
Die Deutsche Nationalbibliothek verzeichnet diese Publikation in der Deutschen
Nationalbibliografie; detaillierte bibliografische Daten sind im Internet
über http://dnb.dnb.de abrufbar.

Titelblatt: Klara-Ikone im Refektorium der Klarissen am Dom in Münster

Herausgegeben von der Werkstatt Franziskanische Forschung
in Verbindung mit der Fachstelle Franziskanische Forschung
Redaktion: Fachstelle Franziskanische Forschung (FFF)
                Überwasserkirchplatz 2, 48143 Münster

Satz: FFF (Münster)

Herstellung und Verlag: BoD - Books on Demand, Norderstedt

ISBN 978-3-7543-3697-7

Inhalt

Vorwort

Klara von Assisi war Franziskus' erste Jüngerin. Am Ende ihres Lebens bekam sie eine kirchliche Bestätigung ihrer „Lebensform des Ordens der armen Schwestern". Sie war die erste Frau in der Geschichte, die selbst eine Lebensform zusammengestellt hat und unter die, außer dem Kardinalprotektor des Ordens, auch der Papst seine Unterschrift gesetzt hat. Diese Schrift ist das bedeutendste Dokument aus dem geistlichen Erbgut des Ordens der armen Schwestern der heiligen Klara, auch Klarissen genannt. Bis heute leben weltweit Frauen, die sich für ihr kontemplatives Leben an der genannten Lebensform orientieren. Was ist dessen Geheimnis? Nach diesem Geheimnis machen wir uns in diesem Buch auf die Suche.

Die Lebensform soll angegangen werden als ein geistliches Umformungsmodell. Die Lebensform ist eine Wiedergabe einer gelebten Spiritualität des Evangeliums Jesu Christi. Aus dieser Lebensweisheit nimmt die Lebensform ihre umformende Kraft. Fragen, die aufsteigen, sind dann: Was macht die Lebensform mit uns, wenn wir ihre gelebte Spiritualität an uns heranlassen? Wie können wir unser Leben so gestalten, dass es anschließt sowohl an die ursprüngliche Beseelung von Klara und ihren Schwestern wie bei unserer innerlichen Beseelung acht Jahrhunderte später? Vielleicht kann eine Lektüre von Klaras Text mit Fragen aus der Spiritualität einen Bewusstwerdungsprozess bewirken, der es ermöglicht, die Lebensform kreativ zu aktualisieren. Menschen, die im alltäglichen Leben nach Spiritualität suchen, können damit etwas anfangen. Dieses Buch will dabei eine bescheidene Hilfe sein.

Die ersten drei Kapitel bieten eine allgemeine Orientierung. Nachdem die Lebensform in ihren historischen, kulturellen und kirchlichen Kontext gestellt worden ist (Kapitel 1), verweile ich bei der Frage, was eine Lebensform ist und welche Herausforderung davon ausgehen kann (Kapitel 2). Danach folgt eine Untersuchung des Textes, mit Sicht auf die Komposition des Ganzen. Am Ende des dritten Kapitels werden einige Lektüreschlüssel gereicht, um die Texte zu öffnen.

In Kapitel 4 bis einschließlich 10 wird der Text der Lebensform erschlossen mit Hilfe der genannten Lektüreschlüssel. Um so nah wie möglich beim Gedankengut Klaras zu bleiben, nutze ich eine Arbeitsübersetzung, die zwangsläufig etwas schwerfällig ist. Soweit es notwendig ist, gebe ich an Ort und Stelle eine kurze Erläuterung zum historisch-kulturellen Hintergrund, damit die eigentliche Botschaft des Textes besser verstanden werden kann. Hier und da biete ich einen Ansatz, um den Inhalt zu aktualisieren. Das Schlusskapitel stellt die Lebensform als ein geistliches Umformungsmodell vor, in dem die Armut, Niedrigkeit (Demut) und Liebe Jesu Christi sich als die verwandelnden Kräfte erweisen.

Ich bin dankbar für die Gelegenheiten, die ich bekomme, um Vorträge, Einführungen und Besinnungstage über die Lebensform zu geben unseren Schwestern in der Ausbildung, unserer Kommunität in Megen und einzelnen Kommunitäten in Flandern. Die Fragen und Anmerkungen der Schwestern haben mein Verständnis geschärft und die Notwendigkeit einer Hilfe beim Lesen deutlich gemacht. Ich danke Sr. Margriet van Gennip osc, Sr. Carmen Temmerman osc und Br. Fred Dijkmans ofm, die Teile der ersten Fassung des Textes gelesen haben. Ihr Interesse hat mich angeregt, mit diesem Werk fortzufahren, ungeachtet der begrenzt verfügbaren Zeit. Dank an Ids Jorna, der in der allerletzten Phase das Manuskript noch einmal sorgfältig durchgelesen hat. Mein besonderer Dank gilt Br. Jan van Beeck ofm. In der Phase der Endredaktion waren seine Ratschläge und kritischen Anmerkungen sehr wertvoll. Bei der Arbeitsübersetzung hat er geholfen, um verwickelte Knoten zu entwirren. Ich bin ihm sehr dankbar für seine brüderliche Verbundenheit. Natürlich bleibe ich selbst verantwortlich für die Unvollkommenheiten und Mängel dieses Buches.

Dank auch an die Föderation der heiligen Klara in den Niederlanden für das Angebot, dieses Buch zu veröffentlichen anlässlich der Vorbereitung der Gedenkfeier des achthundertjährigen Bestehens unseres Ordens. Ich hoffe, dass diese Auslegung der Lebensform einen Beitrag liefern darf für ein tieferes Verständnis der Spiritualität des täglichen Lebens von Klara und ihren Schwestern.

1 Entwicklung einer Lebensform

‚Es geht bei der religiösen Umwandlung nicht um eine einfache Rückkehr zum Anfang, sondern um ein Neulesen der gesamten Tradition: die Quellentexte inklusive ihrer Rezeption und die neuen Erfahrungen, die im Laufe der Zeit die Tradition bereicherten.‘ (Kees Waaijman)[1]

Im April 1211 fand Klara di Favarone di Offreduccio zusammen mit ihrer jüngeren Schwester Agnes (Catharina) und Pacifica di Guelfuccio von Assisi ihre Bleibe bei der Kirche von San Damiano, anderthalb Kilometer außerhalb der Stadtmauern von Assisi.[2] Sie verlangten danach, wie Franziskus und seine Brüder, der Armut und Niedrigkeit (Demut) Jesu Christi nachzufolgen. Eine Lebensregel, die zu dem passte, was in ihnen lebendig war, hatten sie noch nicht. Sie konnten sich lediglich auf einige Wochen Erfahrung im Kloster Sant'Angelo di Panzo gründen. Wie es am Anfang bei Franziskus und seinen Brüdern der Fall war, stützten sie sich auf einige Texte aus dem Evangelium Jesu Christi.[3] Als Franziskus sah, dass Klara und ihre Schwestern keine Angst hatten vor alldem, was ein Leben ohne Eigentum mit sich brachte, und dass sie dem Unverständnis der Familie und des Bekanntenkreises trotzten, gab er den Schwestern eine kurze Lebensform (Forma vivendi). Das muss zwischen 1211 und 1214 gewesen sein. In den Anfängen wurde diese einfache ‚Forma vivendi‘ ergänzt durch die Lebenserfahrungen der Schwestern und geprüft am Inhalt der Evangelien.[4] Später hat Klara

---

1 Vgl. Kees Waaijman, *Handbuch der Spiritualität. Formen – Grundlagen – Methoden.* Mainz 2007, Teil 1, Kapitel 2, 2.5.2.

2 Martina Kreidler-Kos und Niklaus Kuster nehmen 1211 als Anfangsdatum von Klaras Bekehrung (*Neue Chronologie zu Klara von Assisi*, in: Wissenschaft und Weisheit, Band 69,1 (2006), 3-46, 14); vgl. Federazione, vol. II, 22.

3 Sigismund Verheij, *Ins Land der Lebenden. Die Regel des Franziskus von Assisi für die Minderbrüder.* Aus dem Niederländischen übersetzt von Sr. Ancilla Röttger OSC. (Werkstatt Franziskanische Forschung, Band 4), Norderstedt 2009, 30–32.

4 So geschah es auch mit der Regel der Brüder. Der ursprüngliche Lebensentwurf oder Plan (propositum) von Franziskus und seinen Brüdern bestand hauptsächlich aus Evangelientexten. Dieser Lebensentwurf wurde 1209/1210 durch Papst Innozenz III. approbiert. Die Regeln von 1221 und 1223 sind zustande gekommen durch Reflexion über die Erfahrungen der Brüder mit ihrem Leben

dieses Schriftstück, zusammen mit dem Letzten Willen, den Franziskus am Ende seines Lebens den Schwestern gegeben hat, zum Herzstück ihrer Lebensform gemacht. Beide Schriften machten fortan den Kern ihres Lebens aus (KlReg VI,2–3;7–9). Klara und ihre Schwestern sind ihr ganzes Leben lang der evangelischen Armut treu geblieben. Diese Form von Armut war neu, weil sie nicht nur die persönliche Armut betraf, sondern auch die Gemeinschaft auf feste Einkünfte verzichtete.[5]

Wann Klara ihre Lebensform endgültig festgelegt hat, bleibt unklar. Der Heiligsprechungsprozess und die Lebensbeschreibung sagen darüber nichts. Dennoch kann man sicher sein, dass Klara mit ihren Schwestern in San Damiano und mit den Leiterinnen anderer Klöster viel darüber nachgedacht hat. Sicher ist, dass sie Kontakt hatte mit Agnes von Prag, Prinzessin aus dem Königshaus von Böhmen, die in Prag ein Kloster gründete.[6] Wahrscheinlich sind auch Brüder und kirchliche Führer beteiligt gewesen. Felice Accrocco nennt Br. Leo als möglichen Ratgeber.[7]

1.1 Entwicklungen ab 1215

Am Beginn des dreizehnten Jahrhunderts war eine Menge von neuen religiösen Gruppierungen entstanden, die keine kirchlich anerkannte Lebensregel hatten. Viele Frauen lebten als Nonnen zusammen und fielen unter die Jurisdiktion des Ortsbischofs. Während des Vierten Laterankonzils 1215 machte dies für die kirchliche Behörde einen

---

nach dem Evangelium. Margaret CARNEY, *The First Franciscan Woman. Clare of Assisi and her Form of Life*, Quincy Illinois 1992, 95; vgl. Sigismund VERHEIJ, *Ins Land der Lebenden*, 33–35.

5   Im letzten Kapitel wird die Art, wie Klara über „Armut" spricht, ausführlich betrachtet.

6   Johannes SCHNEIDER (Hg.), *Candor Lucis Eterne – Glanz des ewigen Lichtes. Die Legende der heiligen Agnes von Böhmen*. Mönchengladbach 2007, 10–11.

7   Felice ACCROCCO, *The „Unlettered One" and His Witness: Footnotes to a Recent Volume on the Autographs of Brother Francis and Brother Leo*, in: *Greyfriars Review* 16 (2002), 265–282; (über Klaras Lebensform und Testament, 227–228).

besonderen Schwerpunkt aus. Um einer allzu großen Verschiedenheit und Wildwuchs in Klosterregeln vorzubeugen, wurde beschlossen, dass keine neuen Klosterregeln mehr dazukommen durften.[8] Dadurch entstand ein Problem für die junge Gemeinschaft in San Damiano, die noch keine approbierte Regel hatte. Wie konnte das mit dem Leben ohne persönliches und gemeinschaftliches Eigentum gehen? Gab es für die Schwestern schon ganz zu Anfang Anlass, um den Erhalt der Armut zu fürchten? Der Überlieferung nach hat Papst Innozenz III. 1216, als er sich in Perugia aufhielt, auf Bitten Klaras selbst – ob mündlich oder schriftlich, darüber besteht Zweifel – ihnen ein „propositum" (Lebensentwurf), das erste sogenannte *Privileg der Armut*, gegeben. Diese päpstliche Bestätigung beinhaltete, dass die Schwestern nie gezwungen werden dürfen, Besitz in welcher Form auch immer anzunehmen. Außerdem sollte dieses Privileg garantieren, dass die Gemeinschaft wegen dieser besonderen Form von Armut der Jurisdiktion des Ortsbischofs entzogen wäre. In dem Dokument richtet der Papst sich an „Klara und die anderen Mägde Christi von der Kirche San Damiano bei Assisi, sowohl ... die gegenwärtigen wie ... die zukünftigen, die das geregelte Leben gelobt haben für alle Zeiten" (quam futuris regularum vitam professis, in perpetuum).[9] Welche Regel ist hier gemeint? Handelte es sich um den „Lebensentwurf" der Minderbrüder, dem Papst Innozenz III. 1209/1210 zugestimmt hatte und worauf die Schwestern Franziskus Gehorsam gelobt hatten? Die Regel für die minderen Brüder bekam erst 1223 die kirchliche Billigung. Weitere Fragen also, die die Echtheit dieses Dokumentes anzweifeln lassen.[10]

---

8   Viertes Laterankonzil 1215, Canon XIII, in: *Conciliorum oecumenicorum decreta*, Freiburg 1962, 218. *Klara-Quellen*, 385.

9   *Klara-Quellen*, 358-360.

10   Werner MALECZEK hat versucht nachzuweisen, dass das Propositum von 1216 von Papst Innozenz III. eine Fälschung ist, in: *Das Privilegium Paupertatis Innozenz III. und das Testament der Klara von Assisi. Überlegungen zur Frage ihrer Echtheit*, in: *Collectanea Franciscana* 65 (1995) 5–82; Niklaus KUSTER hat die Thesen von Maleczek widerlegt: *Das Armutsprivileg Innozenz III. und Klaras Testament: echt oder raffinierte Fälschungen?*, in: *Collectanea Franciscana* 66 (1996), 5–95.

1.2 Von 1217 bis 1241

1217 wurde Kardinal Hugolin dei Conti di Segni (der spätere Papst Gregor IX.) päpstlicher Legat für die Klöster der in Abgeschlossenheit lebenden armen Frauen in der Lombardei und der Toskana. Anfangs standen diese neuen Klöster unter der Autorität der Ortsbischöfe. Hugolin brachte die Klöster unter die unmittelbare Autorität des Hl. Stuhls. Sie wurden exemt, was bedeutet, dass die kirchliche Autorität über die Klöster den Ortsbischöfen entzogen wurde. Hugolin sorgte auch für einen Visitator, der in seinem Namen handeln konnte. Zwischen dem 27. August 1218 und dem 30. Juli 1219 erließ er für die Klöster, die keine anerkannte Regel hatten, eine *Form und Weise des Lebens (Formam et modum vivendi)*, basierend auf der Regel Benedikts (HugReg 3).[11] Die älteste Handschrift – von der G.P. Freeman 2008 eine Kopie in die Hände bekam – ist datiert auf 1219 und adressiert an die Schwestern von San Damiano.[12]

Hinsichtlich der „Form und Weise des Lebens" wurden für die neuen Klöster besondere Rahmenbedingungen festgelegt. Auffallend sind die strikten Klausurbestimmungen (HugReg 4) und die sehr strengen Fastenvorschriften (HugReg 7). Hingegen fehlen Bestimmungen zum Verzicht auf feste Einkünfte für die Gemeinschaft und zur geistlichen Leitung der Minderbrüder. Viele der neuen Klöster haben diese Form und Weise des Lebens von Hugolin angenommen. Auch Klara und ihre Schwestern in San Damiano haben in Rücksprache mit Franziskus zunächst diese Lebensform angenommen. Das Problem war ja, dass die Minderbrüder 1220 selbst noch keine offiziell anerkannte Regel

---

11 Von Beginn des dreizehnten Jahrhunderts an wurde die Klausur für alle Frauenklöster verpflichtend. Vgl. Gerard Pieter FREEMAN, *Clarissen in de dertiende eeuw. Drie Studies,* Utrecht 1997, 61.

12 *Klara van Assisi. Geschriften en oudste bronnen.* Vertaald en ingeleid door G.P. Freeman, M. Bouritius, B. Corveleyn, A. Holleboom en E. De Vrie, Nijmegen 2015, 18, 113–115, 132–145. Vgl. *Federazione* Bd. II, 51, 62; *Klara-Quellen,* 465–466, 470–496. Ich vermeide den Begriff „Konstitutionen" oder „Regel", wie dieses Dokument häufig genannt wird, weil in dem Dokument selbst über „Form und Weise des Lebens" (formam et modum vivendi) gesprochen wird.

hatten. Darum konnte die Gemeinschaft von San Damiano nichts anderes tun, als die Lebensform von Hugolin auf der Basis der anerkannten Regel Benedikts zu übernehmen. Die Schwestern und Brüder bekamen denselben Kardinalprotektor, den Zisterzienser Ambrosius, aber die tägliche Sorge blieb bei den Brüdern. Die Lebensform, die Klara und ihre Schwestern von Franziskus bekommen hatten, enthielt das Versprechen, dass er und seine Brüder allezeit für die Schwestern sorgen würden (vgl. KlReg 6,3). Mit diesem Versprechen und weil das Band des Gehorsams gegenüber der Lebensweise des Franziskus und seiner Brüder bestehen blieb, behielt San Damiano wohl mehr oder weniger eine Ausnahmestellung unter den Frauenklöstern, die die Lebensform Hugolins angenommen hatten.[13]

Doch wurde mit diesen neuen Regelungen die kirchlich-juridische Position für Klara und ihre Schwestern in San Damiano undurchschaubar. Formal gesehen gehörten die Schwestern nicht mehr zum neuen Orden des Franziskus, sondern zu dem alten Orden Benedikts. Gleichzeitig fielen sie unter die Jurisdiktion des Hl. Stuhls. Und sie hatten Franziskus Gehorsam versprochen. Er hatte versprochen für sie weiterhin zu sorgen.[14] Zu Lebzeiten des Franziskus war dies ein weniger großes Problem, aber nach seinem Tod wurde es für die Schwestern viel schwieriger, dem treu zu bleiben, was sie Franziskus versprochen hatten.[15]

1.3 Kardinal Hugolins Wertschätzung gegenüber Klara und ihren Schwestern

Vermutlich hatte Kardinal Hugolin das besondere Charisma Klaras und ihrer Schwestern, die evangelische Armut ernst zu nehmen,

---

13 Die Gemeinschaft von Monticelli bei Florenz bekam 1219 eine alternative Lebensform; siehe Niklaus KUSTER / Martina KREIDLER-KOS, *Neue Chronologie zu Klara von Assisi*, 16.
14 Vgl. KlReg 6,1–3; 2 C 204.
15 Gerard Pieter FREEMAN, *Clarissen in de dertiende eeuw*, 129.

wahrgenommen. Er hatte in den Anfangsjahren guten Kontakt zu Klara. Während der Karwoche 1220 hielt er sich in San Damiano auf. Er war sehr beeindruckt von dem Leben der Schwestern und bat häufig um ihr Gebet (LebKl 27,4). Aus seinem lobenden Brief 1220 an Klara zeigt sich seine Hochachtung für das, was er in San Damiano gesehen hat (HugKl). Darin steht jedoch nichts Konkretes über die „höchste Armut". War diese Entscheidung Klaras für ihn damals schon problematisch? Dass Klara Einfluss gehabt hat beim Zustandekommen der Lebensform von 1219, ist sehr wahrscheinlich. (Nach den neuesten Forschungen haben Klara und Hugolin vermutlich sogar zusammen daran gearbeitet.)[16] Tatsache ist, dass das Kloster von San Damiano eine Vorbildfunktion bei den weiteren Entwicklungen des religiösen Lebens für Frauen gehabt hat. Allmählich kam der Name „Damianitinnen" in Umlauf, der seit 1223 in kirchlichen Dokumenten auftaucht.[17]

Man weiß, dass Hugolin auch noch als Papst mit dem Namen Gregor IX. die Lebensweise der Schwestern sehr wertschätzte. Gleichwohl blieb er jedoch wirklich besorgt über ihre Entschiedenheit, mit der sie auf feste Einkünfte verzichteten. Anlässlich seines Besuches als Papst in Assisi im Mai oder Juni 1228 versuchte er persönlich, Klara zu überreden, seine Lebensform ohne Ausnahmen anzunehmen. Das hätte bedeutet, dass die Gemeinschaft feste Einkünfte erhielt. Entschieden lehnte Klara das Angebot von festen Einkünften ab mit Berufung auf ihr Gelübde: „Heiliger Vater, auf keine Weise will ich von der Nachfolge Christi befreit werden". Bewegt durch diese Antwort gab Gregor am 17. September 1228 dem Kloster San Damiano das Privileg der Armut. Somit behielten die Schwestern ihre Ausnahmestellung (LebKl 14,1–7). Das Originaldokument wird im Archiv des Protomonasterium in Assisi aufbewahrt.[18]

---

16 *Klara van Assisi. Geschriften en oudste bronnen*, 111–112.

17 *Dominae ordinis s. Damiani*, in: Gerard Pieter FREEMAN, *Clarissen in de dertiende eeuw*, 40, Anm. 24; 128–129; vgl. Niklaus KUSTER / Martina KREIDLER-KOS, *Neue Chronologie zu Klara von Assisi*, 18.

18 *Klara-Quellen*, 362. Im Dokument steht ‚propositum'. Der Name ‚Privileg der Armut' stammt wahrscheinlich von Klara selbst (vgl. ProKl 3,32; LebKl 40; 2Agn 11).

1.4 Kontakte zu Agnes von Prag

Von 1234 bis zu ihrem Tod im Jahr 1253 hat Klara mit Agnes von Prag korrespondiert. Agnes hatte durch die Minderbrüder über Klara gehört und verlangte dieselbe Lebensweise für ihre eigene Gemeinschaft. Die Korrespondenz zeigt, dass Klara sich immer mehr von der Politik Gregors IX. für die Frauenklöster distanzierte (2 Agn 17). Im Jahre 1234 stellte sie Agnes ihre Gemeinschaft vor als ‚Frauen, die im Kloster San Damiano in verborgener Zurückgezogenheit leben' (1 Agn 2) und nicht als ‚arme Frauen', wie es in der ersten Lebensbeschreibung von Franziskus durch Celano steht (1 C 18-20). Agnes ihrerseits war nach ihrem Klostereintritt vollauf damit beschäftigt, diese Form der Armut, wie Klara sie vertrat, auch für ihr Kloster zu erhalten. Schon nach vier Jahren bekam sie mit der Bulle *Pia credulitate tenentes* vom 15. April 1238 von Papst Gregor IX. für ihr Kloster das Privileg der Armut.[19] Kurz darauf jedoch, am 11. Mai 1238, erhielt sie mit der Bulle *Angelis gaudium* die Ablehnung der Lebensform, die sie für ihre Gemeinschaft zur Approbation in Rom vorgelegt hatte. Wahrscheinlich stimmte diese stark überein mit der täglichen Praxis in San Damiano. In der Bulle *Angelis gaudium* des Papstes steht, dass die Lebensform Klaras nicht mehr als Babynahrung sei.[20] Diese Erwähnung lässt vermuten, dass Klara schon einen Text für ihre Lebensform im Konzept bereit hatte. An den Antworten des Papstes in seinen Briefen an viele Klöster der Damianitinnen während dieser Periode zeigt sich übrigens, dass große Unklarheit bestand über die Lebensweise. Die Schwestern stellten unter anderem Fragen bezüglich der erlaubten Fastenspeisen, des Lebens der Klausur, des Gebrauchs von Betten. Nicht ohne Grund verwies Papst Gregor IX. in dieser Zeit die Schwestern der Klöster der

---

19 J.H. Sʙᴀʀᴀɢʟᴇᴀ (ed.), *Bullarium Franciscanum I.* Roma 1759, 236f. Eine ‚Bulle' ist ein Brief mit einem Siegel einer kirchlichen Instanz.

20 J.H. Sʙᴀʀᴀɢʟᴇᴀ (ed.), *Bullarium Franciscanum I*, 242f. Vgl. Maria Pia Aʟʙᴇʀᴢᴏɴɪ, *Nequaquam a Christi sequela in perpetuum absolve desiderio. Clare between charism and institution*, in: *Archivum franciscanum historicum* (1996), 1–18, 14.

Damianitinnen jedes Mal wieder zurück auf seine Lebensform von 1219. Das galt auch für Prag.

1.5 Zwischen 1241 und 1253

Am 22. August 1241 starb Papst Gregor IX. Das Pontifikat seines Nachfolgers, Papst Cölestin IV., dauerte nur sechzehn Tage. Erst am 25. Juni 1243 wurde Papst Innozenz IV. (Sinibaldo dei Fieschi aus Genua) gewählt. Bezüglich der weiblichen Religiosen übernahm dieser Papst die Politik seines Vorgängers und bekräftigte am 13. November 1245 durch Dekret aufs Neue die Form und Weise des Lebens, die Papst Gregor IX. gegeben hatte, die gegründet blieb auf der Regel Benedikts. Inzwischen war die ‚cura monialium' (Seelsorge an den Nonnen) sowohl innerhalb des Ordens der Minderbrüder wie für die kirchliche Autorität eine brennende Frage geworden. Viele Brüder hielten nichts von der Verpflichtung, die geistliche und materielle Sorge für die große Anzahl der Klöster der Damianitinnen auf sich zu nehmen. Außerdem wünschte die kirchliche Obrigkeit, Minderbrüder freizustellen für andere kirchliche Funktionen.[21] Um die Bitte der Schwestern und die Einwände der Minderbrüder zu berücksichtigen, erließ Papst Innozenz IV. am 9. August 1247 eine neue Lebensform (Forma vivendi). Die Schwestern kamen unmittelbar unter die Jurisdiktion des Generalministers des Ordens der Minderbrüder (InnReg 1; vgl. 2; 6; 8; 12). Der Generalminister konnte jetzt selbst die Sorge für die Schwestern regeln. Innozenz gründete seine Lebensform auf die Regel von 1223 des Ordens der Minderbrüder, die durch Papst Honorius III. bestätigt war (InnReg 1).[22] Diese nannte er die ‚Regel des Franziskus'.

Im Dokument von Innozenz wird ein Unterschied gemacht zwischen der *Regel* (Regula) und der *Lebensform* (Forma vivendi): „Euren frommen Bitten zugeneigt, gewähren Wir euch und jenen, die euch folgen,

---

21 Herbert GRUNDMANN, *Religiöse Bewegungen im Mittelalter,* Hildesheim ²1961, 303–312; Gerard Pieter FREEMAN, *Clarissen in de dertiende eeuw,* 49f.

22 *Klara-Quellen,* 468–500.

dass ihr die Regel des seligen Franziskus befolgt, soweit sie sich auf die drei [Räte] bezieht, nämlich Gehorsam, Lossagung von Privateigentum und ewige Keuschheit, und verleihen euch die Lebensform, die diesem Schreiben angefügt ist, nach der ihr in besonderer Weise zu leben beschlossen habt" (InnReg 0,7). Die Professformel lautet: „Ich verspreche als Schwester, die ich bin, Gott und der allzeit jungfräulichen Maria, dem seligen Franziskus und allen Heiligen, den ewigen Gehorsam zu wahren gemäß der Regel und Lebensform, die unserem Orden vom Apostolischen Stuhl gegeben ist, indem ich die ganze Zeit meines Lebens ohne Eigentum und in Keuschheit lebe" (InnReg 1,13).

Für die Zusammenstellung der Lebensform hat Innozenz die Form und Weise des Lebens von Gregor IX. (1219), die er schon früher neu bestätigt hatte, als Grundlage genommen. Aus der Lebensform von Innozenz IV. zeigt sich, dass auch dieser Papst nicht gut verstanden hat, worum es Klara und ihren Nachfolgerinnen ging. In dem Dokument stehen Widersprüchlichkeiten: Obwohl die Schwestern geloben, ohne Eigentum zu leben, wie das in der Regel des Ordens der Minderbrüder steht, wird weiterhin doch zugestanden, dass die Gemeinschaft Besitzungen annehmen kann (InnReg 11). Gegen das Letztere hatten die Schwestern von San Damiano sich gerade entschieden.

Der Lebensform von Innozenz IV. war kein langes Leben beschieden. Die Minderbrüder wollten die geistliche und materielle Sorge für so viele Klöster nicht auf sich nehmen. Schon 1250 wurde dieses Dokument durch Papst Innozenz IV. selbst als nicht verpflichtend erklärt. Trotz der kritischen Töne, die es gab, ist dieses Dokument für die Schwestern von San Damiano dennoch ein Schritt in die richtige Richtung gewesen.[23] Die Verbundenheit mit dem Orden der Minderbrüder war ja wieder hergestellt (InnReg 2) und die geistliche Sorge für die Schwestern war gesichert. Für Klara blieb die Aufgabe, die ursprüngliche Inspiration – die Form *unserer* Armut (KlReg II,13; IV,5; XII,6) – sicherzustellen.

---

23   Maria Pia ALBERZONI, *Nequaquam a Christi sequela in perpetuum absolve desiderio*, 16.

1.6 Klara schreibt selbst eine Lebensform

Wie schon gesagt, hatten Klara und ihre Schwestern wahrscheinlich schon an einem Entwurf für die ‚Lebensform des Ordens der armen Schwestern' (Forma vitae Ordinis sororum pauperum) gearbeitet. Vermutlich haben Fragen und Vorschläge von Agnes von Prag auch dazu beigetragen. Agnes hatte ja früher einen Entwurf für eine Lebensform bei Papst Gregor IX. eingereicht, der jedoch abgelehnt wurde. In ihrem Dokument schließt Klara inhaltlich nahe an die Regel des Ordens der Minderbrüder von 1223 an. Die Verbundenheit mit Franziskus und seinen Brüdern von Anfang an hat sie klar formuliert (KlReg I; VI; XII). Mit der Bezeichnung: ‚Orden der armen Schwestern' hat sie sich distanziert vom ‚Orden der Damianitinnen' und dem ‚Orden der armen Frauen'. Um den Inhalt ihrer Berufung zu profilieren, übernahm Klara, neben den Schriften, die Franziskus speziell für die Schwestern hinterlassen hatte (KlReg VI), die Kerntexte aus seiner Regel von 1223 wörtlich. Vor allem die Bestimmungen, die sich auf das Leben ohne Eigentum und das Stundengebet beziehen. Sie hat den Aufbau der Franziskus-Regel nicht übernommen, sondern gab ihrer Lebensform eine eigene Struktur.[24] Klara ließ die Bestimmungen, die sich auf das Wanderleben der Brüder bezogen, weg und nahm Bestimmungen auf, die Bezug haben zum konkreten Leben der Schwestern innerhalb des Klosters. Auch die Regel Benedikts und die Dokumente von Hugolin/ Gregor IX. von 1219 und von Innozenz IV. von 1247 hat sie zu Rate gezogen und, was sie für wichtig erachtete, übernommen.[25]

Rainald, Kardinalbischof und Protektor des Ordens der Minderbrüder und der armen Schwestern, gab am 16. September 1252 seine Approbation dieser Lebensform Klaras. Obwohl diese Bestätigung eine kirchlich-juridische Anerkennung beinhaltete, war dies jedoch kein Endpunkt für sie. Offensichtlich wünschte Klara, das Sichere für

---

24 Siehe Anhang 1; und weiter Kapitel 3.
25 Siehe zur Intertextualität die Untersuchung einer Gruppe italienischer Klarissen: *Federazione*, Bd. I; Henri de Sainte Marie, *Presence of the Benedictine Rule in the Rule of St Clare*, in: *Greyfriars Review* 6 (1992), 49–66.

das Unsichere zu nehmen, denn sie erbat auch noch eine päpstliche Approbation. Papst Innozenz IV. bestätigte diese Lebensform mit einer päpstlichen Bulle *Solet annuere* am 9. August 1253. Zwei Tage später starb Klara.

Es fällt auf, dass sowohl in der ‚Lebensform des Ordens der armen Schwestern' wie in der päpstlichen Bulle zur Lebensform nirgends ‚Regel' (regula) steht, sondern ‚Lebensform' (vitam formulam / forma vitae). Klara konnte ihr Dokument nicht ‚Regel' nennen, denn das Vierte Laterankonzil hatte 1215 ja bestimmt, dass keine neuen Ordensregeln mehr dazu kommen durften. Danach bekam 1235 allein der Papst die Befugnis, eine Regel zusammenzustellen. Wenn sie also ihr Dokument ‚Regel' genannt hätte, wäre ihr Gesuch gewiss abgewiesen worden. Dazu kommt, dass Klara sich deutlich für das formelle Band mit dem Orden der Minderbrüder entschieden hat, wie dies in der Lebensform von Innozenz IV. geregelt war. Klara hatte dann auch kein Bedürfnis nach einer ganz neuen Regel, denn sie verlangte, aus demselben Ursprung und derselben Inspiration zu leben wie die Minderbrüder und dem treu zu bleiben. Es ist wie mit der Regel des Franziskus für die Einsiedeleien.[26] Auch diese Schrift ist gemeint für eine Gruppe Brüder, die zwar die Regel der Minderbrüder beibehielten, für die wegen ihrer anderen Lebenspraxis jedoch besondere Absprachen notwendig waren. Für Klara und ihre Nachfolgerinnen galt dasselbe. Die Brüder und Schwestern schöpfen aus ein und derselben Inspirationsquelle, die in verschiedenen Formgebungen zum Leben kommen kann.

1.7 Nach Klaras Tod

Was hinterher mit dem Text der Lebensform geschehen ist, bleibt ein Rätsel. Einigen zufolge sollen die Schwestern das Dokument Klara mit

---

26 ‚Regel' kommt in dieser Schrift nicht vor. In vielen Handschriften steht ‚Über das gottesfürchtige Wohnen in Einsiedeleien'. Vgl. *Franziskus-Quellen*, Regel für Einsiedeleien (REins); die Einführung und Text, 103–104.

ins Grab gegeben haben, doch dies scheint unwahrscheinlich.[27] Dank
der Anstrengungen von Schwestern, die beteiligt waren an Reformbe-
wegungen und nach Wiederbelebung verlangten, ist die Lebensform
des Ordens der armen Schwestern nicht verschwunden. Es waren Texte
der Lebensform in Umlauf, doch sie unterschieden sich voneinander.
1893 wollten die Klarissen von Lyon die verschiedenen Texte anhand
des ursprünglichen Dokumentes prüfen. Sr. Maria Angela, Äbtissin von
Lyon, hat die Äbtissin des Protomonasteros der Klarissen in Assisi gebeten, in ihrem Klosterarchiv danach zu suchen. Zu ihrer Überraschung
fand Sr. Chiara Mathilda Rossi 1893 den Text in einem versiegelten
Ebenholzkästchen. Dieses ursprüngliche Dokument ‚Solet annuere'
wird nun im Reliquienschrein in der Krypta von Santa Chiara in Assisi
aufbewahrt. Klaras Text ist eingebettet in die Bulle von Innozenz IV.
Die Lebensform ist also ein offizielles kirchliches Dokument. In einer
anderen Handschrift als der, von der die Bulle geschrieben ist, stehen
am Rand die mittlerweile unlesbaren Worte: ‚Hanc beata Klara tetigit et
absculata (!) est pro devotione pluribus et pluribus vicinis' (Die selige
Klara berührte dies mit Hingabe und sie küsste es immer wieder). Sr.
Filippa erzählt im Heiligsprechungsprozess: ‚Denn es kam ein Bruder
mit dem bullierten Schriftstück, welches sie voll Hochachtung entge-
gennahm. Und obwohl sie dem Tod schon sehr nahe war, drückte sie
diese Bulle selbst an ihren Mund, um sie zu küssen.'[28]

---

27 *Klara-Quellen*, 5.
28 ProKl 3,108. Für weitere Einzelheiten Engelbert GRAU, *Die Schriften der heiligen
Klara und die Werke ihrer Biographen*, in: *Wandlung in Treue*, Klara von Assisi.
Studientage der Franziskanischen Arbeitsgemeinschaft 1980, Werl/Westfalen
1980, 24–25; *Federazione* Bd. III, 24, 25 und ff. Die Notiz am Rand: ‚Ad instar fiat'
steht nicht in der Bulle, die Klara von Papst Innozenz IV. bekommen hat, sondern
in Kopien von der Bulle für die Klöster, die die Lebensform des Ordens der armen
Frauen zu befolgen wünschten. Vgl. Stefano BRUFANI / Attilio BARTOLI LANGELI,
La lettera Solet annuere di Innocenzo IV per Chiara d'Assisi (9 agosto 1253), in:
Franciscana VIII (2006), 63–106, 95–99.

2 Regel oder Lebensform?

‚Indem wir uns das Gute und Schöne zu Herzen nehmen, bereiten wir uns auf eine „Transformation" vor. Was uns anfangs von außen übersteigt, ist im Stande, uns von innen umzuformen.' (Benoît Standaert)

Es ist auffällig: in der Bulle *Solet annuere* von Innozenz IV. und in dem Text von Klara selbst kommt das Wort ‚Regel' (regula) nirgends vor. Konsequent steht da ‚Lebensform': ‚vitae formulam', ‚formam vitae' und im Text von Klara selbst: ‚forma vitae' und ‚formam vivendi' (KlReg 1,1; 6,2)[29]. Es fällt auf, dass auch im Dokument von Hugolin (1219) die Rede ist von ‚forma et modus vitae' (Form und Weise des Lebens). Im Dokument von Innozenz IV. (1247) steht in der Professformel sowohl ‚regula' wie ‚forma vivendi' (Regel und Lebensform). Das Wort ‚regula' geht da zurück auf die Regel des Franziskus und die ‚forma vivendi' ist zugespitzt auf die eigene Lebensweise der Schwestern in der Abgeschlossenheit.

Ab dem vierzehnten Jahrhundert tauchen in vielen Handschriften der Lebensform des Ordens der armen Schwestern Textvarianten auf, in denen die Bezeichnung ‚regula' steht.[30] Offensichtlich haben die Abschreiber ‚regula' eingefügt. Möglicherweise war dieser Begriff damals schon geläufig geworden. Doch im ursprünglichen Text der Lebensform des Ordens für die armen Schwestern steht nur ‚forma vitae'. Ungeachtet dieser Tatsachen und allerlei Studien über Klaras eigenen Text, bleibt man dabei, dieses Dokument häufig mit ‚Regel' zu bezeichnen.[31] Klara hat jedoch eine ‚Lebensform' entworfen und da-

---

29 Im niederländischen Lexikon VAN DALE: ‚levensvorm' 1) Form, in der das Leben sich zeigt; 2) Form, die man seinem Leben gibt.

30 *Federazione*, Bd. III. 40–51 und 51–64.

31 *Fontes* 2291; Javier GARRIDO, *La Forma di Vita Santa Chiara*, Milano 1989; trotz des Buchtitels, wird Klaras Lebensform später mit ‚regola' bezeichnet; Herbert SCHNEIDER, *Commentary on the Rule of Saint Clare of Assisi*, Rome 1999; Niklaus KUSTER, *Schriften des Franziskus an Klara von Assisi. Eine Spurensuche zwischen „plura scripta" und dem Schweigen der Quellen*, in: *Wissenschaft und Weisheit*, Band 65,2 (2002), 163–179, 170; Martina KREIDLER-KOS / Niklaus KUSTER OFMCap /

bei unter anderem die Regel von 1223 des Ordens der Minderbrüder gebraucht. Macht es etwas aus, ob wir Klaras Dokument Lebensform oder Regel nennen? Und wenn es etwas ausmacht, was kann das für uns bedeuten, wenn wir den Text lesen wollen?

Vielleicht kann der dynamische Begriff Lebensform – anders als bei dem mehr institutionalisierten Begriff Regel – helfen, Abstand zu gewinnen von einem gesetzestreuen Vorurteil über den Text und sich diesem anzunähern mit Fragen aus der Spiritualität.[32] Ich werde im Folgenden die Aufmerksamkeit auf die drei Momente des Begriffs Spiritualität richten, die Theo Zweerman so umschrieben hat:

> Das Wort *Spiritualität* umfasst (...) drei Momente (...). Es steht für *Lebenseinrichtung* (seit einiger Zeit gern bezeichnet als Lebensstil). Dann steht es für *Lebensorientierung* oder Lebenssinn (‚Sinn‘ dann verstanden als die Richtung, in der wir unsere Bestimmung vermuten oder erhoffen). Und zum Schluss klingt in dem Wort ‚Spiritualität‘ das wesentliche Moment durch von dem Lebenselan: die Begeisterung oder eigene Leidenschaft, die das Dasein ‚unter Strom setzt‘, d. h. lebendig und zu einem Wagnis macht. Die beiden letztgenannten Momente sind übrigens nicht ‚einzeln erhältlich‘. Da ist nur Hoffnung auf eine lebensfähige und wehrhafte Spiritualität, wenn die Orientierung und der Elan an der Stelle ‚landen‘, wo Menschen tatsächlich versuchen, ihrem Leben Form zu geben: dabei wird es immer wieder um den gesamten Stil des Lebens *als* Verkörperung und Bezeugung

---

Ancilla RÖTTGER OSC, *Den armen Christus umarmen – Das bewegte Leben der Klara von Assisi: Antworten der aktuellen Forschung und neue Fragen*, in: *Wissenschaft und Weisheit*, Band 66,1 (2003), 3–81, 77; Theresia MAIER, *Forma vitae: Eine Interpretation der Ordensregel der heiligen Klara von Assisi*, in: *Wissenschaft und Weisheit*, Band 70 (2007), 3–61, 3.

32   Edith VAN DEN GOORBERGH OSC, *Die Lebensform des Ordens der Armen Schwestern: Ein spirituelles Umgestaltungsmodell*, in: *KLARA VON ASSISI – GESTALT UND GESCHICHTE*. Beiträge auf der Tagung der Johannes-Duns-Scotus Akademie 8.–10. November 2012 Aachen. (Hg) Herbert Schneider OFM, Mönchengladbach 2013, 15-30.

des Angerührtseins gehen, das uns treibt und weiterzieht. (Mit diesem Letzten will zugleich gesagt sein, dass eine gefährliche Einseitigkeit liegt in der Auffassung, dass Spiritualität als ‚einrichten des Lebens' etwas sein soll, was ganz und gar zu dem gehört, was machbar und planbar ist.) Diese konkrete Auslegung der genannten formalen Züge einer Spiritualität kann von Gruppe zu Gruppe sich stark unterscheiden und wird auch immer Züge der Vorläufigkeit tragen.[33]

Spiritualität ist also ein dynamischer Begriff. Bei den genannten drei Momenten des Begriffs der Lebensform werde ich jeweils verweilen und mich dabei den verschiedenen *Seinskategorien* in der Lebensform, unter anderem den praktischen Dingen, Übungen und Tugenden mit einem geeigneten *Lektüreschlüssel* nähern.[34] Auf diesem Weg hoffe ich Antworten zu erhalten auf die Frage, ob die Lebensform, die Klara hinterlassen hat, auch bei uns – die wir acht Jahrhunderte später leben – einen Prozess zur spirituellen Transformation zuwege bringen kann. Zuerst noch einige Anmerkungen.

2.1 Zeit einschneidender Veränderungen

Die Zeit, in der Franziskus und Klara lebten, hatte Züge einer Krisis. Sowohl gesellschaftlich wie kirchlich wurde gerüttelt und geschüttelt an den festen und vertrauten Strukturen. Zwar blieb der Glaube an Gott aufrecht, aber das Gottesbild veränderte sich unter dem Einfluss der Kreuzzüge und Pilgerreisen ins Heilige Land, an den Ort, wo Gottes Sohn mit seinen Fußspuren die Erde geheiligt hatte. Bernhard von Clairvaux (1091–1153) hatte in vielen seiner Kreuzzugspredigten die Menschheit Jesu Christi betont. Jesus war nicht mehr so sehr der

---

33 Theo Zweerman, *Wondbaar en vrijmoedig. Verkenningen in het licht van de spiritualiteit van Franciscus van Assisi*, Nijmegen 2001, 100–101.

34 Kees Waaijman, *Der mystische Raum des Karmels. Eine Erklärung der Karmelregel*, Mainz 1998.

feudale Herr, der distanzierte Allherrscher, sondern Er wurde mehr erfahren als der, der mit und für die Menschen Mensch geworden ist. Mit dieser Veränderung des Blickes auf Jesus Christus mussten sich die Gläubigen unter anderem mit der Frage nach ihrer tiefsten Identität als Christen auseinandersetzen. Diese Umkehrung war innerhalb der religiösen Welt schon seit Beginn des zwölften Jahrhunderts zugange.

An den kirchlichen Amtsträgern war in der Regel nicht mehr abzulesen, was ein durch das Evangelium inspiriertes Leben beinhaltete. Auch konnten viele Menschen sich nicht mehr in den traditionellen religiösen Orden zuhause fühlen, in denen die innere Organisation eine Widerspiegelung der feudalen Strukturen im Zusammenleben war. Diese Strukturen begannen durch den Aufstieg des Bürgertums abzubröckeln. Da entstanden allerlei Gruppen, die dem kirchlichen Leben einen neuen evangelischen Schwung geben wollten. Viele dieser Gruppen gerieten aus dem Binnenbereich der Kirche, weil ihre Auffassungen nicht mehr mit denen des kirchlichen Amtes harmonierten. Auf dem Laterankonzil von 1215 musste für dieses Problem eine Lösung gefunden werden. Allein schon um einem zu großen Zerbröckeln von Formen religiösen Lebens zuvorzukommen und um diesen religiösen Bewegungen eine Chance zu geben, ihr eigenes Charisma zu leben. So wurde beschlossen, keine neue Ordensregel mehr zuzulassen (Canon XIII). Die neuen religiösen Gruppen konnten wählen zwischen den Regeln von Pachomius (292–348), von Basilius (ca. 330–379), von Augustinus (354–430) und von Benedikt von Nursia (480–547). Diese Regeln wurden als Grundlage vorgegeben für die verschiedenen neuen Formen religiösen Lebens.

Als Klara und ihre Schwestern 1219 die von Hugolin geschriebene Form und Weise zu leben bekamen, der die Regel Benedikts zugrunde gelegt war, wurde es bald deutlich, dass diese Lebensform nicht nahtlos zu ihrer Lebensweise passte. Das wird auch gewiss bei anderen neuen Gruppierungen der Fall gewesen sein, die eine der bestehenden Regeln annehmen mussten. Wenn die Schwestern diese Regel, die von außen auferlegt war, ernst nehmen sollten – und es darf angenommen werden, dass sie dies taten – würde schon schnell deutlich werden, was sich in das konkrete Leben einfügte und was nicht. Das Bedürfnis wuchs dann auch, die eigene Identität und das Leben des Evangeliums in einem ‚Lebensentwurf' (propositum) deutlich zu artikulieren[35] und diesen Lebensentwurf nach ausreichender Erfahrung in der Praxis in einer ‚Lebensform' (forma vitae) festzulegen.

2.2 Anmerkungen zum Begriff ‚forma'

Aufgrund der genannten Verschiebungen im Glaubensleben entwickelte sich ein spezifischer spiritueller Wortgebrauch. Worte wie ‚imago' (Bild), ‚figura' (Abbild), ‚exemplum' (Vorbild), ‚forma' (Form), ‚propositum' (Modell oder Lebensentwurf), ‚speculum' (Spiegel), ‚imitatio' (Ähnlichkeit / Nachfolge) waren charakteristisch. Der Gedanke darin enthielt das, was durch Prüfung der Lebensweise an einem Modell und durch Aneignung einer ‚Form' zum innerlichen Wachstum und Erneuerung hinzukommt.[36] In der religiösen Literatur aus dieser Zeit stößt man auch auf Ausdrücke wie ‚sequela Christi' (Nachfolge Christi) und ‚imitatio Christi' (Nachahmung/Nachfolge Christi), ‚vita apostolica' (das apostolische Leben) und ‚ecclesia primitiva' (die Urkirche). Franziskus spricht über die ‚forma ecclesiae' (die Form der Kirche), die ‚forma panis et vini' (die Form von Brot und Wein) und die ‚forma

---

35   Der Begriff ‚propositum' hat seinen Ursprung in der monastischen Tradition. (Vgl. ATHANASIUS (295–373), *Leben des heiligen Antonius (Vita Antonii)*, II: Bc, 20. In: *Ausgewählte Schriften* Band 2. Aus dem Griechischen übersetzt von Anton Stegmann und Hans Mertel. (Bibliothek der Kirchenväter, 1. Reihe, Band 31) München 1917. (https://www.unifr.ch/bkv/bucha10.htm). Im dreizehnten Jahrhundert kommt dieser Begriff häufig vor in päpstlichen Dokumenten für die Armutsbewegungen. ‚Propositum' bedeutet: ein fester Vorsatz oder Lebensentwurf, um einer Lebensweise zu folgen und darin auszuhalten. Im ‚Privileg der Armut' (1228) steht ‚propositum'; in der Bulle ‚Solet annuere' von Papst Innozenz IV. (1253) steht sowohl ‚propositum' wie ‚forma vitae'. Mit ‚forma vitae' wird da Klaras Dokument angedeutet. Da ist also eine Entwicklung festzustellen: was zuerst ein ‚Vorsatz' oder ‚Lebensentwurf' war, wird zur ‚Lebensform' und danach manchmal zu einer ‚Regel'.

36   Kees WAAIJMAN, *Handbuch der Spiritualität*. Band 2, Kapitel 3: 3.2. § 3: 1.

s. evangelii' (die Form des heiligen Evangeliums).[37] Klara gebraucht das Wort ‚forma' in ihrem Testament vier Mal und sechzehn Mal in ihrer Lebensform.[38]

Thomas von Aquin (dreizehntes Jahrhundert) spricht über die ‚caritas forma virtutum': die Liebe ist der formgebende Aspekt der Tugenden. Er spricht auch über ‚anima forma corporis'. Die Seele ist nach ihm das formgebende Element des Leibes.[39] Die Auffassung, dass die Seele das geistliche Prinzip des Leibes formte, war damals viel stärker als in der Zeit nach Descartes (1596–1650). Dieser Philosoph zweiteilte die Welt: in die Materie einerseits und den Geist andererseits. Damit kam der Begriff ‚Dualismus' in Umlauf. Die Aufklärung brachte, außer der Konzentration der Aufmerksamkeit auf das Subjekt den endgültigen Durchbruch dieses Dualismus mit sich. In unserer Zeit gibt es wieder ein Aufleben des Denkens über den Zusammenhang von Seele, Geist und Leib.

2.3 Form und Inhalt

Form und *Inhalt* rufen in unserem heutigen Sprachgebrauch häufig einen Kontrast wach zwischen der nichtwesentlichen Äußerlichkeit und dem Wesentlichen. Dies steht nicht in Übereinstimmung mit der Bedeutung, die das lateinische Wort ‚forma' im Mittelalter hatte. ‚Form' oder ‚Modell' lassen an verwandte Worte wie ‚formen' (einer Sache Form geben). denken und an ‚Formation', ‚Information', ‚formulieren': Gedanken bekommen Form in Worten oder in ‚Formulierungen', die dann Bedeutung ausdrücken und übertragen können. ‚Forma' erweist sich als ein dynamischer Begriff. Bei dem Gebrauch des Begriffes ‚forma'

---

37 Vgl. Erm , 1,9; 26,1; Ord 30; NBR 2,12; 17,1; Test 6;14.
38 KlTest 19; 23; 33; 52; KlReg 1,1; 2,13;18;20-21;23; 4,1.5;7;23; 5,8; 6,2; 8,21; 9,1; 10,1.3; 12,3.
39 Siehe zu ‚forma' und ähnlichen Begriffen im Zusammenhang mit dem Thema der Mensch nach Gottes Bild geschaffen, in: Ferdinand DE GRIJS, *Goddelijk mensontwerp. Een thematische studie over het beeld van God in de mens volgens het Scriptum van Thomas van Aquino.* deel 2, Antwerpen 1967, 407ff.

gibt es eine doppelte Bewegung festzustellen: *von außen nach innen und von innen nach außen*. Bei der ersten Bewegung geht es darum, sich selbst eine Form anzueignen, die zu dem inneren Verlangen und geistlichem Wachstum passt. Dabei ist ein Modell notwendig, das man sich zu eigen machen kann. Bei der Bewegung von innen nach außen sucht das, was uns zuinnerst beseelt, nach einer angemessenen Ausdrucksform. Es geht dann um die *innere* Wirklichkeit, die sich bezeugt, sich verleiblicht als eine *äußere* Erscheinungsform.[40] Wesentlich formuliert Etty Hillesum in ihrem Tagebuch diese Suche nach einer *Form*:

> ‚In mir ist irgendeine Wehmut, eine Zärtlichkeit und auch etwas Weisheit, die nach einer Form suchen. Dann und wann ziehen Dialoge durch meinen Kopf. Bilder und Figuren, Stimmungen. Der plötzliche Durchbruch zu etwas, das meine eigene Wahrheit werden soll'. [41]

Es geht also bei ‚forma' um die Art und Weise, nach der die innere Begeisterung arbeitet, dann nach außen hin Form bekommt und übertragen wird. Darum müssen wir beim Lesen von Texten auf den Wortgebrauch achten. Ein gutes Beispiel ist die fünfte Ermahnung von Franziskus: ‚Beachte, o Mensch, in welch erhabene Würde Gott der Herr dich eingesetzt hat, da er dich dem Leibe nach zum (ad) Bild seines geliebten Sohnes und dem Geiste nach zu seiner Ähnlichkeit erschaffen (creavit) und gestaltet (formavit) hat'. Hier verweisen die Worte ‚schaffen', ‚formen' und das Wörtchen ‚zum' auf die Dynamik der Wirkung. Bei Bernhard von Clairvaux ist ‚forma' ein Schlüsselwort im Prozess der Transformation in Christus. Die Weisheit ist ‚forma' und der Umwandlungsprozess bewirkt die ‚conformatio' des Gleichförmig-werdens.[42]

---

40 Kees Waaijman, Handbuch der Spiritualität. Teil 2, 3.2.3, § 1.
41 Ausschnitte aus: *Das denkende Herz. Die Tagebücher von Etty Hillesum*, 22.11.1941, Heft 3: http://www.holger-niederhausen.de/index.php?id=649.
42 Vgl. Lode Van Hecke, *Bernardus van Clairvaux en de religieuze ervaring*, Kapelle / Kampen 1990, 63–64.

Eine wechselseitige Beleuchtung der Lebensform (Forma vivendi), die Franziskus Klara und ihren Schwestern gegeben hat, (KlReg 6,3-4) mit der Marien-Antiphon aus dem ‚Offizium vom Leiden des Herrn‘ kann das Wirken des Transformationsprozesses verdeutlichen. In diesen Schriften gibt es einen subtilen Unterschied in der Wortwahl. Franziskus gebraucht in der Antiphon von Maria bei den Anreden selbständige Nomen. Maria *ist* Tochter, Magd, Mutter und Braut des Heiligen Geistes. Ein Titel sagt, wer du bist. In den Anreden kommt Maria als *Modell* für jeden Gläubigen nach vorn.

Marien-Antiphon	*Lebensform*
‚Heilige Jungfrau Maria, unter den Frauen in der Welt ist keine dir ähnlich geboren, Tochter *(filia)* und Magd *(ancilla)* des erhabensten, höchsten Königs, des himmlischen Vaters, Mutter unseres heiligsten Herrn Jesus Christus, *Braut (sponsa)* des Heiligen Geistes...‘	‚Da ihr euch auf göttliche Eingebung hin zu *Töchtern (filias)* und Mägden *(ancillas)* des erhabensten, höchsten Königs, des himmlischen Vaters, gemacht *(fecisti)* und euch dem Heiligen Geist *verlobt habt (desponsastis)*, indem ihr erwählt *(eligendo)*, nach der Vollkommenheit des heiligen Evangeliums zu leben *(vivere)*...‘

In der Lebensform stehen bei den Titeln *Verben*. Klara und ihre Schwestern haben sich selbst zu Töchtern und Mägden *gemacht*, indem sie *wählten*. Sie haben sich *verlobt* mit dem Heiligen Geist. Ihr Lebensentwurf ist noch im Gange, nicht abgeschlossen. Die Schwestern *sind* also wie Maria bereits Töchter und Mägde, und sie sind noch auf dem Weg dorthin, was diese Titel von Maria andeuten. Der Unterschied zwischen ‚Braut‘ in der Antiphon und ‚ihr habt euch verlobt‘ in der Lebensform zeigt deutlicher an, dass die Schwestern noch unterwegs sind zu dem, was Maria bereits ist. Maria ist und bleibt das Orientierungsmodell für die Schwestern. Der lateinische Titel ‚forma vivendi‘ (die Form des Lebens) klingt einladend. Es ist als ob Franziskus sagen will: Wenn du nach dem Modell des heiligen Evangeliums lebst, wird dein Leben allmählich die Form bekommen, die deinem ursprünglichen Verlangen entspricht. Wenn du hineingehst und innerhalb der am Evangelium geprüften Lebensform lebst, bewirkt es etwas in dir; die Lebensform formt dich um zur Vollkommenheit des heiligen Evangeliums.

2.4 Was ist eine Lebensform?

Der Name ‚forma vitae' (Lebensform), den Klara für ihren Text gewählt hat, schließt sich dem Sprachgebrauch ihrer Zeit an. Das Wort ‚Lebensform' drückt genau aus, was damit gemeint ist: es geht um die lebendige Beseelung, die Formen, Muster, Modelle nötig haben, um zur Entfaltung und zum Ausdruck zu kommen. In einer Lebensform ist die Lebenswahl (aktiv) und die Form, in der man lebt (passiv), miteinander gekoppelt. Eine Lebensform ist ein schriftlicher Niederschlag von *Erfahrungen* einer religiösen Gruppe, in der:

- das eigene Charisma dieser Gruppe formuliert wird;
- die Lebenseinrichtung beschrieben wird. Das programmatische Ziel (skopos) des religiösen Lebens intendiert, entlang dem Arbeitsziel – der Reinheit des Herzens – zum Endziel (telos) zu gelangen.[43] Das Endziel ist das Umgeformtsein zur Gleichförmigkeit mit Jesus Christus, das wahre Bild des unsichtbaren Gottes und die Realisierung des Reiches Gottes;
- ‚alle, die da sind und noch kommen werden' können dort hineinschauen wie in einen ‚Spiegel'.

Eine Lebensform, die durch die kirchliche Obrigkeit bekräftigt ist, kann man als eine anerkannte Ausdrucksform des eigenen Charismas einer religiösen Gruppe betrachten. Und als eine Lösung für das damalige

---

43 Vgl. zu ‚skopos' und ‚telos' bei Johannes CASSIAN, *Unterredungen mit den Vätern – Collationes patrum*. Teil 1: Collationes 1–10. Übersetzt und erläutert von Gabriele Ziegler. Mit einer Einleitung von Georges Descoeudres (Quellen der Spiritualität, Band 5), Münsterschwarzach 2011, Gespräch I, 2 und 4. ‚Das Ziel (telos) unseres Lebensstandes ist das Reich Gottes; die Intention, der Vorsatz, (skopos) ist die Reinheit des Herzens. Ohne diese kann man unmöglich zum Ziel gelangen.'

kirchenrechtliche Problem, um die Verordnung des IV. Laterankonzils, das neue religiöse Gruppen eine bestehende Ordensregel annehmen mussten, in geordnete Bahnen zu lenken. Mit der Hinzufügung einer Lebensform zu einer bestehenden Regel konnte man dennoch den neuen Formen religiösen Lebens Chancen zur Entwicklung geben.

Eine Lebensform hängt immer an einer bestehenden Regel. Strikt verstanden ist es wohl ein weiterer Begriff als Regel (regula), was Richtschnur bedeutet, ein Ansporn von außen. Aber eine Regel ist entstanden aus der Lebenserfahrung einer Gruppe Mönche, die gemachte Absprachen schriftlich festgehalten haben, um weitergegeben zu werden mit der Intention, das ursprüngliche Charisma zu bewahren. Diese Absprachen wurden danach in einer Ordensregel festgelegt und durch eine päpstliche Bulle bestätigt. Diese Institutionalisierung brachte die Gefahr mit sich, dass man die Regel gesetzestreu zu interpretieren begann. Die Richtlinien entfernten sich auf die Dauer vom konkreten Leben. Eine Lebensform, die an eine bestehende Regel gekoppelt ist, erweitert die Möglichkeiten, um einem neuen Charisma Ausdruck zu geben. Aber auch eine Lebensform kann nicht immer den genannten Gefahren einer Regel entkommen.

Kardinal Hugolin und Innozenz IV. nennen ausdrücklich die Regeln, an die ihre Lebensformen gekoppelt sind. Umso auffälliger ist es, dass Klara anders zu Werke geht. Sie verwebt die Lebensform des Ordens der armen Schwestern mit der Regel von 1223 des Ordens der Minderbrüder. Was da in der Praxis des Lebens der Schwestern anders aussah, hat sie sorgfältig wie einen Schössling (plantula) *gepflanzt* in die Regel des Franziskus (vgl. KlReg 1,3).[44] Durch die Art und Weise, in der sie ihre Lebensform zusammengestellt hat, können wir von ihr lernen, unsererseits eine aktuelle Lebensform zu schreiben, ausgehend von dem spirituellen Inhalt der Regel von Franziskus, der Lebensform von Klara und von den Erfahrungen, die nachher die Tradition bereichert haben.

---

44   Siehe Beilage 1.

2.5 Modelle in der Lebensform Klaras

Bei Klara und Franziskus war ihr inneres Angerührtsein vom Geist gerichtet auf die Wiederherstellung des Lebens nach dem Evangelium in der damaligen Kirche und Gesellschaft. Diese Führung des Geistes haben sie erkannt im Modell des Evangeliums von der Aussendung und dem damit verbundenen Vertrauen Jesu Christi auf den Vater.[45] Nach und nach haben sie ihren Ruf dann auch verstanden als einen Auftrag, Menschen *aufzurufen zum Lobe Gottes* und *zur Buße* oder *Umkehr*.[46] Die traditionellen Regeln, wie die von Benedikt und Augustinus, waren gestaltet nach dem Grundmuster der Apostelgeschichte 2,44–47: ‚Und alle, die gläubig geworden waren, bildeten eine Gemeinschaft und hatten alles gemeinsam. Sie verkauften Hab und Gut und gaben davon allen, jedem so viel, wie er nötig hatte. Tag für Tag verharrten sie einmütig im Tempel, brachen in ihren Häusern das Brot und hielten miteinander Mahl in Freude und Einfalt des Herzens. Sie lobten Gott und waren beim ganzen Volk beliebt' (Apg 4,32–35). Viele bestehende Klöster hatten sich jedoch mehr und mehr den Strukturen einer feudalen Gesellschaft angepasst. In der sich verändernden Gesellschaft, in der Franziskus und Klara lebten, waren dann auch, wie schon angemerkt, andere Modelle notwendig.

Es ist ein wesentlicher Unterschied, welches *Modell* einer Lebensform zugrunde liegt, denn das Modell fungiert als ‚Spiegel', ‚Ausbildungsmodell' oder ‚Transformationsmodell'. In der Lebensform Klaras stehen die Armut und Niedrigkeit Jesu Christi und seiner Mutter als evangelische Modelle im Vordergrund, so wie auch das Leben von Franziskus und Klara und ihrer Schwestern.[47] Es geht dann um ‚vorgelebte' und ‚auf-

---

45   Lk 10,1–10; vgl. Lk 9,1–6; Mt 10,5–15; Mk 6,7–13.

46   Vgl. KlTest 21; Theo ZWEERMAN / Edith VAN DEN GOORBERGH, *Franz von Assisi – gelebtes Evangelium. Die Spiritualität des Heiligen für heute.* Übersetzt von Ancilla Röttger. (Kevelaer 2009), 25–35.

47   Vgl. in der Lebensform Klaras: Jesus Christus und seine Mutter als Modelle: 2,24: Kleidung; 6,3: Vollkommenheit des Evangeliums; 6,7: Leben und Armut Jesu Christi und seiner Mutter; 8,3: Der Herr selbst hat sich arm gemacht; 12,13: Armut und Demut Jesu Christi und seiner Mutter; 6,1-2 Klara und ihre Schwestern; 6,7: Franziskus.

geschriebene' Modelle, die einen Transformationsprozess bewirken wollen. Die Lebensform selbst wird so ein Modell.

Der Kampf Klaras und ihrer Mitstreiter um eine eigene Lebensform war faktisch ein *Modellkampf*. Sie sehnten sich danach, ihr Leben umzuformen nach einem neuen Modell, das sie im Evangelium profiliert sahen: der arme und demütige Sohn Gottes. Indem sie gemäß dem Modell lebten oder Ihm nachfolgten, versuchten sie eine evangelische Lebensweise in die neue Stadtkultur einzupflanzen. Klara und ihre Schwestern haben die *Zeichen der Zeit* gelesen und daraus mutig Konsequenzen für ihre Lebensstruktur gezogen. Durch ihre radikale Wahl, die Armut und Niedrigkeit Jesu Christi und seiner Mutter als den Kern ihrer Spiritualität zu leben, wurde die Gemeinschaft von San Damiano ein Modell für neue Gruppen von religiös bewegten Frauen und für viele Gläubige. Klara war sich dieser Sendung bewusst: ‚Der Herr selbst hat uns nämlich nicht nur für andere gleichsam als Vorbild, zum Beispiel und Spiegel hingestellt, sondern auch für unsere Schwestern, die er zu dieser Lebensform hinzuberufen wird, so dass sie selber wiederum denen, die in der Welt leben, zum Spiegel und Beispiel werden können. Da uns also der Herr zu so Großem berufen hat, dass sich in uns spiegeln können, die selbst anderen Spiegel und Beispiel sind, so müssen wir Gott ganz besonders preisen und loben und im Herrn noch mehr an Tugendkraft zunehmen, um Gutes zu tun' (KlTest 19–22).

2.6 Gleichgewicht zwischen dem Institutionellen und der Dynamik des Lebens

Wie sich weiter zeigen wird, gibt es in Klaras Lebensform eine Balance zwischen dem Institutionellen und der Dynamik des inneren Lebens: der Raum für die Bewegung des Geistes. Die Lebensform ist der Niederschlag von Lebenserfahrung und führt aufs Neue zur Erfahrung. Um dieser Wirkung auf die Spur zu kommen, sind die folgenden Fragen wichtig:

- Was hat in der Praxis des Lebens von Klara und ihren Schwestern (und von uns) schon Gestalt bekommen?
- In was hinein führt uns die gelebte Erfahrung?
- Was behindert die persönliche und gemeinschaftliche Erfahrung?
- Wurden nach und nach alle Schichten sowohl der persönlichen wie der gemeinschaftlichen Erfahrung angesprochen, so dass die Lebensform zur Transformation einer jeden persönlich und der Gemeinschaft als Ganze führen kann?

Die Lebensform als Transformationsmodell intendiert die Umformung einer jeden, die als „arme Schwester" gerufen ist. Innerhalb dieser Lebensform richtet sich die Aufmerksamkeit vor allem auf das Wirken des Geistes: ‚Wenn eine [Frau] auf göttliche Eingebung hin zu uns kommt und dieses Leben annehmen will" (KlReg 2,1; 6,3). Wegen des ‚heiligen Wirkens des Geistes' muss alles innerlich und äußerlich geordnet sein auf ein Ziel hin: das Bezogen-sein auf das Geheimnis Gottes und das Kommen seines Reiches (KlReg 7,2; 10,9). Das Leben nach der vorgegebenen Lebensform bewirkt einen Transformationsprozess bei denen, die sich an die äußerliche Architektur von Absprachen und Gebräuchen halten; indem sie sich üben in der angestrebten Läuterung des Herzens und nichts anderes verlangen als den Heiligen Geist und sein Wirken. In diesem Prozess wächst die Schwester heran zu einem Menschen, der ganz Gott geweiht ist. Die Bedingungen, dieses Wachstum zu fördern, sind:

- das Einüben, auch Askese genannt, die vor allem mit dem Spielerischen wirklicher Lebenskunst zu tun hat, die formend auf die Person einwirkt;
- die An-eignung von einem Modell, um ihm gleichförmig zu werden. Das führt nicht zu Einförmigkeit, Imitation oder Anpassung. Es ist nicht die Absicht, dass jemand eine buchstäbliche Kopie wird vom Modell. Wohl, dass jemand dessen Züge bekommt und dass das Modell in jemandem erkennbar wird. Bei Klara ist das Modell

zuallererst: die Armut, Niedrigkeit und Liebe Jesu Christi und seiner Mutter, wie sie es im Leben des Franziskus hat sehen können.[48]

So wird die Schwester durch ihre Art zu leben verkündigen, dass ihr ursprünglicher *Ruf* auch eine *Sendung* beinhaltet: ein Leben, das hinweist auf Jesus Christus und zeugt von der wirksamen Gegenwart Gottes in unserer Welt (vgl. KlTest 14; 19–21).

Die Lebensform, wie Klara sie aus ihrer kontemplativen Erfahrung bei der Zusammenstellung vor Augen hatte, ist ein Raum, den man betritt (eintreten), in dem man lebt mit der Intention, dass dieser einen umwandelt in diejenige, zu der man gerufen ist und wonach ihr Verlangen ausgeht: *Christusförmig* zu werden. Die Lebensform hilft einem, die Lebenswahl zu verwirklichen. Die beständige Verunstaltung des Wesenskerns durch Einflüsse von außen und von innen verlangt nach einem gleichlaufenden Prozess von ‚Wiederherstellung‘ (reparatio) oder ‚Buße oder Bekehrung‘ (poenitentia), von ‚Reform‘ (reformatio) innerhalb des Kontextes der Lebensform. In Klaras Lebensform öffnen sich dann auch verschiedene Räume, in denen dieser Umformungsprozess geschehen kann. Zugleich fordert die Lebensform heraus, dem Erleben des Evangeliums am eigenen Ort und in der eigenen Zeit Gestalt zu geben und dafür angemessene Formen zu suchen.

2.7 Lebensformen doch von außen?

Jemand, der eintritt, findet in dieser Gemeinschaft eine bestimmte Lebensstruktur vor. Auch Klara hat etwas Ähnliches erfahren mit der Regel von Benedikt, weil diese, so meinten Außenstehende, am besten für die Lebensweise von Schwestern, die in Abgeschlossenheit wohnen, passen würde. Aber eine Reihe von Elementen aus dieser Regel und aus der Form und Weise des Lebens von Hugolin erwiesen sich im täglichen

---

48 KlReg 1,25; 6,3; 8,3; KlTest 5; vgl. Kees WAAIJMAN, *Handbuch der Spiritualität*, Teil 2, 3.2.3.

Leben der Schwestern als drückend. Das war hauptsächlich der Fall bezüglich des Erlebens der evangelischen Armut und der Verbindung mit den Minderbrüdern.

Klara stützte sich auf die Erfahrung ihrer Gemeinschaft durch die Jahre hin und hat die Lebensform des Ordens der armen Schwestern zusammengestellt. Sie hat also nicht 1212 mit der Feststellung begonnen: so werden wir es tun. Klara und ihre Schwestern haben am Punkt Null angefangen. Ihr Leben ist immer eine Suche geblieben anhand einer Frage: wie können wir unser Leben so einrichten, dass es mit unserer ersten Inspiration abgestimmt bleibt? Allmählich entdeckten sie, dass viel von den vorgegebenen Richtlinien und Vorlagen nicht zu dem evangelischen Lebensprojekt passte, wie sie dies von Franziskus gesehen und gelernt hatten. Sie mussten dies also gut anfragen. Schrittweise bekam die eigene Lebensweise Form, die der Identität einer ,armen Schwester' Ausdruck geben sollte. Die erste Inspirationsquelle für die Schwestern war die kurze Lebensform, die Franziskus ihnen gegeben hatte. (KlReg 6,3–4). Das war der Orientierungspunkt, auf den sie sich immer wieder ausgerichtet haben.

2.8 Eine Lebensform also

Es ging also in Klaras Zeit wie heute noch um die Frage: hält die Lebensform die ursprüngliche Motivation lebendig? Jede Lebensform enthält immer zeitgebundene und zeitübersteigende Elemente. Nie kann es buchstäblich die eine und für allezeit geltende Norm sein. Wenn man einmal auf dem Weg ist und in einer Gemeinschaft lebt, die denselben Ruf hat, wird man sich immer neu die Frage stellen müssen: Wie können wir die eigene Identität von innen heraus weiter entfalten? Mit anderen Worten: Da ist Nacheichung nötig und da sind Vereinbarungen, die die inneren Erfahrungen unterstützen, behüten und widerspiegeln. Dies alles verlangt Besinnung darauf, was wesentlich ist in der aufgeschriebenen Lebensform, die für uns als Spiegel gilt.

Es ist die Kunst, darin die ursprüngliche Begeisterung heller zu sehen und diese dann neben unsere heutige Lebenseinrichtung zu stellen.

Die folgenden Fragen können unter anderem bei Gesprächen über die Lebensform eine Richtung geben. Wo treffen wir in der Lebensform auf Stellen, die anregen zu Gedankenaustausch und Dialog? Wo ist Neueichung notwendig, so dass die Lebensform Klaras weiterhin Raum bietet, in dem die Berufung einer jeden wachsen kann? Welche Muster an Bräuchen der Gemeinschaft müssen von der Lebensform Klaras her und den Zeichen unserer Zeit aufs Neue befragt werden?

Es verlangt immer wieder Besinnung auf die Observanz: wie halten wir die Lebensform frisch? ‚Observanz' ist verwandt mit dem lateinischen Wort ‚observare', das ‚vor Augen halten', aufmerksam hinschauen' und ‚beachten' bedeutet. Auf welche Weise kann jede ihren Teil beitragen, um gut zu schauen, worum es geht? Wie können die Schwestern das gemeinsam tun? Es verlangt Mut, Unterscheidung und Ausdauer, zusammen einen Lernprozess zu beginnen. Und konsequent wagen Schüler zu sein, wie Jesus in seiner Übergabe an den Willen seines Vaters und seine vollkommene Hingabe an das Reich Gottes.

3 Erkundung der Lebensform des Ordens der armen Schwestern

> *„Christi Geist hat zu allen Zeiten zum Bauen inspiriert. Wo er Menschen tief angerührt und Intuitionen eingegeben hat, die neue Perspektiven öffneten zum Zusammenleben-in-Achtung, da wurden dann häufig andere gerufen, um diesen Intuitionen Form zu geben in Institutionen."* (Theo Zweerman)[49]

Bevor wir uns mit den Detailfragen bezüglich Klaras Schrift aus dem vorherigen Kapitel beschäftigen, ist es notwendig, den Text als Ganzes zu erkunden. Die Lebensform, wie sie uns heute vorliegt, ist in zwölf Kapitel eingeteilt mit einer Überschrift über jedem Kapitel. Diese Einteilung ist nicht von Klara selbst.[50] Klaras Lebensform ist eingebettet in die Bulle *Solet annuere* von Papst Innozenz IV.

Der beste Zugang, die Lebensform zu lesen, ist ein Vergleich mit der Architektur eines Hauses. Ein Haus hat Stützmauern und Balken, die man nicht wegnehmen darf ohne Einsturzgefahr. In jedem Haus sind Räume, die für Gäste zugänglich sind, und Räume, die mehr zu der intimeren Sphäre gehören. Und ein Haus hat eine Einrichtung, die veränderbar ist. Dass die Metapher eines Hauses nicht so fremd ist, wird offensichtlich werden, wenn wir die Struktur von Klaras Lebensform näher anschauen. Auch Thomas von Celano gebraucht die Metapher eines Gebäudes, wenn er die Gemeinschaft von San Damiano beschreibt (vgl. 1 C 18–19). Neben dem Gedanken der Architektur zur Unterscheidung dessen, was wesentlich ist und was mehr oder weniger nebensächlich ist in der Lebensform, kann die Metapher eines Gebäudes auch als Gedächtnisstütze dienen. Im Mittelalter, als noch wenige Bücher und anderes schriftliches Material verfügbar waren,

---

49 Theo Zweerman, *Wondbaar en vrijmoedig*, 216.
50 Vgl. Engelbert Grau, *Leben und Schriften der Heiligen Klara. Einführung, Übersetzung, Anmerkungen,* (Franziskanische Quellenschriften, Band 2), Werl ⁴1976, 90, Anmerkung 3; *Federazione*, Bd. III, 48ff. mit Variationen.

wurde bei der mündlichen Überlieferung das Gedächtnis stärker in Anspruch genommen. Man konnte die Kunst des Behaltens einüben, indem man sich eine Vorstellung machte von einem Gebäude mit verschiedenen Räumen, und dann die Themen oder Gegenstände, die man behalten wollte, in einen bestimmten Raum verorten.[51] So kann auch das Gebäude der Lebensform als Gedächtnisstütze dienen. Dass Klara vermutlich diese Metapher gebraucht hat, wird weiter deutlich werden. Die Ordnung des Textes ist vor allem Gedächtnisarbeit gewesen. Sie hat sich in ihrem Gedächtnis die Komposition vorgestellt und von daher zusammengestellt.

Die Metapher eines Gebäudes weckt die folgenden Fragen: Wie ist die Architektur der Lebensform und welche *Räume* öffnen sich darin? Lässt die Lebensform sich aufschließen als einen geistlichen Raum, in dem die Spiritualität Klaras zum Leben kommt?

Zuerst gebe ich eine Übersicht des Textes, wie dieser in dem neuen Klara-Omnibus der Schriften Klaras vor uns liegt.[52] Zugunsten meiner Kommentare mache ich eine eigene Einteilung, wobei ich von dem ursprünglich durchlaufenden Text ausgehe. Teilweise folge ich J.-F. Godet, aber bei einer Anzahl von Stellen weiche ich davon ab.[53] Auch habe ich den Abschnitten andere Überschriften gegeben. Um der internationalen Texteinteilung willen werde ich bei Verweisen die

---

51 Vgl. Aurelius Augustinus, *Bekenntnisse*, Zürich 1950, S. 254: ‚die weiten Hallen des Gedächtnisses' u. ä.; zur ‚Ars memorativa' (die klassische Gedächtniskunst) und darin über die Funktion des ‚Gebäudes des Gedächtnisses': Mary Carruthers, *The Book of Memory. A Study of Memory in Medieval Culture*, Cambridge 1990, 71f.

52 *Klara-Quellen. Die Schriften der heiligen Klara, Zeugnisse zu ihrem Leben und ihrer Wirkungsgeschichte.* Im Auftrag der Provinziale der deutschsprachigen Franziskaner, Kapuziner und Minoriten. (Hg. von Johannes Schneider und Paul Zahner in Verbindung mit Cornelius Bohl, Susanne Ernst, Bernhard Holter, Willibald Hopfgartner, Florian Mair, Bruno Klammer, Martina Kreidler-Kos, Niklaus Kuster, Leonhard Lehmann, Benedicta Liškova, Anton Rotzetter, Ancilla Röttger, Oliver Ruggenthaler, Marianne Schlosser, Volker Stadler, Monica Benedetta Umiker, Thoma Wüpping, Elisabeth Zacherl), Kevelaer 2013, 56–73.

53 Jean-François Godet, *A New Look at Clare's Gospel Plan of Life*, in: *Greyfriars Review* 5 (1991) Supplement, 1–84.

Nummern der Kapitel mit der Zählung der Verse beibehalten.[54] Nach dieser Übersicht werde ich einige Räume erkunden, die helfen können, den Text auch innerhalb des Kontextes zu verstehen, und die die Spur markieren zur tieferen mystischen Schicht.

3.1 Einteilung in zwölf Kapitel

Die Kapitel mit den Überschriften sind später geschaffen worden, wie auch in der Regel von 1223 der Minderbrüder. Das geschah wahrscheinlich, als die Lebensform abgeschrieben wurde. Die Einteilung in zwölf Kapitel könnte dann einen Hinweis beinhalten zu den zwölf Toren der Stadt Jerusalem (Off 21,22). Wer innerhalb dieser Lebensform einen Pilgerweg geht, wird eingehen dürfen in das „Jerusalem von oben" (vgl. 4 Agn 9–14).[55] Die Titel beeinflussen die Interpretation des Textes, der darauf folgt. Von Kapitel 1 an bis einschließlich 5 spiegeln die Titel den Inhalt wider. Danach decken sie den Inhalt nicht mehr. Auch die Einteilung der Kapitel ist hier und da willkürlich. Vermutlich hat Klara den Teil zwischen den Kapiteln über die Absonderung als ein Ganzes gesehen. Sie beginnt nämlich in Kapitel 6 mit einem persönlichen Zeugnis und sie schließt in Kapitel 10 mit einem persönlichen Wort ab. Hier folgt zunächst eine Übersicht der Titel der Kapitel:

---

54 *Écrits; Federazione*, Bd. I, II und III behalten diese Nummerierung auch bei. *Fontes*, 2291ff. weicht davon ab.

55 Im Mittelalter und später sehen die Mönche ihr Leben als eine geistliche Pilgerschaft zum himmlischen Jerusalem. Dies gilt vor allem für die neuen religiösen Gruppen im zwölften und dreizehnten Jahrhundert, die arm und demütig den Fußspuren Christi nachfolgen wollen. Auch in Klaras Schriften spielt dieses Thema eine Rolle. Vgl. P.G.J.M. RAEDTS, *Jerusalem: Purpose of History or Gateway to Heaven? Apocalypticism in the First Crusade*, in: J. VAN DEN BERG / P. HOFFIJZER (red.), *Church, Change and Revolution. The Fourth Anglo-Dutch Church History Colloquium*, Leiden 1991, 31–40.

Caput I (In nomine Domini. Incipit forma vitae sororum pauperum)	*I. Kapitel (Im Namen des Herrn! Es beginnt die Lebensform der Armen Schwestern)*
Caput II (De his quae volunt vitam istam accipere et qualiter recipi debeant)	*II. Kapitel (Von denen, die dieses Leben annehmen wollen, und wie sie aufgenommen werden müssen)*
Caput III (De divino officio et ieiunio, de confessione et communione)	*III. Kapitel (Vom göttlichen Offizium und vom Fasten; von der Beichte und der Kommunion)*
Caput IV (De electione et officio abbatissae, de capitulo atque de officialibus et de discretis)	*IV. Kapitel (Von Wahl und Amt der Äbtissin, vom Kapitel und von den Amtsträgerinnen und Diskreten)*
Caput V (De silentio ac de locutorio et crate)	*V. Kapitel (Vom Stillschweigen, von der Sprechöffnung und vom Gitter)*
Caput VI (De non habendis possesionibus)	*VI. Kapitel (Dass sie keine Besitzungen haben dürfen)*
Caput VII (De modo laborandi)	*VII. Kapitel (Von der Art zu arbeiten)*
Caput VIII (Quod nihil approprient sibi sorores, et de eleemosyna procuranda et de sororibus infirmis)	*VIII. Kapitel (Dass die Schwestern sich nichts aneignen dürfen, vom Sorgen um Almosen und von den kranken Schwestern)*
Caput IX (De poenitentia sororibus peccantibus imponenda, et de sororibus servientibus extra monasterium)	*IX. Kapitel (Von der Buße, die sündigen Schwestern auferlegt werden soll, und von den außerhalb des Klosters dienenden Schwestern)*
Caput X (De admonitione et correctione sororum)	*X. Kapitel (Von der Ermahnung und Zurechtweisung der Schwestern)*
Caput XI (De clausurae custodia)	*XI. Kapitel (Von der Wahrung der Klausur)*
Caput XII (De visitatore, capellano et cardinali protectore)	*XII. Kapitel (Vom Visitator, vom Kaplan und vom Kardinalprotektor)*

Es fällt auf, dass die Überschriften der letzten Kapitel die Zurechtweisung stark betonen. Aber liegt darauf bei Klara der Nachdruck? Als ich den Text der Lebensform in einem Zug durchlas, wurde ich überrascht durch die Perspektive, aus der sie geschrieben ist. Auf den ersten Blick scheint alles vom Menschen her auf Gott gerichtet zu sein, aber beim wiederholten Lesen kam ebenso die Perspektive von Gott her zum Menschen immer mehr in den Blick. Zentral ist dabei die Armut, wie Jesus Christus sie im Evangelium zu erkennen gegeben hat. Die Ausstrahlung von Gottes Kraft und die Armut berühren einander immer wieder, insbesondere wo es um die Bedürftigkeit und Gebrechlichkeit der Schwestern geht. Da sind Texte, die Gottes Wirken gegenwärtig setzen oder das Suchen des Menschen nach Gottes Antlitz wachrufen. Sie verweisen auf das „Beziehungsgeschehen zwischen Gott und Mensch".[56] Darin können wir zwei Momente des Transformationsprozesses unterscheiden:

- das aktive Moment vom Menschen her: das Einüben der Tugenden und das Suchen nach Gott;
- das passive Moment durch das göttliche Eingreifen: das Wachsen zur Ähnlichkeit mit dem Vorbild, „der Herr, der sich in dieser Welt für uns arm gemacht hat" (KlReg VIII,3).

Die Weise, in der dieser Prozess vollzogen werden kann, wird in den Kommentaren zum Text erschlossen werden.

3.2 Aufbau der Lebensform

Die Lebensform hat einen merkwürdigen Aufbau. Kapitel VI bildet die Mitte, es ist exakt der Letzte Wille von Franziskus (VI,7–9). Diese Mitte zieht die Aufmerksamkeit auf eine wichtige Botschaft von Klara und ihren Schwestern auf sich: Wir wollen das Charisma von Franziskus bewahren und weitergeben an diejenigen, die nach uns kommen. Es scheint, als wolle Klara hier die kirchliche Obrigkeit und den Minister des Ordens der Minderbrüder an ihre besondere Berufung erinnern, wie sie das auch in ihrem Testament tut (24–51).

---

56   Kees WAAIJMAN, *Handbuch der Spiritualität*, Teil 2, Kapitel 3; § 3.1.1.

Eine andere Mitte wird gebildet im Raum der Abgeschlossenheit. Darin liegt eine Botschaft für die Schwestern eingefasst: Folge dem armen Christus nach in seiner Selbsthingabe „für uns" (VIII,3). Kapitel VIII,13–14 bildet darin genau die Mitte: „liebevoll und barmherzig" für einander einstehen.[57] Ich komme darauf noch zurück. Hier folgt zunächst der Aufbau:

Erster Teil der Bulle von Papst Innozenz IV., in der die Approbation von Kardinalprotektor Rainaldus aufgenommen ist.

Lebensform
Identität: Name I,1
Inhalt: das Evangelium Jesu Christi vor Augen halten I,2
Räume des Gehorsams I.3–5

Eintritt und Ausbildung
Bedingungen zum Eintritt II,1–10
Probezeit und Profess II,11–16
besondere Fälle II,17–23
der arme Christus als Vorbild II,24

Verbunden mit der Kirche
Stundengebet III,1–7
Fasten III,8–11
das sakramentale Leben III,12–15

Aufbau der Gemeinschaft
Wahl der Äbtissin IV,1–7
Dienst der Äbtissin IV,8–14

---

57 Dieser Teil steht innerhalb der Bestimmungen, die sich auf das Leben in Abgeschlossenheit beziehen: KlReg V,1–17 und XI,1–12. Gesamte Anzahl an Worten: 1151 / die Hälfte = 575,5. Exakte Mitte ist KlReg VIII,13: ‚caritative et misericorditer providere' (liebevoll und barmherzig versorgen).

Kapitel IV,15–21
Aufgaben in der Gemeinschaft IV,22–24

Struktur der Zurückgezogenheit (erster Teil)
Stille und Sprechen V,1-4
Kommunikation von innen nach außen V,5–17

Geschlossene Räume der armen Schwestern
Erinnerung an den Beginn: VI,1–9
Modelle (Vorbilder) VI,1–2
Forma vivendi: Profilierung der „Armen Schwestern":
Vollkommenheit des heiligen Evangeliums VI,3–4
Klaras Bestätigung VI,5–6
Franziskus' Letzter Wille: Vorbild und Rat VI,7–9
(die exakte Mitte der Lebensform)

Ökonomie der evangelischen Armut
die Armut bewahren VI,10–11
kein extra Land als Eigentum VI,12–15
Arbeit VII,1–3
Almosen VII,4–5

Pilgerweg der evangelischen Armut VIII,1–IX,18
Identität der armen Schwestern VIII,1–2
Jesus Christus, der Spiegel VIII,3–6
Briefe, Geschenke und Geld VIII,7–11
Umgang mit der leiblichen Gebrechlichkeit VIII,12–18
Sorge für einander VIII,13–14
(die genaue Mitte der geschlossenen Räume)
Besuch empfangen VIII,19–21
Umgang mit geistlicher Gebrechlichkeit IX,1–18
Verstöße gegen die Profess IX,1–5
Konflikte IX,6–10

Verwundbarkeit von Schwestern, die außerhalb des Klosters Dienst tun IX,11–18

Beziehungen zwischen Äbtissin und Schwestern X,1–5
Ermahnung und Ermutigung X,6–13

Struktur der Zurückgezogenheit (zweiter Teil)
Pförtnerin und die Pforte XI,1–8
Kommunikation von außen nach innen XI,9–12

In Verbundenheit mit den Minderbrüdern, innerhalb der Kirche um des Evangeliums willen XII,1–13
Visitator XII,1–4
Verbundenheit mit den Minderbrüdern XII,5–11
die Kirche XII,12–13a
das Evangelium Jesu Christi XII,13b

Zweiter Teil der Bulle von Papst Innozenz IV.

3.3 Architektur der Lebensform

Wenn wir uns der Lebensform von außen zur Mitte hin annähern, entdecken wir eine Anzahl Räume, in denen der Geist in unterschiedlicher Weise wirkt:
* den Raum der Kirche, um das Evangelium zu leben;
* den Raum des Ordens der Minderbrüder;
* den Raum der eigenen Gemeinschaft.

3.3.1 Raum der Kirche

Die gesamte Lebensform ist eingebettet in die Bulle von Papst Innozenz IV., wodurch das Dokument offiziell kirchlich bestätigt ist. Die frühere

Bestätigung durch Bischof Rainald ist hierin vollständig aufgenommen. Hier folgt der Text:

1. Innozenz, Bischof, Diener der Diener Gottes, 2. [wünscht] den in Christusgeliebten Töchtern, der Äbtissin Klara und den anderen Schwestern des Klosters San Damiano bei Assisi, Heil und apostolischen Segen. 3. Der Apostolische Stuhl pflegt fromme Wünsche zu gewähren und aufrichtigem Verlangen der Bittsteller gerne zu entsprechen. 4. Es liegt uns nämlich von eurer Seite die demütige Bitte bezüglich der Lebensform vor, gemäß der ihr gemeinsam in Eintracht des Geistes und nach dem Gelübde der *höchsten Armut* zu leben verpflichtet seid. 5. Der selige Franziskus hat sie euch übergeben, und sie wurde von euch freiwillig angenommen. 6. Unser ehrwürdiger Bruder, der Bischof von Ostia und Velletri, hielt dafür, dass sie approbiert werde, wie es in dem vom Bischof selbst verfassten Schreiben ausführlicher enthalten ist. 7. Wir sollten nun dafür sorgen, dass dies durch apostolisches Schutzschreiben bekräftigt werde. 8. Darum sind Wir euren ehrfurchtsvollen Bitten geneigt, indem Wir das, was vom selben Bischof in dieser Angelegenheit beschlossen wurde, gutheißen, mit apostolischer Autorität bestätigen und durch den Rechtsschutz des vorliegenden Schreibens sicherstellen. 9. Den Inhalt jenes Schreibens lassen Wir Wort für Wort in vorliegendes Schriftstück einfügen. Dieser lautet folgendermaßen:
10. Rainald, durch göttliches Erbarmen Bischof von Ostia und Velletri, [wünscht] seiner in Christus geliebten Mutter und Tochter, Herrin Klara, Äbtissin von San Damiano bei Assisi, 11. und ihren Schwestern, gegenwärtigen wie künftigen, Heil und väterlichen Segen. 12. Da ihr, in Christus geliebte Töchter, Pracht und Prunk der Welt verachtet 13. und in der *Nachfolge der Fußspuren Christi* und seiner heiligsten Mutter erwählt habt, leiblich eingeschlossen zu wohnen sowie euch in höchster Armut ganz dem Herrn zu widmen, damit ihr freien Herzens dem Herrn dienen könnt, 14. so empfehlen Wir im Herrn euer heiliges Vorhaben und wollen

gerne mit väterlicher Zuneigung eurem Wunsch und eurer heiligen Sehnsucht wohlwollende Gunst erweisen. 15. Da Wir nun euren frommen Bitten geneigt sind, bestätigen und bekräftigen Wir für immer kraft der Autorität des Herrn Papstes und Unserer eigenen euch allen und euren Nachfolgerinnen in eurem Kloster unter dem Schutz des vorliegenden Schreibens die Lebensform und die Weise heiliger Einheit und *höchster Armut*, 16. die euch euer seliger Vater, der heilige Franziskus, in Wort und Schrift zur Beobachtung übergeben hat und die dem vorliegenden Schreiben beigefügt ist. 17. Sie lautet wie folgt:

Hier folgt der Text der Lebensform:

18. Gegeben zu Perugia am 16. September [1252] im 10. Jahre des Pontifikates des Herrn Papstes Innozenz IV. – 19. Keinem Menschen sei es nun gestattet, dieses Unser Bestätigungsschreiben anzufechten oder zu wagen, dagegen anzugehen. 20. Sollte aber jemand sich herausnehmen, dies zu versuchen, so wisse er, dass er sich die Ungnade des allmächtigen Gottes und seiner heiligen Apostel Petrus und Paulus zuziehen wird. – 21. Gegeben zu Assisi am 9. August [1253] im 11. Jahre Unseres Pontifikates.

Der Papst und der Kardinal fassen die Lebensweise bündig zusammen:

- *gemeinsam* leben *in der Eintracht des Geistes* (communiter in spirituum unitate) (Vers 4);
- in der *höchsten Armut* (altissimae paupertatis) den Fußspuren Jesu und seiner Mutter folgen, um frei zu sein für den Dienst des Herrn (Vers 4 und 13);
- wichtig ist die Erwähnung, dass diese Lebensweise von Franziskus *übergeben* (traditam) ist und von den Schwestern *freiwillig angenommen* (sponte suspectam) Vers 5);
- *leiblich eingeschlossen* (incluso corpore) zu leben (Vers 13).

Die Kirche ist die Bewahrerin des Evangeliums Jesu Christi. Klara hat ihre Gemeinschaft bewusst in den Raum der Kirche gestellt. Sie ist sich ihrer Sendung bewusst: „seine kleine Herde, die Gott Vater in seiner heiligen Kirche … erweckt hat" (KlTest 46). Zu Beginn ihrer Lebensform gelobt sie dem Papst und der Kirche von Rom Gehorsam (I,3) und am Ende vertraut sie ihre Gemeinschaft noch einmal der Kirche an (XII,12–13). Dieser Raum umspannt die gesamte Lebensform.

3.3.2 Fundament: das heilige Evangelium

Das Fundament, auf dem die Lebensform gebaut ist, ist das Evangelium Jesu Christi. Klara ließ sich vor allem von einem Teil der Bergpredigt bei Matthäus inspirieren und von den Briefen an die Epheser und die Kolosser, vor allem da, wo es darum geht, Gemeinschaft zu bilden. In ihrem ersten Brief an Agnes von Prag, in dem Klara ihren Lebensentwurf darlegt, entlehnt sie mit Vorliebe Texte aus dem Matthäusevangelium (vgl. 1 Agn 21–29). Auch in ihrer Lebensform klingen sie häufig durch, auch wenn sie sie fast nirgends wörtlich zitiert. Das Leben nach dem Evangelium läuft bei Klara und ihren Schwestern darauf hinaus:

• der Armut und Niedrigkeit Jesu Christi und seiner Mutter nachzufolgen;
• zu beten und zu fasten;
• als Pilger zu leben ohne materielle Existenzsicherung im Vertrauen auf den barmherzigen Vater;[58]
• liebevoll und barmherzig miteinander umzugehen;
• in einer Gemeinschaft zu leben, die die gegenseitige Einheit bewahrt.

Klara hat ihre Lebensform auf dieses Fundament gebaut. Kapitel VI bildet die Mitte der gesamten Schrift. Es beginnt mit einer autobiographischen Passage, die Klaras Dokument so authentisch macht.

---

58 Edith VAN DEN GOORBERGH, *Eile in schnellem Lauf und schau in den Spiegel. Das Bild des Weges und die Nachfolge Christ in den Schriften Klaras von Assisi*, in: *CTC, Quaderni Dell'Ufficio ,Pro monialibus'* 46 (2010), 69–89.

Nachdem sie über den Anfang erzählt hat, übernimmt sie das Profil, das Franziskus vom Leben der armen Schwestern skizziert hat. Die ersten Schwestern haben gezeigt, dass sie nicht zurückschrecken vor Armut, Ablehnung und Bedeutungslosigkeit. Damals hat er ihnen die „Forma vivendi" gegeben (VI,3–4). In dieser ersten Lebensform sind kennzeichnend:

- Gottes Initiative: die „göttliche Eingebung";
- die Identität: als arme Schwester ist sie „Tochter", „Dienerin" des Vaters und sie hat sich verlobt mit dem Heiligen Geist. Sie ist gerufen und bestimmt, in Verbundenheit mit dem dreieinen Gott zu leben;
- das dynamische Element: „das Leben nach der Vollkommenheit des heiligen Evangeliums". Dieser Lebensentwurf der Nachfolge Jesu Christi hilft zu entdecken, wie man ursprünglich ist, und es führt zur eigenen Bestimmung: die Gleichförmigkeit mit Ihm;
- Franziskus' Versprechen, zusammen mit seinen Brüdern für die Schwestern weiterhin zu sorgen.

In der Mitte der Lebensform hat sie auch, wie gesagt, Franziskus' letzten Willen aufbewahrt (VI,7). Darin fasst Franziskus zusammen, was er den Schwestern ans Herz legen will. Er stellt sich selbst als Vorbild dar, das eine Widergabe des Vorbildes Jesu Christi und seiner Mutter ist: „Ich ... will dem Leben und der Armut unseres höchsten Herrn Jesus Christus und seiner heiligsten Mutter nachfolgen und darin *bis zum Ende verharren.*" Er gibt den inständigen Rat, wachsam zu sein und auszuharren (VI,8–9).

In Klaras Lebensform bewegt sich alles auf die Mitte hin. Von Kapitel I,2: „das Evangelium beobachten" bis zu Kapitel VI,3: „leben nach der Vollkommenheit des heiligen Evangeliums." Und der letzte Vers (XII,13) verweist mit „das Evangelium beobachten" zurück auf „leben nach der Vollkommenheit des heiligen Evangeliums".

| I,2: „das Evangelium beobachten" | VI,3: „leben nach der Vollkommenheit des heiligen Evangeliums" | XII,13: „das Evangelium beobachten" |

Das Leben nach der Vollkommenheit des Evangeliums stellt alles in einen Sinnzusammenhang: die Verbundenheit der armen Schwester mit Gott: dem Vater, dem Sohn und dem Heiligen Geist. Die Bewegungen in dem Kräftefeld durchziehen die gesamte Lebensform. In der Lebensform stehen Jesus Christus, seine Mutter, Franziskus und Klara und ihre ersten Schwestern als Lebensmodell. Franziskus ist auch das Modell für den sorgsamen Bruder und Ratgeber.

3.3.3 Raum des Ordens der Minderbrüder

Durch das Gehorsamsversprechen an Franziskus und seine Nachfolger (I,4) sind Klara und ihre Schwestern mit den Brüdern bleibend verbunden. Am Ende der Lebensform beruft sie sich inständig auf die Sorge des Ordens der Minderbrüder, „zur Unterstützung in unserer Armut" (XII,6). Sie beruft sich auf das Versprechen von Franziskus (VI,4):

| I,4: Und wie sie am Anfang ihrer Bekehrung dem seligen Franziskus zusammen mit ihren Schwestern Gehorsam versprochen hat, so verspricht sie, diesen seinen Nachfolgern gegenüber unverletzt zu halten. | VI,4: so will ich – und ich verspreche dies für mich und meine Brüder – für euch genauso wie für diese immer liebevolle Sorge und besondere Aufmerksamkeit hegen. | XII,7: ... erbitten wir mit Blick auf das gütige Erbarmen Gottes und des seligen Franziskus vom selben Orden als gnädige Gabe. |

3.3.4 Raum der eigenen Gemeinschaft

Es ist auffällig, dass Klara die Bestimmungen über die Zurückgezogenheit an zwei Stellen erwähnt: Kapitel V und XI. Dazwischen geht es um die Art und Weise, in der das *tägliche* Leben der Schwestern eine eigene Form erhält. In der Gesamtübersicht ist dieser Raum, um in der Metapher des Hauses zu bleiben, in grau markiert.[59] In diesem geschlossenen Raum spielt sich das tägliche Leben der Gemeinschaft ab. Es ist der intimere Raum, der Privatraum, zu dem Außenstehende für gewöhnlich keinen Zugang bekommen. Die tägliche Nachfolge der Armut Jesu Christi und seiner Mutter erhält da Hand und Fuß. Aber wie kann das abgeschlossene Leben apostolisch sein? Wie fruchtbar? Wie aufsehenerregend? Auf diese Fragen gibt Klara in den Kapiteln VI bis einschließlich X Antwort. Das Charakteristische der Spiritualität der armen Schwestern bringt sie da ins Wort.

- Zuerst ist da die Erinnerung an den Beginn (VI,1). Klara erzählt eine persönliche Erfahrung: „Nachdem der höchste himmlische Vater sich gewürdigt hatte, durch seine Gnade" (VI,1). Auf das Zurückschauen auf den Anfang legt sie großen Wert. Vor allem in schwierigen Zeiten, als das Wesentliche der Berufung ins Gedränge kam, verlangte sie, die erste Lebensentscheidung in Erinnerung zu bringen. „Sei eingedenk Deines Vorsatzes und blicke wie eine zweite Rachel stets auf Deinen Anfang. Was Du hältst, das halte weiter fest, was du tust, das tue weiter und lass nicht ab" (2 Agn 11).
- Klara ist zusammen mit ihren Schwestern ein Vorbild für jene, die nach ihnen kommen (VI,1-2).
- Sie erwähnt die „Forma vivendi" von Franziskus (VI,3–4). Diese Passage gibt konzentriert wieder, worum es zu Beginn gegangen ist. Der Ruf ist auf göttliches Geheiß, „auf göttliche Eingebung" hin empfangen. Diese führt zu einem Leben in mystischer Verbundenheit mit dem Vater und dem Heiligen Geist durch die Nachfolge der Armut und Niedrigkeit Jesu Christi und Marias. Leben nach „der Vollkommenheit des heiligen Evangeliums" klingt im zentralen Teil wie ein Echo von Jesu Wort: „Wenn du vollkommen sein willst, dann

---

59 Für eine Übersicht siehe „Grundriss der Lebensform des Ordens der Armen Schwestern (1253)" im Anhang.

geh, verkaufe deinen Besitz und gib es den Armen und du wirst einen Schatz im Himmel haben. Dann komm und folge mir nach" (Mt 19,21). An dem Versprechen des Franziskus für die armen Schwestern, aufgrund ihres Gehorsamsversprechens immer für sie zu sorgen, wird Klara, wie wir noch sehen werden, bleibend festhalten.

- Klara unterstreicht die Sorge und das Vorbild von Franziskus. Sie äußert dabei den Wunsch, nie von der heiligsten Armut abzuweichen (VI,5–6).
- Dann zitiert sie wörtlich Franziskus' Letzten Willen (VI,7–9), in dem er die Nachfolge der Armut und Niedrigkeit Jesu Christi und seiner Mutter als Modell vor Augen hält. Er spricht sein Verlangen aus, bis zum Ende auszuharren. Zum Schluss gibt er den Schwestern einen außergewöhnlichen Rat, nämlich sich durch niemand anders beeinflussen zu lassen und wachsam zu bleiben. Dieser Rat bildet die exakte Mitte der Lebensform.[60]
- Unmittelbar darauf folgt, was ich die Ökonomie der evangelischen Armut nennen will. Wie strukturiert man ein Leben der evangelischen Armut und wie geht man mit Besitz um, auch als Gemeinschaft? Es war und ist kein überflüssiger Luxus – das weiß Klara aus eigener Erfahrung – wachsam zu sein (VI,10-11). Die Armut ist ein Schatz, der schnell geraubt werden kann. Da gibt es nur allzu viele Entschuldigungen: durch Zwischenpersonen Eigentum annehmen (VI,12); extra Boden als Eigentum zu bekommen und es dann wirtschaftlich zu nutzen, um eine Absicherung für den Lebensunterhalt zu haben (VI,12–15). Dann folgen Vereinbarungen über die Arbeit (VII,1–3) und wie die Gemeinschaft mit Almosen umgehen soll (VII,4–5).

---

60 Die Gesamtzahl an Worten im Dokument: 2825 / die Hälfte ist 1412,5 Worte. Die mathematische Mitte ist Kapitel VI,8: ‚Et rogo vos, dominas meas, et consilium do vobis, ut in ista sanctissima vita et paupertate semper vivatis.' (Und ich bitte euch, meine Herrinnen, und ich gebe euch den Rat, allezeit in diesem heiligsten Leben und in der Armut auszuhalten.)

- In dem, was darauf folgt, beschreibt Klara den Pilgerweg der evangelischen Armut. In Kapitel VIII,1–6 hält Klara den Spiegel der evangelischen Armut vor: „Der Herr hat sich in dieser Welt *für uns* arm gemacht." Sie übernimmt diesen Text fast wörtlich aus der Regel des Franziskus von 1223. Dann folgt eine Anzahl von Bestimmungen für das tägliche Leben der Schwestern (VIII,7–18), in denen die Sorge füreinander wie eine goldene Regel in der Mitte steht (VIII,13–14): sie soll sie „liebevoll und barmherzig (versorgen). Denn alle sind verpflichtet, ihre kranken Schwestern so zu versorgen und zu bedienen, wie sie selbst bedient sein möchten, wenn sie von irgendeiner Krankheit befallen sind".

- Jedes Gemeinschaftsleben kennt schwierige Momente; wie geht man um mit Unterschieden in Anlage, Charakter, Vitalität, wie fängt man eine Schwester auf, die ernsthaft von der Lebensform abweicht (IX,1–5)? Dies verlangt eine besondere Sorge seitens der Äbtissin, aber ebenso sehr von jeder Schwester. Und wie geht man um mit Konflikten (IX,6–10)? Auch zu Klaras Zeit konnten die Schwestern, ebenso wie wir, sie nicht vermeiden. Die Geschicklichkeit, Konflikten nicht aus dem Weg zu gehen, sondern als Übungsmomente zu nutzen, bringt die Schwestern gegenseitig näher zueinander. Totschweigen oder leugnen vergiftet die Gemeinschaft.

- Es zeigt sich, dass die Schwestern von San Damiano die Absprachen über die Schwestern, die außerhalb des Klosters Dienst tun, auf eigene Weise formuliert haben. Es gibt deutlich umschriebene Absprachen, wie die Schwestern sich verhalten sollen, damit das Leben in der Gemeinschaft ungehindert im Geist des Evangeliums gelebt werden kann (IX,11–18).

- Zum Schluss beschreibt Klara, wie die Beziehung zwischen der Äbtissin und den Schwestern Form bekommt. Dabei steht das persönliche Wohlbefinden und die gemeinschaftliche Berufung der Äbtissin und der Schwestern zentral (X,1–5). Klara schließt den geschlossenen Raum in der Lebensform ab mit einer Ermutigung, die sie fast ganz aus Franziskus' Regel übernimmt (X,6–13).

Mit dieser ersten Erkundung des „Gebäudes der Lebensform" sind wir hoffentlich ausreichend mit dem Text vertraut geworden, um jetzt die einzelnen Passagen zu lesen. Wie können wir das tun?

3.4 Die Lebensform jetzt lesen

Lesen ist mit Scheu einen Text erkunden
und im Raum des Wortes nach Hause kommen.

Wenn wir die Lebensform als einen umformenden Raum Vers für Vers zu lesen beginnen, können wir uns zu Recht fragen, ob ein Text aus dem dreizehnten Jahrhundert wohl noch etwas zu sagen hat. Enthält so eine jahrhundertealte Schrift nicht zu einem großen Teil Vorschriften und festgelegte Normen, die unserer geistlichen Entwicklung heute und der Treue zu uns selbst im Weg stehen können? Etwas Widerstand kann fruchtbar sein, denn das hält unseren Blick scharf. Außerdem trägt ein Text wie der der Lebensform nach sieben Jahrhunderten schon eine Geschichte von Interpretationen mit sich, die eine unbefangene Lesehaltung behindern. Häufig ist die Lebensform des Ordens der armen Schwestern verstanden worden als ein Gesetz von Geboten und Verboten: So steht es in der Lebensform und daran müssen wir uns halten. Dass eine derartige Auffassung sowohl persönlich wie gemeinschaftlich häufig Spannungen aufrief, lässt sich verstehen. Die Lebensverhältnisse verändern sich immer wieder, wenn eine Gruppe Frauen sich in einer bestimmten Zeit und an einem bestimmten Ort auf eine Lebensweise nach dem Evangelium Jesu Christi festlegen will. Jede Zeit kennt ihre eigenen Herausforderungen, Hindernisse und blinde Flecken.

3.4.1 Ein offener Text

Die Lebensform, wie Klara sie uns hinterlassen hat, ist nicht nur ein Dokument mit Geboten und Verboten mit dem Anspruch, wörtlich nachgelebt zu werden. Es ist kein *geschlossener* Text mit einem Ziel in sich selbst und mit einer eindeutigen Bedeutung: wenn du wörtlich tust, was da steht, bist du absolut auf dem guten Weg. Der Erfolg ist durch dessen striktes Nachleben nicht gesichert. Die Lebensform stellt sich vor allem als ein *offener* Text dar, der in unserer Zeit in der Praxis manchmal eine andere Auslegung erfordert als im Jahre 1253. Ein offener Text kann unterschiedliche Bedeutungen haben. Aus diesem Grund lädt er ein und regt er an zu einer kritischen Reflexion und zum Dialog: Wie ist das ursprüngliche Charisma in Worte gefasst? Welche Vereinbarungen und Maßnahmen sind zeit- und ortsgebunden, welche übersteigen Zeit und Orte? Die Kunst besteht darin, die Formelemente, die die Zeit übersteigen, aufzuspüren und ihnen einen Platz zu geben im Leben von heute. Auch muss die Lebensform etwas an Wiedererkennen liefern, das dem eigenen inneren Verlangen entspricht. Dann erst kann die Lebensform Klaras die Einsicht in die Berufung zur armen Schwester vertiefen, um die Herausforderungen in unserer Zeit anzugehen.

Die Lebensform trägt Spuren einer dynamischen Wirklichkeit von Suchen und Abstimmen. Nach einer erprobten Lebenspraxis von ungefähr vierzig Jahren sind die Erfahrungen einer Gruppe Frauen festgelegt worden, die nach einer neuen Form evangelischen Lebens suchten. Das tägliche Leben der Schwestern in San Damiano hatte deutlich gemacht, dass nur von außen gegebene Vorschriften nicht wirkten. Die Lebensformen von Hugolin und Innozenz IV. erwiesen sich als zu geschlossene Texte, um die innere Entwicklung zu unterstützen. Es war nicht ein Zeichen von Eigensinn, noch von Heiligkeit, dass Klara und ihre Mitstreiterinnen nach einer Form von Leben suchten, die das ursprüngliche Charisma in Bewegung halten konnte, sondern von einem gesunden inneren Kontakt zu ihrer Berufung und Sendung in der Kirche. Inhaltlich liegt ein Text vor uns, in dem Klaras evangelische Lebensweise wesentlich konzentriert aufgeschrieben ist.

3.4.2 Offene Stellen

Die Lebensform Klaras hat eine große Anzahl „offener Stellen". [61] Damit meine ich nicht die physisch offenen Stellen in einem Text wie leere Zeilen und Absätze, sondern die Stellen, wo – aus der Perspektive des Lesers – etwas nicht genannt wird, oder die so formuliert sind, dass sie Befremden erregen und Fragen wachrufen. Wenn wir einen derartigen Text lesen, kann eine erste Reaktion sein: Was soll ich damit, ich kann damit nichts anfangen. Es ist viel zu weit weg von mir. Ich habe es wohl gesehen. Doch gerade weil der Text Befremden wachruft, kann er neugierig machen. Ist da vielleicht doch ein Versprechen oder eine Botschaft für heute darin enthalten? Kann der Widerstand, den der Text bei mir auslöst, etwas tief in mir, was mir nicht bewusst ist, aufwecken? Dann lädt er ein, ins Gespräch zu gehen: Was hat dieser Text mir (uns) zu sagen? Kann ich vom ursprünglichen Charisma eine Übersetzungsbrücke schlagen zu meinem (unserem) Leben heute?

Auch auf dem sprachlichen Niveau gibt es in der Lebensform viele offene Stellen: Was ist die genaue Bedeutung zum Beispiel von dem Wort „Armut"? Nicht alles ist gleich wichtig und es wird nicht allzeit dasselbe gemeint, auch wenn da dieselben Worte stehen. Mit welchen Kategorien haben wir es zu tun? Geht es um Tugenden oder um Übungen, oder um praktische Dinge und Grundbedürfnisse? Wer spricht zu wem, wenn da steht: ich verlange, ich ermahne? Welche Kraft hat die Umschreibung: „wie wir es dem Herrn versprochen haben"? Was bedeutet heute für uns „das heilige Evangelium unseres Herrn Jesus Christus beobachten, indem wir in Gehorsam, ohne Eigentum und in Keuschheit leben"? Über praktische Dinge wie Kleidung, Fasten, Gebet, junge Mädchen im Kloster, gibt Klara gewöhnlich keine entsprechenden Vorschriften. Sie schreibt außerdem oft im Konjunktiv (modus coniunctivus), wodurch eine Vereinbarung oder Vorschrift mehr oder weniger offen bleibt. Es kann dann wie ein Aufruf oder eine freundliche Ermutigung gemeint sein, aber nie moralisch befehlend. Wörtlich übersetzt steht da dann

---

61 Vgl. Kees Waaijman, *Handbuch der Spiritualität*, Teil 3, Kapitel 2.2 § 2.3.1.

„dürfe", „solle" oder „lassen wir" wie ein Wunsch, Einladung, Ermutigung oder Empfehlung (z. B. III,12). Wenn da „müssen" (debere) steht (z. B. III,13), handelt es sich um eine unentbehrliche Bedingung, um etwas zu erreichen, zum Beispiel, dass nachts die Türen gut abgeschlossen sein sollen, wenn man lieber keinen Besuch von Einbrechern hätte.

Diese offenen Stellen laden ein, den Text längs verschiedener Gesichtspunkte zu befragen, um eine aktuelle Antwort zu finden. Dies kann ein kreativer Prozess werden, in dem der Geist unseres Ursprungs uns begleitet und zu echter Erneuerung antreiben kann.

3.4.3 Lektüreschlüssel

Den verschiedenen Kategorien in der Lebensform können wir uns annähern mit einem dazugehörenden *Lektüreschlüssel*. Diese Schlüssel können helfen, die manchmal widerspenstigen Texte der Lebensform zu erschließen und zu hören, welche Weisheit darin für heute verborgen liegt. Nicht alles in der Lebensform hat, wie gesagt, dasselbe Gewicht, ist gleichwertig. Wir dürfen zum Beispiel nicht alles in die Armut hineinpacken, obwohl diese Armut in der Lebensform allgegenwärtig ist. Wenn wir die Lebensform heute lesen, müssen wir unterscheiden lernen, worüber Klara aus der Perspektive der kurzen Lebensform (VI,3–4) spricht.

Beim Lesen und Erforschen der Lebensform kann man sich am besten das schon genannte Bild von einem Haus vor Augen halten. Wir können uns dann jeweils fragen: Was gehört zur Architektur? Was ist Ausstattung? Wie richten wir unser Leben in jenem Haus ein? Und antwortet diese Einrichtung auf das Verlangen der Gemeinschaft und jeder einzelnen Schwester persönlich? Wozu reicht das Verlangen? Bei diesen Fragen stehen immer die Schwestern und ihr Wohlbefinden in der Mitte. Es geht dabei immer um die wesentlichen Elemente, ihren Lebenskontext zu erhellen, nämlich die evangelischen Werte der eigenen Spiritualität, der Verbundenheit mit Gott, der Strukturierung des Tages, auch Tagesordnung genannt, das Gemeinschaftsleben, die

Beziehungen zur Kirche, Welt und mit den Menschen außerhalb des Klosters.

Wir sahen schon, dass bei der Lebensform Klaras einige wichtige Momente auffallen:

- Das persönliche Leben der Schwestern ist abgegrenzt im Raum der Abgeschlossenheit (zwischen V und XI). Die Armut, die gegenseitige Sorge und die Einheit untereinander sind darin wesentlich.
- Die von Franziskus gegebene Lebensform (VI,3-4) ist der innere Kompass bei der *Lebensorientierung*. Klara stellt Richtungsweiser und Lebensmodelle in ihren Text, die einladen, selbst zu unterscheiden, was wichtig ist im Leben einer armen Schwester. Die Lebensform gibt Ansätze, wie wir unser Leben *einrichten* können und das gerade so, dass es unsere *Motivation*, unser tiefstes Verlangen, in Bewegung hält.

Für die Erschließung des Textes gibt es vier *Lektüreschlüssel*. Manchmal ist ein Teil mit mehreren Schlüsseln zu befragen. Doch ist es gut, eine grundsätzliche Reihenfolge beizubehalten. Da sind:

- *Praktische Dinge und Grundbedürfnisse*: zum Beispiel Kleidung, Tagesordnung, ein Gebetsort und Gebetbücher, Lesestoff zur permanenten Fortbildung, das Gebäude. Leben in einem Kloster erfordert, dass die Grundbedürfnisse für das spezifische Leben erfüllt sind. Für ein Leben in Gemeinschaft ist es notwendig, dass Dinge abgesprochen werden.
- *Geistliche und leibliche Übungen* sind Prozesse psychosomatischer Aneignung, die darauf gerichtet sind, die geistlichen Kräfte zu befreien von ihrer Ich-Bezogenheit. *Übungen* reinigen das Herz (das Arbeitsziel des religiösen Lebens). Kennzeichnend für die Beschreibung von Übungen ist der Gebrauch von Verben: Es geht darum, etwas zu tun, um dadurch anders zu leben zu beginnen. Bei Übungen sind allzeit Ausnahmen möglich: „wenn es geht". Eine Ausnahme ist eine Einprägung des Bewusstseins: Wohlgemerkt, es

ist keine Tugend, sondern eine Übung. Um einer gänzlichen Umformung willen gibt es leibliche (z. B. fasten; vgl. III,8) und geistliche Übungen (z. B. Beten; vgl. III,1-7). Es geht um das Bewusstwerden, auch darum, Grenzen zu verrücken (vgl. Sport, therapeutische Übungen). Eine moralistische Auffassung steht hier nicht zur Diskussion. Bei Übungen dreht sich alles um die Frage: Was trägt bei zur Menschwerdung? Bewirkt die Übung die Umformung in eine arme Schwester, ja oder nein? In den Übungen kommt man auf die Spur von dem, was zu jemandem passt oder nicht passt. Es darf nicht beim Anpassen bleiben, sondern das Eingeübte muss sich in deinem Leib setzen und die innere Beseelung ausdrücken. Dieses Letzte ist wesentlich, um wirklich glücklich zu sein. In einer Übung hast du – wenn sie gut ist – nie ausgelernt. Du bleibst Schüler des Schülers schlechthin, der in der Schule der Erprobung und des Leidens Gehorsam gelernt hat (vgl. Hebr 5,8). Auch in Übertragungssituationen bleibst du selbst Schüler! Nur dann kann man offen bleiben für das Wirken des Heiligen Geistes.

- *Tugenden*: diese sind nie aufzuerlegen und dabei stehen nie Ausnahmen, damit sie nie unverbindlich sind. Tugenden geben die Qualität einer Lebenshaltung an. Tugenden steuern von innen her das Handeln. Durch Einübung kann man lernen, sich die Tugenden zu eigen zu machen. Ein Zusammenhang zu Übungen ist erkennbar, aber eine Tugend ist von anderer Art. Eine Tugend ist eine Gabe von Gott her, eine Kraft oder Wirkung Gottes, die durch Übung in uns geweckt wird. Die Pflege von Tugenden bezweckt, die Hindernisse für das Wirken von Gottes Kräften aus dem Weg zu räumen und sich dem Wirken des Heiligen Geistes zu übergeben. Wenn Gottes Wirken die Überhand bekommt, macht die Tugend die Übung weniger wichtig oder sogar überflüssig. Bei Tugenden liegt der Unterschied in dem, „was es wirklich ausmacht": durch Transformation sich bekleiden lassen mit der Armut, der Niedrigkeit und dem Gehorsam Jesu Christi. Bedingungslose Übergabe an das Wirken des Heiligen Geistes ist das Endziel des religiösen Lebens. Dann ist das Reich Gottes zukünftig.

- Mystische Räume sind selten zu lokalisieren. Diese öffnen sich in dem Maße, in dem das heiligende Wirken des Geistes alle Chancen bekommt. Wir werden sehen, dass in Klaras Lebensform der Pilgerweg der Armut dahin führt. So lassen die Verse 1–16 im achten Kapitel sich auf dem Hintergrund der Nachfolge des Herrn in Niedrigkeit und Armut erschließen als ein mystischer Raum, in dem der Drei-eine Gott wirksam gegenwärtig ist.[62]

Diese Lektüreschlüssel fordern uns heraus, die Lebensform Klaras zu lesen mit der Frage, wie wir unser Leben in unserer Zeit mit allen gesellschaftlichen und kirchlichen Entwicklungen so einrichten können, dass wir Kontakt halten mit der „Gnade unseres Ursprungs".[63]

---

62 Vgl. in BReg V,1-6,9: Edith van den Goorbergh / Theo Zweerman, *Was getekend: Franciscus van Assisi. Aspecten van zijn schrijverschap en brandpunten van zijn spiritualiteit,* Assen ²2002, 130–131.
63 Brief des Generalministers des Ordens der Minderbrüder an die armen Schwestern der hl. Klara, Roma 2007, 1.

4 Das Evangelium Jesu Christi beobachten

,Sei nicht ängstlich: der Mensch ist wohlgemut,
Wenn er sich selbst entsagen tut.
Ein einfacher Zustand, zu hohem Preis erworben,
Ein Speicher für des Herzens überfließend Gut.'
(Ida Gerhardt, 11. Mai 1987)

Klara beginnt damit, ein Fundament für das Haus ihrer Lebensform zu legen. Nachdem sie gesagt hat, wer die Schwestern sind und den Inhalt des Lebens kurz und bündig beschrieben hat, skizziert sie die Räume des Gehorsams, in denen das Leben Form bekommen kann, genährt und behütet wird.

4.1 Identität

1. Forma vitae Ordinis sororum pauperum, quam beatus Franciscus instituit, haec est:	1. Die Lebensform des Ordens der armen Schwestern, die der selige Franziskus gegründet hat, ist diese:

4.1.1 Forma vitae (Lebensform)

Die Lebensform ist die Verkörperung dessen, was die armen Schwestern zusammen als Gemeinschaft beseelt und woraus sie ihre Identität nehmen. Das eigene Charisma ist darin formuliert, die Lebenseinrichtung wird darin beschrieben. Und die Lebensform hält den Schwestern, die da sind und noch kommen werden, einen Spiegel vor. Darum lädt die Lebensform immer wieder ein zur Besinnung auf das ursprüngliche Charisma.[64]

---

64 Franziskus schreibt in seiner Regel von 1223: ,Regel und Leben' (BR I,1). Mit ,Leben' gibt er unter anderem an, dass die Regel ein offener Text ist. Man kann also mit einer Lebensform, mit der Regel in Dialog treten, um diese aktuell neu zu überarbeiten.

4.1.2 Name: Orden der armen Schwestern

Orden: dieses Wort lässt spontan an eine Gemeinschaft von Religiosen denken, die gemeinsam nach einer bestimmten Regel leben. Aber was bedeutet das lateinische *ordo* (Orden)? *Ordo* bedeutet ein geordnetes Ganzes oder Ordnung. Gott hat die Welt als einen geordneten Kosmos geschaffen. Alles hat darin seinen eigenen Platz: Sonne, Mond und Sterne, Pflanzen, Tiere und Menschen. Und eine eigene Zeit: Nächte und Tage, Wochen, Monate, Jahre; eine Zeit zu arbeiten und eine Zeit zu ruhen. Das Dasein ist nach der Bestimmung des Schöpfers ein geordnetes Dasein.

Im Mittelalter kannte man drei gesellschaftliche *Orden*: den Adel, Kleriker und Arbeiter. Franziskus übernimmt in der Regel für die Minderbrüder, vorläufige Redaktion (1221), eine solche Denkweise: „alle meine Brüder, ob sie nun predigen, beten oder arbeiten" (NbR XVII,5). Auch hier eine Ordnung, aber es bedeutet keinen Standesunterschied wie in der Gesellschaft: alle sind Brüder. Im Mittelalter war *ordo* ein weiterer Begriff als in unserer Zeit. Heutzutage finden wir die Bezeichnung ‚Orden' noch bei einigen Berufsgruppen, zum Beispiel der Orden der Rechtsanwälte und bei einer Weihe zu einem Amt in der Kirche.

Bei einem *Orden* darf man nicht direkt an einen organisatorischen oder juridischen Verband denken, sondern an eine Gruppe Menschen, gesammelt um bindende Absprachen; oder im Fall von Mönchen um eine Regel, die ein geordnetes Ganzes von Vereinbarungen anbietet, innerlich geordnet auf ein Ziel hin.[65] Wenn wir nun bei Klara *ordo* lesen, bedeutet dies, dass ihre Gemeinschaft das Leben der evangelischen Armut als Lebensprogramm erwählt hat und das tägliche Leben danach eingerichtet hat.

---

65 Kees WAAIJMAN, *Der mystische Raum des Karmels. Eine Erklärung der Karmelregel*, 42. Kardinal Hugolin spricht in seiner ‚Form und Weise des Lebens' über *religio* (HugReg 2).

4.1.3 Arme Schwestern

Auffällig ist, dass Klara den Namen ‚Herrin', mit dem Franziskus die Schwestern gewöhnlich ansprach, nicht übernimmt. In dem Namen *Schwestern* wird zu allererst deutlich, dass in der Gemeinschaft keine vertikale Hierarchie besteht. Die Bezeichnungen ‚Bruder' und ‚Schwester' drücken eine zwischenmenschliche Beziehung aus, eine familiäre Beziehung. Es ist die elementare Struktur menschlicher Beziehungen im allgemeinen und nach dem Evangelium: „Mein Bruder, meine Schwester und meine Mutter sind die, die den Willen Gottes erfüllen" (Mt 12,50). Die Gemeinschaft armer Schwestern verweist auf ein durch das Evangelium inspiriertes Zusammenleben, in dem alle sich anerkennen dürfen als ‚Schwestern, Brüder, Mütter und Bräute Jesu Christi' (1 Agn 12; 24; 2 Gl 48–53).

Namen sagen etwas aus über die Identität von jemandem. Klara nennt die Gemeinschaft Orden der *armen* Schwestern. Franziskus hat seine Gemeinschaft den Orden der *minderen* Brüder genannt. Die Brüder zogen durch eine Welt, in der Macht, Ansehen und der Standesunterschied eine große Rolle spielten. Indem sie *Mindere* waren, kehrten die Brüder diese Auffassungen radikal um. Sie verlangten danach, wie Jesus der Geringste zu sein. Klara legt den Akzent auf *arme*. Die Schwestern lebten zusammen in einem kleinen Kloster nahe der Stadt, ohne viel Land drum herum.[66] Durch das Kennzeichen *arm* gaben Klara und ihre Schwestern ihre Identität zu erkennen. Sie drückten damit ihr Lebensprogramm aus, nämlich ‚dem armen Christus zu folgen'. Sie verlangten danach, nicht nur materiell arm zu leben, sondern vor allem die Entäußerung Jesu Christi zu teilen, um auch an seiner Herrlichkeit Anteil haben zu dürfen (vgl. Phil 2,6–11; 2 Agn 19–23).

Mit dem Namen ‚arme Schwestern' hat Klara von Anfang an die Aufmerksamkeit gerichtet auf die komplementäre Verbundenheit mit den minderen Brüdern: ein Orden von *minderen Brüdern* und *armen*

---

66 Grundbesitz bedeutete in dieser Zeit feste Einkünfte. Große Abteien besaßen meist ausgedehnte Ländereien, wodurch der Lebensunterhalt – außer bei Missernten – gesichert war.

Schwestern, die zusammen den *niedrigen* und *armen* Jesus Christus der Welt zeigten. Wo Franziskus in seiner Regel über *Brüder* spricht, tut Klara es in ihrer Lebensform über *Schwestern*. Wie Brüder und Schwestern zueinander sind sie komplementär. Sie ergänzen einander: die Brüder, die gesandt sind, um ,mit Wort und Werk von der Stimme des Sohnes Gottes Zeugnis zu geben' (Ord 9), machen eine Bewegung nach außen. Sie ziehen darum aus. Die Schwestern, die ,in der Wahrheit leben' (...) treu dem ,Leben des Geistes' (Mahn 2–3), wenden sich nach innen. Eine gegenseitige Beleuchtung der Ermutigung für die armen Schwestern mit den Versen 5–11 aus dem Brief des Franziskus an den ganzen Orden erhellen diese Komplementarität. Dieselbe ,göttliche Eingebung' hat die Brüder und die Schwestern angerührt und auf den Weg gebracht. Um mit Klaras Worten zu sprechen: ,Ich weiß und bin davon überzeugt, dass du auf wunderbare Weise ergänzest, was sowohl bei mir wie bei allen anderen Schwestern [Brüdern EvdG] fehlt in der Nachfolge der Fußspuren des armen und demütigen Jesus Christus' (3 Agn 4). Sowohl die Brüder wie die Schwestern haben eine komplementäre Berufung mit jeweils eigener Sendung. Durch ihre ansteckende Lebensweise sind die Brüder und Schwestern *gemeinsam* Missionare. Sie erfüllen *gemeinsam* den Auftrag: ,Geh und stell mein Haus wieder her'. Sie wollen, um des Namens unseres Herrn Jesus Christus (und seiner heiligsten Mutter) willen nie etwas anderes [als die höchste Armut, EvdG] besitzen' (NbR VI,6; KlReg VIII,6).[67]

Der Name ,arme Schwestern' drückt eine Wirklichkeit aus, die bestätigt ist durch eine päpstliche Bulle, in die die Lebensform eingefügt ist. Der Orden der armen Schwestern ist innerhalb des sozialen Kontextes der Kirche eine Gruppe Frauen, die nach dem Evangelium leben aus Liebe zum ,armen Christus', als Schwestern mit den Minderbrüdern verbunden durch dasselbe Charisma. Arm und die Minderen sein, wie Jesus Christus, beinhaltet: nichts besitzen, frei sein von Sorge um

---

67 Vgl. Edith Van den Goorbergh, *Verbunden in der „Gnade des Ursprungs". Die Minderbrüder und die Armen Schwestern: ein Orden oder zwei?* (I. Teil), in: *CTC Quaderni Dell'Ufficio "Pro monialibus"* 44 (2008), 30–33; (2.Teil), in, ebd. 45 (2009), 49–60.

irdische Dinge; leer von sich selbst und ausgerichtet auf den anderen; vertrauend auf den anderen und frei von Rivalität und Habsucht. Dienend leben, nicht autonom sondern in anerkannter Abhängigkeit von Gott, den Menschen und der Schöpfung.

4.1.4   Durch Franziskus gegründet

Papst Innozenz III. hatte 1209 Franziskus' Leben in evangelischer Armut kirchlich bestätigt. Das war der Anfang und daran erinnert Klara. Franziskus, nicht der Papst oder der Kardinal, hat die Lebensform der heiligsten Armut durch Beispiel und Wort an Klara *weitergegeben*. In der Bulle von Innozenz IV. bekommt die Lebensform des Ordens der armen Schwestern mit der Erwähnung von Franziskus formalen kirchlichen Rechtsschutz: ‚Diese [Lebensform; EvdG] ist euch durch den seligen Franziskus gegeben (traditam) und ihr habt diese freiwillig angenommen' (Bul 5). Klara unterstreicht dies in der ersten Zeile ihrer Lebensform: ‚die der selige Franziskus gegründet hat'. Sie erwähnt ausdrücklich, dass er, nicht sie selbst oder Kardinal Hugolin, der Gründer des Ordens ist.[68]

Hat gegründet (instituit) bedeutet: eingerichtet, einen Platz gegeben, festgelegt. Was aufgeschrieben ist, wird bindend und ist freiwillig angenommen. Es ist nicht von außen auferlegt. Das Wort ‚gegründet' schließt an den Begriff ‚Lebensform' an, denn auch dabei geht es um die Frage, wie man das Leben einrichtet und an welche Absprachen man sich gemeinsam binden will, um dem, was sie von innen her bewegt, Form zu geben.

---

68   Hier korrigiert Klara Thomas von Celano in seiner ersten Lebensbeschreibung, wo er schreibt, dass sein Auftraggeber, Papst Gregor IX. (früher Kardinal Hugolin), den Orden gegründet hat.

4.2 Inhalt

2. Domini nostri Jesu Christi sanctum Evangelium observare vivendo in obedientia, sine proprio et in castitate.	2. Das heilige Evangelium unseres Herrn Jesus Christus zu beobachten, indem wir in Gehorsam, ohne Eigentum und in Keuschheit leben.

Das *heilige Evangelium unseres Herrn Jesus Christus* ist der gesamte Lebensentwurf. Was dies konkret für das Leben einer armen Schwester beinhaltet, wird Klara in den hierauf folgenden Texten ausarbeiten. Das Wesentliche des heiligen Evangeliums, verkörpert im Vorbild Jesu Christi, ist und bleibt die erste Lebensorientierung: Jesus Christus *täglich vor Augen halten*. An anderer Stelle schreibt sie in ihren Schriften: ‚Schaue täglich in diesen Spiegel‘ (vgl. 4 Agn 15). ‚Observare‘ ist das Stammwort des Deutschen ‚observieren‘, was bedeutet ‚beobachten‘, ‚wahrnehmen‘, ‚gut anschauen‘, ‚jemanden oder etwas vor Augen halten‘, ‚aufnehmen‘. Hier hat es die Bedeutung eines Aufrufs, das Evangelium täglich zu erwägen, es radikal zu leben und dies immer wieder neu zu übersetzen in die eigene Zeit und Umstände. Die ‚forma vitae‘ ist auch eine *Verkündigung* durch Menschen, die selbst erfahren haben, was evangelisch leben – die Nachfolge Christi – beinhaltet, und das aufgeschrieben haben. Die ‚forma‘ des Evangeliums ist das eigentliche Umformungsmodell, das in Klaras Lebensform den Prozess der Umformung in den armen und niedrigen Christus in Gang hält und zur Vollendung bringt.

Bezüglich des Wesentlichen des Lebens nach dem Evangelium ist die Lebensform Klaras eine Kopie der Regel von 1223 der Minderbrüder. Klara übernimmt den zweiten Vers aus dem ersten Kapitel dieser Regel, ohne etwas daran zu verändern. Wie Franziskus hat sie keine eigene Professformel (vgl. Innreg 1). Der Inhalt des Evangeliums wird näher formuliert in den drei evangelischen Räten. Sie richten das Leben auf drei Grundwerte des menschlichen Seins aus: keine Macht, sondern hörend dienen (Gehorsam); nichts besitzen, sondern mit anderen teilen (ohne Eigentum); andere nicht beanspruchen, sondern lieben (Keuschheit). Das Ziel ist, zur Reinheit des Herzen zu gelangen und empfänglich zu werden für das Kommen Gottes. Dieses tägliche Einüben kann zur Kontemplation führen. Anfangs wiesen diese drei Räte auf eine neue Form evangelischen Lebens in einer neuen Stadtkultur hin. Ungefähr zehn Jahre bevor Franziskus begann, wurden diese evangelischen Räte zum ersten Mal als etwas Neues in Klosterregeln aufgenommen. Erst im vierzehnten Jahrhundert begannen diese drei Räte als Gelübde offiziell für alle Mönche zu gelten. Früher war es allein das Gelübde des Gehorsams, das jemand zum Mönch oder zur Nonne machte.

Als Franziskus die Regel von 1223 schrieb, waren die drei evangelischen Räte schon Gemeingut geworden für die neuen Bettelorden. Leben ohne persönliches und gemeinschaftliches Eigentum war die gemeinschaftliche Wahl und die eigene Erfüllung von evangelisch leben für Franziskus und seine Brüder und für Klara und ihre Schwestern. Kanoniker der Kathedralkirchen verzichteten zum Beispiel nicht auf Besitzungen. Das unverheiratete Leben unterschied die Brüder und Schwestern von den Pönitenten, die verheiratet waren. Die drei evangelischen Räte bilden eine feste Einheit:

- *Gehorsam* bedeutet den eigenen Willen verlassen, das eigene Leben nicht bestimmen, leben aus dem Glauben;
- *ohne Eigentum* alles den Armen geben, nichts besitzen, leben im Vertrauen;
- *Keuschheit* alle geläufigen Familienbeziehungen hinter sich lassen und teilhaben an neuen Familienbeziehungen: die von Braut, Mutter und Schwester Jesu Christi, das heißt Leben in Liebe miteinander und für Gott allein.

Diese totale Selbsthingabe ist ein Wagnis in Glaube, Hoffnung und Liebe, damit das Leben seine Erfüllung empfangen wird in dem verherrlichten Christus.

Das Gelübde der Zurückgezogenheit gab es in Klaras Zeit noch nicht. Wohl standen da sehr straff umschriebene Bestimmungen über das Beachten der Klausur in den Lebensformen, gegeben durch Hugolin und Innozenz IV., doch es gab kein gesondertes Gelübde. Papst Urban IV.

hat diese Bestimmungen als Gelübde in seine Regel aufgenommen (UrbReg III). Das Gelübde der Zurückgezogenheit ist kein evangelischer Rat, sondern eine kirchliche Bestimmung.

4.3 Klara, unwürdige Dienerin Christi

3. Clara indigna ancilla Christi et plantula beatissimi patris Francisci, promittit obedientiam et reverentiam domino papae Innocentio et successoribus eius canonice intrantibus, et ecclesiae Romanae.	3. Klara, unwürdige Dienerin Christi und kleine Pflanze des seligen Vaters Franziskus, gelobt Gehorsam und Ehrerbietung dem Herrn Papst Innozenz und seinen gesetzmäßigen Nachfolgern und der Kirche von Rom.
4. Et sicut in principio conversionis suae una cum sororibus suis promisit obedientiam beato Francisco, ita eamdem promittit inviolabiliter servare successoribus suis.	4. Und wie sie zu Beginn ihrer Bekehrung gemeinsam mit ihren Schwestern Gehorsam versprochen hat dem seligen Franziskus, so gelobt sie diesen seinen Nachfolgern unverbrüchlich zu bewahren.
5. Et aliae sorores teneantur semper successoribus beati Francisci, et sorori Clarae et aliis abbatissis canonice electis ei succedentibus obedire.	5. Und die anderen Schwestern sind allezeit verpflichtet, den Nachfolgern des seligen Franziskus und der Schwester Klara und den anderen Äbtissinnen zu gehorchen, die auf kanonische Weise gewählt und ihr nachfolgen.

Franziskus schreibt in seiner Regel: *Bruder Franziskus* und nicht mehr (BR 1,2). Klara nennt sich selbst ‚unwürdige Dienerin Christi‘, ein Titel, den sie auch in ihren Briefen benutzt. Mit dieser Bezeichnung drückt sie ihr Verlangen aus, Maria, der Mutter Jesu, die sich selbst die Magd des Herrn genannt hat (vgl. Lk 1,38), zu gleichen. Diese Aufmerksamkeit für Maria kehrt an mehreren Stellen in der Lebensform wieder. Es ist hier keine Rede von falscher Untertänigkeit, sondern es verbirgt sich in dem Titel Dienerin ein gewisser Stolz, ein Bewusstsein von Würde, dass die Berufung zur armen Schwester für die Kirche lebenswichtig ist. Wie Maria ausgewählt wurde, um Gott selbst bei der Menschwerdung und Erlösung zu helfen, so werden die Schwestern ihrerseits der Kirche helfen, dem evangelischen Leben neu Form zu geben, um dienend, tragend und dankend in der Welt gegenwärtig zu sein (vgl. 3 Agn 8).[69]

4.4 Kleine Pflanze des seligen Vaters Franziskus

Mit der Metapher einer kleinen Pflanze, eines Stecklings oder eines Ablegers (plantula) will Klara sagen, dass derselbe Lebensstrom in eine andere Form übergeht. Man kann hier an eine Erdbeerpflanze mit Ablegern denken, die für neue Pflanzen sorgen oder an einen grünen Zweig der süßen Kartoffel, die gepflanzt wird, um von neuem Frucht hervorzubringen.

Klaras Lebensweise ist die Frucht einer tiefen Geistesverwandtschaft mit Franziskus. Ein und dieselbe Inspiration verbindet die Schwestern und Brüder in einer geistlichen Familie. Gemeinsam halten sie innerhalb der Kirche den Geist des Evangeliums Jesu Christi lebendig. Kleine Pflanze: Diminutive haben einen eigenen Gefühlswert. Hier klingt es vertraut und es sagt etwas über die positive Anhänglichkeit an oder Hochachtung vor Franziskus. Dank seiner geistlichen Führung war Klara innerlich gereift, um selbst von innen her den Eingebungen des Heiligen Geistes zu lauschen und bei allen Widerständen bis zum Ende standzuhalten.[70] Eine kleine Pflanze ist auch ein Symbol für wachsen. Klara und ihre Schwestern haben auf ihre Weise Franziskus' ursprüngliches Charisma der evangelischen Armut in schwierigen Zeiten wie einen zarten Steckling versorgt und weit über die Grenzen des Spoletotals hinaus wachsen lassen, auch nach seinem Tod.

---

69 Mehr zu dem Titel ‚Dienerinnen' in: Edith VAN DEN GOORBERGH / Theo ZWEERMAN, *Klara von Assisi – Licht aus der Stille*. Zu ihren Briefen an Agnes von Prag, Kevelaer 2001, 62–63.

70 Vgl. Edith VAN DEN GOORBERGH, *Twee ‚kleine armen' van Assisi: Franciscus en Clara*, in: Bert BLANS (red.), *Mystiek duet. Tweestemmigheid binnen christelijke spiritualiteit*. Nijmegen 2006, 63–92.

4.4.1 Räume des Gehorsams

Von Vers 3 an skizziert Klara drei Räume des Gehorsams:

- die Kirche als Raum, das Evangelium Jesu Christi zu leben;
- der Orden der Minderbrüder;
- die Gemeinschaft von San Damiano.

Der Gehorsam gibt den Räumen Struktur, in denen die Gemeinschaft geistlich geordnet ist. Was beinhalt Gehorsam geloben? ‚Gehorsam geloben' (promittere) war der übliche Ausdruck für Profess ablegen. Was wir heute ‚Profess' nennen, wurde im Mittelalter ein ‚Gelübde' genannt. ‚Profess' ist abgeleitet von ‚profiteri', was bedeutet: öffentlich bekennen, erklären, sich darbieten, versprechen und also auch Profess ablegen.[71] Es ist eine öffentliche Tat. Man bekennt öffentlich, dass man sich Gott weiht, sich an eine bestimmte Lebensweise bindet und dann zu einer bestimmten Gruppe gehört.

Wenn Klara und die Schwestern, die nach ihr kommen, Gehorsam geloben, treten sie ein in die drei genannten Räume der Gemeinschaft. Sie geben bedingungslos ihr eigenes Leben aus der Hand und dies allein ‚um Gottes willen' (X,2). Die Gemeinschaft nimmt sie auf, um zusammen mit ihnen Gottes Wort zu lauschen als dem höchsten Unterscheidungsmoment bei der Suche nach dem authentischen evangelischen Leben. Einerseits Gehorsam geloben und ihn andererseits annehmen ist ein Prozess, den man bleibend miteinander angeht, um dem Leben nach dem Evangelium Form zu geben und um eine für die

---

71 Vgl. Fernando URIBE O.F.M., *The Rule Today*, in: Greyfriars Review 5 (1991), 191–200, 292; Klara gebraucht ‚promittere' nur im Kontext des Gehorsams. Vgl. UrbReg III,10. Dort wird in der Professformel der Begriff ‚promittere' für die vier Gelübde gebraucht: ‚Ich, Schwester N., verspreche (promitto) Gott und der seligsten allzeit jungfräulichen Maria wie auch dem seligen Franziskus und der seligen Klara und allen Heiligen, und dir, Herrin Äbtissin, dass ich unter der Regel lebe, die Papst Urban IV. unserem Orden gewährt hat, und die ganze Zeit meines Lebens in Gehorsam, ohne Eigentum und in Keuschheit, und zudem der Ordnung jener Regel entsprechend unter Abgeschlossenheit lebe.'

andere den Ruf und das Wohl zu verbürgen. Es ist eine beständige Übung im gemeinsamen Lauschen auf den Heiligen Geist, der unterscheiden hilft bei dem, was zu tun ist, sowohl durch die Gemeinschaft als durch jede einzelne persönlich. Indem man auf diese Weise auf Gott und aufeinander hört, wird man umgeformt nach dem Bild des armen und demütigen Jesus Christus, der sein Leben gelegt hat ‚in den Willen des Vaters' (2 Gl 10). Klara geht in diesem Gehorsam selbst voran und nennt die Beziehungen, aus denen heraus sie auf ihren Ruf gehört hat: Jesus Christus und Franziskus.

4.5 Gehorsam und Ehrerbietung dem Herrn Papst Innozenz und seinen Nachfolgern

In lebendiger Verbundenheit mit Franziskus gelobt Klara Gehorsam der höchsten Autorität in der Kirche, die ihren Gehorsam angenommen hat durch die kirchliche Bestätigung der Regel des Franziskus und ihrer Lebensform. Der kirchlichen Autorität, die Franziskus als heilig ausgerufen hat und die für das Leben nach dem Evangelium bürgt, vertraut Klara sich an. Sie ist sich ihrer Berufung für die ganze Kirche Christi bewusst: ‚Der Herr und Vater selbst hat uns, seine kleine Herde, in seiner Kirche erweckt' (KlTest 46).

Ehrerbietung deutet hier hin auf den Respekt vor dem Amt des Papstes wie auch der Titel *Herr*. Klara anerkennt seine Autorität als Leiter der Kirche und Stellvertreter Christi. Sie stellt sich noch einmal ausdrücklich in die Kirche: ‚und der Kirche von Rom'. Das ist für sie die Kirche Jesu Christi als die Gemeinschaft der Gläubigen. Ihre Ehrerbietung verbindet sie mit *Gehorsam*, was auch beinhaltet: hörend, kritisch und wachsam in der Gemeinschaft der Kirche zu leben (vgl. VI,9; 2 Agn 17). Gehorsam ist eine Übung, miteinander im Dialog zu bleiben. Dies gilt auch für die kirchliche Autorität. Indem sie Gehorsam annimmt, erklären sich die kirchliche Autorität und die Gemeinschaft beide bereit, sich gegenseitig anfragen zu lassen. Und so gemeinsam zu lauschen auf das Wirken des Heiligen Geistes.

4.6 Gehorsam gegenüber Franziskus und seinen Nachfolgern

Klara erinnert an den Anfang ihrer Bekehrung. ‚Conversio' bedeutete in Klaras Zeit: sich einer religiösen Gemeinschaft anschließen. Dem *Anfang* misst sie auffällig viel Bedeutung zu. Auch im zweiten Brief an Agnes von Prag lädt sie ein, zurückzuschauen auf den Anfang (vgl. 2 Agn 11). Dort wie hier geht es um das Erleben der evangelischen Armut, wie Franziskus sie übergeben hat. Und im Herzen der Lebensform kommt sie wieder darauf zurück (VI,1).

Dann beruft sich Klara auf den Gehorsam, den sie *gemeinsam* mit ihren Schwestern Franziskus gelobt hat. Der Nachdruck auf *gemeinsam* verweist darauf, dass Klara den Augenblick, da sie Schwestern bekommen hat, als den *Beginn* markiert. Den Gehorsam gegenüber Franziskus erweitert sie auf seine Nachfolger. Sie will gemeinsam mit ihren Schwestern freiwillig eine Beziehung zu den Minderbrüdern unterhalten. Ohne Abschwächung will sie diese Bindung über allem behüten. Sie erinnert die Nachfolger des Franziskus daran, dass alle Schwestern, die da sind und noch kommen werden, hineingehören in den Raum des Gehorsams des Ordens, den Franziskus gegründet hat. Klara war sich bewusst, was da auf dem Spiel stand. Wegen des Streits um die Seelsorge an den Nonnen konnte diese strukturelle Bindung in Gefahr geraten. Das war schon früher geschehen. Die Männerorden, darunter auch der Orden der Minderbrüder, wollten diese Sorge lieber loswerden. Denn die Brüder waren schon genug beschäftigt mit dem Auftrag, den die Kirche ihnen auferlegte, bezüglich anderer wichtiger kirchlicher Funktionen. Dieser freiwillig gewählte Gehorsam Klaras und ihrer Schwestern hat nichts zu tun mit dem Schaffen einer bedenklichen Abhängigkeitsbeziehung der Schwestern hinsichtlich der Brüder. Wohl mit der aufrichtigen Sorge umeinander als Schwestern und Brüder, sich beim Erleben der evangelischen Armut bleibend zu unterstützen (vgl. XII,6) und die Erinnerung an das ursprüngliche Charisma lebendig zu halten.

4.7 Und die anderen Schwestern

Wer sind die ‚anderen Schwestern'? Es waren nach dem Tod des Franziskus noch viele Schwestern hinzugekommen, die nicht ihm direkt Gehorsam gelobt hatten, sondern nach der Form und Weise des Lebens von Hugolin ihre Profess abgelegt hatten in die Hände der Äbtissin (HugReg 4). Der Gehorsam gegenüber der Äbtissin erweist sich in den Jahren zwischen 1220 und 1253 als bindende und fortdauernde Komponente. Folglich blieb mit der päpstlichen Bestätigung der Lebensform des Ordens der armen Schwestern auch die Profess der ‚anderen Schwestern' in Kraft. Das wurde 1263 anders. Damals löste Papst Urban IV. im Prolog seiner Regel die Schwestern von ihren früheren Gelübden. Sie mussten ganz neu auf diese Regel Gelübde ablegen. Dennoch haben viele Schwestern sich danach von neuem innerhalb der genannten Räume in die Lebensform hineingestellt, indem sie sich entschlossen, auf die Lebensform des Ordens der armen Schwestern Profess abzulegen. Die innere Beseelung erweist sich immer stärker als von außen auferlegte Regeln.

4.8 Schwester Klara und die anderen Äbtissinnen

Es fällt auf, dass Klara sich selbst ‚Schwester Klara' nennt und nicht ‚Äbtissin'. Äbtissin ist die weibliche Variante von Abt (abbas) und ist gebräuchlich im Orden Benedikts. Klara gibt diesen Titel wohl ihren Nachfolgerinnen. Weiter in der Lebensform nennt sie diesen Titel noch ein paar Mal, aber nirgends in ihren anderen Schriften. Klara hat 1220 gegen den Titel Äbtissin protestiert. Vielleicht hat dieser Protest mehr zu tun gehabt sowohl mit der Aufgabe, wie diese in der Regel Benedikts umschrieben wird, als auch mit dem Bild, das der Titel der Äbtissin in dieser Zeit noch wachrief – und nicht so sehr mit Demut, wie die Lebensbeschreibung suggeriert.[72] Wie auch immer es gewesen ist, sie wird in ihrer Lebensform den Inhalt der Aufgabe umschreiben, wie diese zu den armen Schwestern passt. Klara nennt sich selbst hier nicht ‚Mutter'. Sie war *Schwester* inmitten ihrer Schwestern. Dies könnte ein Zeichen sein, dass die Äbtissin in San Damiano mit Schwester angesprochen wird und nicht mit Mutter Äbtissin.[73] Die Tatsache, dass Klara hier ihre Nachfolgerinnen der Gemeinschaft ‚Äbtissinnen' nennt, weist darauf hin, dass es eine Gewohnheit geworden war, die Leiterin einer Gemeinschaft Äbtissin zu nennen. Die Äbtissin muss nach der kanonischen Weise gewählt werden. Ich komme hierauf zurück.

---

72 Vgl. Niklaus KUSTER / Martina KREIDLER-KOS, *Neue Chronologie zu Clara von Assisi*, 32–33. Im Heiligsprechungsprozess I,6 fällt der Titel ‚Äbtissin' noch nicht; in der Lebensbeschreibung (nach Klaras Tod geschrieben) steht unter der Überschrift ‚Niedrigkeit', dass sie den Titel der ‚Äbtissin' ablehnte (LebKl 12).

73 Auch Agnes von Prag ließ sich ‚Schwester' nennen. Siehe: Johannes SCHNEIDER, *Candor Lucis Eterne – Glanz des ewigen Lichtes*, 34ff.

5 Eintritt und Formung zur armen Schwester

‚Da wir gerufen sind, gerade auf diesem besonderen Platz im Leben zu uns zu kommen, dann bedeutet dies, dass wir gerade da hingestellt sind, wo es uns gelingt, das Beste von uns selbst zu befreien, um Ihn finden zu können.‘ (Thomas Merton)

Wenn wir die Verse 1–24 in Kapitel II der Lebensform lesen mit Hilfe der Fragen der Spiritualität, können die drei von mir in Kapitel 3 entfalteten Momente markiert werden. Einige Verse in diesem Abschnitt geben Anweisungen für die Lebensgestaltung oder den Lebensstil, insbesondere die über den Umgang mit Besitz und über die Kleidung. Auch kommt die Lebensorientierung oder der Lebenssinn zur Sprache in den Versen 8 und 24. Der Lebenselan, sonst auch Motivation genannt, steht schon im ersten Vers: es ist ‚die göttliche Eingebung‘, die alles bewegt, durchzieht und vorantreibt. Die in Kapitel 3 genannten Lektüreschlüssel helfen, dem auf die Spur zu kommen, was die Lebensform zu einem Umformungsmodell macht.

5.1 Bedingungen zum Eintritt

1. Si qua divina inspiratione venerit ad nos volens vitam istam accipere, abbatissa sororum omnium consensum requirere teneatur;	1. Wenn jemand auf göttliche Eingebung hin zu uns kommt und dieses Leben annehmen will, so sei die Äbtissin verpflichtet, die Zustimmung aller Schwestern einzuholen.
2. et si maior pars consenserit, habita licentia domini cardinalis protectoris nostri, possit eam recipere.	2. Und wenn der größere Teil zustimmt und sie die Erlaubnis unseres Herrn Kardinalprotektors erhalten hat, kann sie diese aufnehmen.

5.1.1 Auswahlverfahren

Klara legt das Auswahlverfahren schrittweise dar. Sie beginnt mit dem wichtigsten Auswahlkriterium der Berufung zur armen Schwester, nämlich, dass: ‚jemand auf göttliche Eingebung hin zu uns kommt und dieses Leben annehmen will'. Mit ‚göttlicher Eingebung' oder Inspiration (Einatmung) verweist Klara auf den Heiligen Geist. Gottes schaffende Initiative und sein heiliges Wirken bleiben die antreibende und formende Kraft, um die Berufung zu leben und der Lebensform Gestalt zu geben. Erst im Erleben schwieriger Perioden wird sich erweisen, ob ein Ruf in der Spannung göttlicher Eingebung lebt (vgl. 2 Agn 14).

Bei der Aufnahme muss die Äbtissin alle Schwestern um Zustimmung (omnium consensus) bitten. Dieser *consensus* ist wichtig, denn in einer geschlossenen Gemeinschaft leben Schwestern dicht beieinander. Wenn kein Konsens besteht über die Aufnahme, kann das für die Kandidatin und für die Gemeinschaft nachteilige Folgen haben. Auch muss es physisch Platz geben und die Anzahl der Schwestern darf die Möglichkeiten für die täglichen Notwendigkeiten nicht überschreiten. Die Bestimmung rührt also an die praktischen Vorbedingungen, denn es ist vor allem eine geistliche Übung für die Gemeinschaft, sorgfältig mit einer Berufung umzugehen. Selbst der Kardinalprotektor muss ‚Erlaubnis' (licentia) geben. In Klaras Zeit waren manchmal sozialpolitische Fragen mit im Spiel, wie Heiratsangebote. Die Kommunität sollte auch keine Unannehmlichkeit bekommen durch politische Intrigen und Einmischungen von adeligen Familien.[74]

---

74 Um politischen Problemen zuvorzukommen, bekam Agnes von Prag die Zustimmung von Papst Gregor IX. ins Kloster einzutreten, nachdem sie den Heiratsantrag von Kaiser Friedrich II. abgewiesen hatte. Vgl. Johannes SCHNEIDER OFM (Hg.), *Candor Lucis Eterne – Glanz des ewigen Lichtes*, 29–30. Vgl. in *The Lady*, Anm. b, S. 110: in der *Consuetudines Sororum Monasterii Beati Dominici de Monte Agri* (1250), geschrieben von Humbert de Romans, art. XIII. (im weiteren abgekürzt als *Consuetudines*). Auch bei diesen Schwestern musste der Kardinal die Erlaubnis geben.

5.2 Auswahlgespräch

3. Et si recipiendam viderit, diligenter examinet eam, vel examinari faciat de fide catholica et ecclesiasticis sacramentis.	3. Und wenn es ihr gut scheint, dass sie aufzunehmen sei, so soll sie diese sorgfältig über den katholischen Glauben und die Sakramente der Kirche prüfen oder prüfen lassen.
4. Et si haec omnia credat et velit ea fideliter confiteri et usque in finem firmiter observare	4. Und wenn sie das alles glaubt und es treu bekennen und bis ans Ende fest beobachten will,
5. et virum non habet, vel si habet, et iam religionem intravit, auctoritate dioecesani episcopi, voto continentiae iam emisso, aetate etiam longaeva vel infirmitate aliqua seu fatuitate ad huius vitae observantiam non impediente,	5. und wenn sie keinen Mann hat, oder ihr Mann – falls sie einen hat – ebenfalls schon mit Ermächtigung des Diözesanbischofs in einen Orden eingetreten ist, nachdem sie das Gelübde der Enthaltsamkeit abgelegt hatte, wenn auch nicht hohes Alter, irgendeine Krankheit oder geistige Beschränktheit die Beobachtung dieses Lebens hindern,
6. diligenter exponatur ei tenor vitae nostrae.	6. dann werde ihr sorgfältig der Grundton unseres Lebens dargelegt.

Wenn der Konsens der Kommunität und die Erlaubnis des Kardinalprotektors gegeben sind, wird der nächste Schritt getan. Die Kandidatin muss sorgfältig geprüft werden über den katholischen Glauben und die Sakramente. Das war in dieser Zeit wichtig, weil die neuen religiösen Bewegungen häufig verkehrte Glaubensauffassungen hatten. Bekannte Bewegungen waren die der Katharer und Waldenser. Die Katharer verkündeten, dass alles Stoffliche, alles Sichtbare aus dem Bösen hervorgegangen sei. Sie leugneten die Menschwerdung des Gottessohnes. Sie verleugneten auch die Sakramente als stoffliche und wirksame Zeichen der unsichtbaren Wirklichkeit. Insbesondere war die Eucharistie für sie ein Ärgernis, weil in den Gestalten von Brot und Wein (Materie) das Heil sichtbar gemacht wird. So war auch die Kirche der Menschen mit all ihrer Menschlichkeit als Sakrament der Gottesbegegnung ein nicht annehmbarer Glaubenspunkt. Nach dem katholischen Glauben ist die ganze Schöpfung geheiligt durch die Menschwerdung Christi. Die Frage war also: entscheidet sich die Kandidatin aus katharischen Überlegungen für ein asketisches Leben? Das wäre genau das Entgegengesetzte zu dem, was Franziskus und Klara inspiriert hatte. Die äußeren Formen ähnelten einander sehr, aber das Leben des Glaubens an Jesu Menschwerdung, sein Leiden, Sterben und Auferstehen war wesentlich anders.

Die Waldenser hatten eine andere Amtsauffassung vom Priester der Kirche. Die Heiligkeit der Person stand bei den Waldensern an erster Stelle, nicht das Amt, das durch die Weihe von der Kirche anvertraut wurde. Die Bewegung zog viele Frauen an. Sie wurden, genau wie Männer, ohne kirchliche Weihe durch ihre Glaubensgenossen zur Spendung der Sakramente eingesetzt. Frauen standen auch der Eucharistiefeier vor. Die Fragen waren folglich zugespitzt auf die Feier der Sakramente und auf die kirchlichen Weihen. Dabei musste die Kandidatin zeigen, dass sie auf katholische Weise glaubte und bereit war, in dem Glauben zu verharren.

Auch gegenwärtig ist diese Befragung wichtig, weil nicht alle Kandidatinnen, die sich anmelden, im katholischen Glauben erzogen sind. Nicht selten kommen sie, während sie auf der Suche sind, in Berührung mit religiösen Bewegungen, die wenig Berührungspunkte haben mit christlichem Glaubensleben. Ihre Erwartung, aber auch ihre Motivation muss daher sorgfältig geprüft werden. Und bei neugetauften Kandidatinnen wird man während der Ausbildung die nötige Aufmerksamkeit aufbringen müssen, um die dargebotene Glaubenslehre ins geistliche Leben integrieren zu lassen.

5.3 Und wenn sie keinen Mann hat

Die Kandidatinnen mussten unverheiratet sein, oder wenn sie verheiratet waren, musste ihr Mann auch in einen Orden eingetreten sein und schon das Gelübde der Enthaltsamkeit abgelegt haben. Witwen konnten offensichtlich kommen. Ein Beispiel ist die Mutter Klaras, die als Witwe in San Damiano eingetreten ist. Diese Frauen mussten wohl im Stande sein, die Form der Armut zu beachten. Denn deren Kern ist die Nachfolge des armen Christus.

Alter, Krankheit oder geistige Begrenztheit waren Hindernisse, um einzutreten. Klara hat diese Klauseln aus den Lebensformen von Hugolin und Innozenz IV. übernommen. Sie geben als Argument: ‚denn häufig geschieht es solcher Personen wegen, dass der Stand des Ordenslebens verwirrt und in seiner Kraft zersetzt wird'. Es geht also um die ‚Observanz'. Das heißt: die Lebensform klarer vor Augen halten. Es ist darum nicht so fremd, dass auch Klara diese Hindernisse ausdrücklich nennt. Adelige Familien waren häufig darauf aus, Töchter, die nie einen guten Heiratskandidaten bekommen könnten, in einem Kloster unterzubringen. Dieser Lebensstand war ja eine ehrbare Lösung für eine nichtverheiratete Frau. Auch ältere Damen versuchten manchmal, in einem Kloster unterzukommen für ihre alten Tage. Für diese Frauen war San Damiano mit der harten Lebensweise eine unmögliche Option. Andere Klöster nahmen allerdings Frauen an, die alt oder geistig begrenzt waren. Die großen Abteien hatten allerlei Personal nötig und sie hatten auch Einrichtungen für das Personal, unter anderem abgesonderte Gebäude zum Wohnen.

Auch die heutigen Generalkonstitutionen des Ordens treffen Maßnahmen in diesen Fragen: Man darf keine zum Ordensleben zulassen, die wegen Krankheit, hohem Alter oder psychischer Schwäche nicht in der Lage ist, dem Leben zu folgen. Dies ist keine Form der Diskriminierung von schwachen oder minderbegabten Menschen, sondern diese Einschränkung entstammt der Sorge um die Observanz der religiösen Lebensweise.[75]

5.4 Nach sorgfältiger Prüfung

Wenn alles gut geprüft ist, können mit der Kandidatin Absprachen gemacht werden, um den Schritt zu tun und mit ihr wird besprochen,

---

75 Vgl. *Generalkonstitutionen*, Art. 185–186.

was das Leben einer armen Schwester beinhaltet. Bevor jemand eintritt, muss sie wissen, was sie zu erwarten hat. Auch hier taucht wieder das Wort 'sorgfältig' auf. Die Worte ‚sorgfältig' in den Versen 3 und 6 und weiter in Vers 20 und ‚Unterscheidung' (discretos, discrete) in den Versen 10 und 16 weisen darauf hin, dass das Auswahlverfahren bei der Aufnahme, wo es um das Glaubensleben und die geistliche und körperliche Eignung geht, eine geistliche Übung in der Unterscheidung ist. Dass Klara hier die Eigenschaft ‚sorgfältig' hinzugefügt hat, ist vielsagend. Das lateinische Wort ‚diligenter' ist verwandt mit ‚diligere' (lieben). Die unterschwellige Emotion von sorgfältig handeln ist die *Liebe*. Bei der Aufnahme geht es um die Frage, ob die Kandidatin ihre Lebensbestimmung in dieser bestimmten Gemeinschaft verwirklichen kann und ob ihr Eintritt auch zum Wohl der Gemeinschaft ist. Alle anderen Interessen sind untergeordnet und müssen selbst ausgeschlossen werden.

In unserer Zeit ist es wichtig, sich die Weisheit, die in diesem Abschnitt enthalten ist, zu Herzen zu nehmen. Unsere Verantwortlichkeit hinsichtlich der neuen Generation dürfen wir nicht unterschätzen. Sind wir im Stande, das authentische Leben einer armen Schwester weiter zu geben? Wie gehen wir mit den Fragen um, die sie aus einer modernen Lebensauffassung und einem reinen Empfinden für das, was echt ist, häufig unbefangen stellen? Eine Kandidatin, die sich am schnellsten anpasst an bestehende Strukturen, erweist sich nicht immer als die geeignetste. Wir sollten vor allem die Möglichkeiten, die in unserer Zeit gegeben wurden, um Kandidatinnen zu prüfen ernst nehmen, ohne uns von der Realität beeinflussen zu lassen, dass sich wenig Kandidatinnen melden. Eine Kandidatin darf nie aufgenommen werden um des Überlebens einer Gemeinschaft willen. Die Übung der Sorgfalt und Unterscheidung bei dem Auswahlprozess bleibt also bis in unsere Tage vollauf aktuell.

5.5 Annahme und Eintritt

7. Et si idonea fuerit, dicatur ei verbum sancti evangelii: quod vadat et vendat omnia sua (cfr. Mt 19,21), et ea studeat pauperibus erogare.	7. Und wenn sie geeignet sein sollte, sage man ihr das Wort des heiligen Evangeliums, dass sie hingehe, all das Ihrige verkaufe und danach trachte, es unter die Armen zu verteilen.
8. Quod si facere non potuerit, sufficit ei bona voluntas.	8. Sollte sie das nicht tun können, dann genügt für sie der gute Wille.
9. Et caveant abbatissa et eius sorores ne sollicitae sint de rebus suis temporalibus, ut libere faciat de rebus suis quidquid Dominus inspiraverit ei.	9. Und es hüte sich die Äbtissin mit ihren Schwestern, sich um deren zeitliche Habe zu kümmern, damit sie frei mit ihrer Habe das tun kann, was immer der Herr ihr eingeben wird.
10. Si tamen consilium requiratur, mittant eam ad aliquos discretos et Deum timentes, quorum consilio bona sua pauperibus erogentur.	10. Wenn sie jedoch um Rat ersucht wird, sollen sie dieselbe an klug unterscheidende und gottesfürchtige Leute verweisen, nach deren Rat ihre Güter an die Armen verteilt werden mögen.

Wenn eine Kandidatin aufgenommen ist, wird ihr ‚das Wort des heiligen Evangeliums gesagt'. Klara macht einen Unterschied zwischen ‚dem Inhalt des Lebens' wie es täglich geführt wird, und ‚dem Wort des heiligen Evangeliums'. Das entscheidende Wort des Evangeliums läuft hinaus auf die Bitte Jesu an den reichen Mann: ‚Wenn du vollkommen sein willst, dann geh, verkaufe alles, was du hast, und gib es den Armen' (vgl. Mt 19,21 und Lk 18,22).[76] Dies ist ja die ‚Form unserer Armut'. Die Kandidatin muss auf allen Besitz verzichten und den Armen geben. Wenn man etwas den Armen gibt, ist es wirklich weg. Man kann nie etwas davon zurückerwarten. Bei der Auslegung dieses Wortes Jesu wird deutlich werden, ob sich die Kandidatin als geeignet erweist. Sie kann, wie der reiche Mann, enttäuscht weggehen.

---

76 Vgl. den zweiten Brief an Agnes, in dem Klara mit dem Wort ‚vollkommen' (7x) und einmal ‚unvollkommen' spielt. Auf dessen Bedeutung komme ich zurück bei der Besprechung von KlReg VI.

Wie bei Franziskus ist der Wille, auf Besitz zu verzichten, ausreichend (II,8). Es können Situationen eintreten, dass jemand kein Verfügungsrecht hat. Dann kann man nichts weggeben. Franziskus selbst hat zum Beispiel in Gegenwart des Bischofs auf sein väterliches Erbe verzichtet. Durch diese Tat war er nicht mehr in der Lage, etwas den Armen zu geben. Es kann auch geschehen, dass die Familie so arm ist, dass diese das Notwendigste nicht mehr hätte. Bruder Johannes der Einfältige konnte seinen Ochsen nicht weggeben, weil seine Familie mit diesem Ochsen auf dem Feld arbeiten musste für den Lebensunterhalt (2 C 190).

Keine der Schwestern, auch nicht die Äbtissin darf sich darum kümmern, was die Kandidatin mit ihrem Besitz macht. Diese Bestimmung impliziert, dass auch Begünstigung des Klosters oder der Familie nicht möglich ist. Die Kandidatin muss frei handeln können und durch ihre Gaben keine Vorrechte bekommen; sie darf keine neuen Bindungen oder Verpflichtungen eingehen. Jemand, der auf göttliche Eingebung hin gerufen ist, wird bei Entscheidungen über ihren Besitz auch auf dieselbe Eingebung des Herrn vertrauen. Wenn sie Rat braucht, kann sie den mit Recht bei Menschen suchen, die dafür ausgewiesen sind, wie das auch für die Brüder bestimmt ist (vgl. NbR II,8). Es fällt auf, dass Klara auch bei diesen Regelungen ihre Schwestern einbezieht. Außer der Äbtissin könnten auch die Schwestern eine Kandidatin beeinflussen, vor allem wenn die Armut der Gemeinschaft ihnen schwer fällt. In Klaras Sicht zeigt sich, dass die Aufnahme einer Neuen übrigens keine Angelegenheit ist, die allein die Äbtissin angeht.[77]

Die Generalkonstitutionen des Ordens bemerken an dieser Stelle: ‚Es ist nicht erlaubt, jemanden der Schulden hat, zum Noviziat zuzulassen‘.[78] Heutzutage haben Kandidatinnen, die ein Studium hinter sich haben, manchmal Studienschulden. Dann ist es vernünftig, vor dem Eintritt schon eine Regelung zu treffen, um späteren Problemen zuvorzukommen.

---

77 Vgl. hierüber in diesem Kapitel die Auslegung zu Vers II,1–2.
78 Vgl. rechtliche Anlage in: *Generalkonstitutionen*, I.B.1.

5.5.1 Prüfungszeit und Profess

Hier folgen eine Reihe Regelungen, die zur Kategorie *praktische Maß-nahmen* gehören. Auch der Ritus, in dem jemand einer Gemeinschaft beitritt, gehört dazu. Das soll Klarheit schaffen für die Kandidatin selbst, für die Gemeinschaft und für die Umwelt.

11. Postea capillis tonsis in rotundum et deposito habitu saeculari, concedat ei tres tunicas et mantellum.	11. Nachdem ihr darauf die Haare ringsum abgeschnitten worden sind und sie die weltliche Kleidung abgelegt hat, soll ihr die Äbtissin drei Habite und einen Mantel gewähren.
12. Deinceps extra monasterium sine utili, rationabili, manifesta et probabili causa eidem exire non liceat.	12. Hernach sei ihr ohne nützlichen, vernünftigen, offenbaren und glaubwürdigen Grund nicht erlaubt, aus dem Kloster hinauszugehen.
13. Finito vero anno probationis, recipiatur ad obedientiam, promittens vitam et formam paupertatis nostrae in perpetuum observare.	13. Ist aber das Probejahr beendet, dann werde sie zum Gehorsam angenommen, indem sie verspricht, Leben und Form unserer Armut auf ewig zu beobachten.
14. Nulla infra tempus probationis veletur.	14. Keine soll während der Probezeit den Schleier empfangen.
15. Mantellulas etiam possint sorores habere pro alleviatione et honestate servitii et laboris.	15. Die Schwestern sollen auch kurze Mäntel haben können zur Erleichterung und Schicklichkeit bei Dienst und Arbeit.
16. Abbatissa vero de vestimentis discrete eisdem provideat, secundum qualitates personarum et loca et tempora et frigidas regiones, sicut necessitati viderit expedire.	16. Die Äbtissin jedoch versorge sie umsichtig mit Kleidung je nach Beschaffenheit der Personen und nach Maßgabe der Orte, Zeiten und kalten Gegenden, so wie es ihnen der Not abzuhelfen scheint.

Mit der Aufnahme in den Orden ist eine Übergangszeremonie verbunden. Die Kandidatin lässt ihr Leben in der Welt mit allen Möglichkeiten (und Unmöglichkeiten) hinter sich. Sie nimmt eine andere Lebensweise an. Dieser Übergang hatte in Klaras Zeit ein eigenes Ritual: die Haare, ein Schmuck der Frau, wurden rundherum abgeschnitten als ein äußeres

Zeichen von Bußwilligkeit und zum Zeichen, dass die Kandidatin in den religiösen Stand aufgenommen war. Von dem Moment an fiel sie unter die kirchliche Gerichtsbarkeit.[79] In dieser Zeit war dieser Ritus ganz wichtig, weil die adeligen Familien häufig zurückkamen auf die Zustimmung, die ihre Tochter bekommen hatte, um einzutreten. Oder wenn sie keine Zustimmung hatte, wie Klara, dann bedeutete diese Tonsur auch einen Schutz.[80] Auch das bewusste Ablegen der weltlichen Kleidung gehörte dazu (auch heute noch). Die Novizin bekam drei Habite aus ungefärbtem Stoff und einen Mantel. So wurde sie in der Gemeinschaft empfangen und – noch äußerlich – umgeformt zur armen Schwester. Sie verpflichtete sich, wie alle anderen Schwestern in Abgeschlossenheit zu leben. Das bedeutete, dass sie nicht ohne ‚nützlichen, vernünftigen, offenbaren und zu billigenden Grund‘ aus dem Kloster hinausgehen durfte (II,12). Klara spricht hier viel nuancierter über Abgeschlossenheit als Kardinal Hugolin seinerzeit. Dies will nicht sagen, dass Klara die Abgeschlossenheit nicht ernst nimmt. An zwei Stellen in der Lebensform verweilt sie bei der Struktur der Abgeschlossenheit. In der Lebensform Hugolins steht, dass die Schwestern ‚ihr Leben lang abgeschlossen bleiben, außer bei der Gründung eines neuen Klosters dieses Ordens‘ (HugReg 4). Er gebraucht das Wort ‚claustrum‘ (Geschlossen, Klausur, Klosterterrain), während Klara

---

79   Vgl. BulKl 8,33: ‚Als sie den Lärm der Welt floh, schlug sie die Richtung zu einer Landkirche ein, wo sie vom seligen Franziskus die heilige Tonsur empfing‘; ProKl XII,4,7: ‚Und danach habe ihr der heilige Franziskus vor dem Altar in der Kirche der Jungfrau Maria, die Portiunkula genannt wird, die Haare abgeschnitten‘. Vgl. LebKl 9,1–3. Klara selbst spricht nicht über Tonsur, sondern darüber, das Haupthaar rundherum abzuschneiden. Die ‚tonsura‘ ist ursprünglich kein typisch christlicher Ritus, sondern von alters her ein ‚Übergangsritus‘. Es ist ein Ausdruck der Absonderung von der Welt oder Abschied von einem früheren Lebensstand auf eine neue Verbundenheit mit der Gottheit hin. Vgl. Luigi PADOVESE, *Clare's Tonsure: Act of Consecration or Sign of Penance?* in: *Greyfriars Review* 6 (1992) 1, 67-80; *Klara-Quellen*, 302.

80   Vgl. ProKl XII 4,9–10; XVIII 3,17–18; XX 6,15; BulKl 8,34–35; VKl 300–315; LebKl 9,1–3; 24 und 25. Die Schwester Klaras, Agnes, die ihr nach vierzehn Tagen schon gefolgt war, wurde von ihrer Familie mit Gewalt aus dem Kloster zurückgeholt. Ihre Haare waren noch nicht rundherum abgeschnitten. Erst nach diesen schlimmen Geschehnissen hat Franziskus Agnes die Haare abgeschnitten.

über ‚monasterium' spricht. Das *monasterium* ist ein Gott geweihter Ort einer Gemeinschaft, wo die Schwestern sich darin einüben, ihre Aufmerksamkeit auf das ‚eine Notwendige' zu richten, um sich von Gott finden zu lassen. Absonderung ist eine Grundvoraussetzung für das Leben von Nonnen und Mönchen. Ich komme darauf zurück.

5.6 Noviziat

Zu Klaras Zeit begann die Probezeit, was wir heutzutage Noviziat oder Initiation in das Ordensleben nennen, sofort beim Eintritt. Dass die Schwestern von San Damiano nicht sofort beim Eintritt für allezeit Gehorsam gelobten, wie es früher in den älteren Orden gebräuchlich war, sondern eine Probezeit hatten, zeigt sich unter anderem, als Franziskus in San Damiano mit fünf Kandidatinnen anklopfte. Klara sah, dass eine von ihnen nicht geeignet war. Auf Drängen von Franziskus wurde sie dennoch angenommen, aber ein halbes Jahr nach ihrem Eintritt ging sie weg, wie Klara vorhergesehen hatte (vgl. ProKl VI,44–50). Nach Klaras eigenem Zeugnis in ihrer Lebensform haben auch die ersten Schwestern am Beginn eine Art Probezeit gehabt. Erst nachdem Franziskus gesehen hatte, dass die Schwestern dem Leben gewachsen waren, haben sie Gehorsam gelobt (VI,1–2).

Gegenwärtig geht dem Noviziat eine kurze Orientierungsphase und danach ein Postulat oder nähere Kennenlernphase voraus. Während der Probezeit kann die Novizin selbst erproben, ob die Lebensweise zu ihr passt. Die Gemeinschaft kann ihrerseits wahrnehmen, ob die Novizin eine gute Entscheidung getroffen hat. Es ist eine (Um)formungszeit, in der die Novizin schon versucht, sich das Leben einer armen Schwester zu eigen zu machen.

Eine Probezeit war bei den Minderbrüdern schon gut dreißig Jahre gebräuchlich. Klara hat wahrscheinlich diesen Brauch seit 1223 praktiziert.[81] Auf Bitten des Franziskus an den Kardinalprotektor wurde

---

81 Durch die Bulle Honorius' III., *Cum secundum consilium* (Dem Rat folgend),

1220 ein Probejahr eingeführt. Das war neu. In dieser Zeit gelobte man beim Eintritt oder bei der Aufnahme in den Orden schon sofort Gehorsam. Innerhalb der feudalen Gesellschaft passte das auch. Bei den gesellschaftlichen Verschiebungen von einer feudalen Kultur zu einer Stadtkultur veränderte sich auch die Struktur sozialer Verhältnisse. Die Familienbeziehungen wurden weniger stabil als in feudalen Kreisen. Menschen wurden sich ihrer Identität mehr bewusst. Auch durch das schnelle Aufkommen der Bettelorden zeigte sich, dass auch hinsichtlich der Formung zum Ordensleben neue Absprachen nötig waren. In diesem Kontext fällt auf, dass in der Lebensform, die 1219 von Hugolin gegeben war, noch nicht über eine Probezeit gesprochen wird. Auch nicht, als Hugolin als Papst (Gregor IX.) später seine Form und Weise des Lebens prolongiert. Innozenz IV. schreibt 1247 in seiner Lebensform wohl eine Probezeit vor (InnReg 1).

Nach der Probezeit wird die Novizin ‚zum Gehorsam angenommen‘ (recipiatur ad obedientiam) (II,13).[82] Die Schwester gelobt, weiterhin der ‚göttlichen Eingebung‘ (II,1) zu lauschen und auf sie zu hören, um die Lebensweise der armen Schwestern zu beachten, und die Gemeinschaft nimmt sie an zu diesem Gehorsamsdienst in der Fußspur Jesu Christi. Lauschen und hören: zwei Verben, die dem Leben in Buße Form geben. Buße beinhaltet ja: sich selbst hinwenden zu Gott und zum Nächsten.

Die Gemeinschaft, die die Schwester annimmt, bietet ihr einen umformenden Raum an, in dem sie einüben kann, was sie gelobt hat (XI,3). Franziskus lässt in seinem Abschiedslied für Klara und ihre Schwestern seine Brüder singen: ‚Lebt allzeit in der Wahrheit, so dass ihr im Gehorsam sterbt‘ (MahnKl 2-3).[83] ‚In‘: so verstanden formt der Gehorsam den Raum der Gemeinschaft, in dem sie gemeinsam ‚Leben

---

22.9.1220, über die Einführung des Noviziates wurde in den Regeln des Franziskus von 1221 (2,9) und 1223 (2,11) das Probejahr aufgenommen.

82 Dies ist ein feststehender Ausdruck, der auch in der Regel des Franziskus vorkommt (BR 2,11).

83 *Die Opuscula*: der ursprünglich umbrische Vers lautet: ‚Vivate sempre en veritate, ke en obedientia moriate‘, 462. Der lateinische Vers: ‚vivite semper in veritate, ut in obedientia moriamini‘, 468.

und Form unserer Armut auf ewig beobachten' (II,13). Die gemein-schaftliche Armut ist das Kennzeichen schlechthin der Gemeinschaft.

5.7 Kleidung

Zur Form der Armut gehört das Kleid der Buße. Die Habite waren aus rauem, ungefärbtem Wollstoff. Kleidung gibt Ausdruck von der Identität eines Menschen. Für die Außenwelt ist eine Nonne dadurch erkennbar. Und für die Person selbst ist es eine tägliche Erinnerung der Lebenswahl.

Der schwarze monastische Schleier wurde erst bei der Nonnenweihe gegeben (vgl. XI,9), wie das heute noch in den benediktinischen Orden gebräuchlich ist. In der Probezeit durften die Schwestern noch keine schwarzen Schleier tragen. Da steht nichts über eine andere Kopfbe-deckung der Novizinnen. Möglicherweise trugen die Novizinnen eine weiße Kopfbedeckung, wie es in der Lebensform von Innozenz stand (InnReg 5). Der Schleier bedeutet etwas anderes als das Kopftuch, das im Islam von Frauen aus religiöser Überzeugung getragen wird.[84] In der Ordenstradition der Kirche war und ist der Schleier der Nonnen ein Zeichen der Weihe an Gott. Männer trugen (und tragen) eine Kapuze, die als Schutz gegen Kälte und grelle Sonne diente. Bei Mönchen diente diese auch dazu, sich während des Betens abzuschirmen gegen eigene neugierige Blicke und gegen die der anderen.

Klara bringt eine funktionale Unterscheidung an zwischen Arbeits-kleidung, Kleidung für andere Tageszeiten, für die Schwestern in der Ausbildung und für Professschwestern. Auch Hugolin und Innozenz IV. hatten dies getan. Es gibt kurze Mäntel für die Arbeit, um nicht

---

84 Aus: *Wikipeda*: Art. „Kopftuch": Viele Muslimas tragen in der Öffentlichkeit ein Kopftuch. Sie begründen diesen Brauch mit einem Text aus dem Koran, Sure 31 und Sure 59. Obwohl dort nicht wörtlich steht, dass Frauen das Haar bedecken müssen, wird dies durch Koranexegeten durchgängig auf diese Weise ausgelegt. Dabei stützen sie sich auf die Überlieferung, die zurückgeht auf Mohammed. Im Koran steht, dass Frauen „ihre Schönheit nicht zeigen dürfen, außer dem, was davon sichtbar sein darf" (Sure: das Licht 31).

gehindert zu werden durch lange, schwere Mäntel.[85] Dies ist eine praktische Maßnahme, aber es hat auch eine tiefere Bedeutung. Der kurze Mantel deutet auch darauf, dass jede Schwester teilnimmt an der Arbeit für die Gemeinschaft und dass es innerhalb der Gemeinschaft keinen Standesunterschied gibt. Auch innerhalb der Gemeinschaft gibt die Kleidung Ausdruck der Identität des Schwesterseins.

Bei der Kleidung wird das ‚persönliche Bedürfnis' einer jeden berücksichtigt. Dies ist eine Bestimmung von Klara selbst. Hier taucht das Wort ‚necessitas' (Bedürfnis) auf, das ist das lebensnotwendige Grundbedürfnis. Wir werden diesem Wort noch häufiger begegnen. Die Form der Armut wählt nicht Elend und Mangel. Was jemand nötig hat, bekommt sie auch. Die Form der Armut ist dem Grundbedürfnis einer jeden persönlich untergeordnet. Es ist auffallend, dass Klara hier die Bestimmung ‚über Ort, Zeit und kalte Gegenden' übernimmt aus der Regel Benedikts (Kapitel 55,3) und aus der Regel des Franziskus (BR 4,2). Das könnte darauf hinweisen, dass Klara beim Schreiben ihrer Lebensform außer San Damiano auch andere Klöster im Blick gehabt hatte, zum Beispiel Prag.

Von diesem Blick auf das Grundbedürfnis her ist es interessant, wie Klara hier und weiter unten über Kleidung schreibt: drei Habite, während arme Menschen in der damaligen Gesellschaft für gewöhnlich mit nur einem Kleidungsstück auskommen mussten. Später nennt sie selbst Schuhwerk für Schwestern, die nach draußen gingen (Vers 22). Wohlgemerkt, das Kennzeichen der Bettelorden war barfuß gehen. Und der Gebrauch von kurzen Mänteln bei der Arbeit setzt voraus, dass die Schwestern auch einen langen Mantel hatten für andere Gelegenheiten. Dann gibt es noch die Kleidung für die verschiedenen Gruppen, die im Kloster wohnten. Wie sollte dies zur Armutsauffassung Klaras passen, wenn nicht die Achtung vor dem persönlichen Bedürfnis einer jeden mitklingen würde? Hier zeigt Klara, wie sie mit den praktischen Maßnahmen umging. Was nötig war, wurde gewährt. Dabei hielt sie

---

85   Vgl. in *Klara-Quellen*, 453, Schreiben von Kardinalprotektor Rainald von Jenne, „Quoniam frequenter" (6. Juni 1252) an die Schwestern in Brixen aus dem Orden von St. Damian.

wohl die Identität einer armen Schwester vor Augen. Bei Armut ging es ja nicht um Kummer und Sorge, sondern darum, dem Beispiel Jesu nachzufolgen.

5.8 Besondere Fälle

17. Iuvenculae in monasterio receptae infra tempus aetatis legitimae tondeantur in rotundum; et deposito habitu saeculari, induantur panno religioso, sicut visum fuerit abbatissae.

17. Jungen Mädchen, die vor der Zeit des gesetzlichen Alters in das Kloster aufgenommen werden, sollen ringsum die Haare abgeschnitten werden; und nach Ablegung des weltlichen Kleides sollen sie mit einem geistlichen Gewand bekleidet werden, so wie es der Äbtissin gut scheint.

18. Cum vero ad aetatem legitimam venerint, indutae iuxta formam aliarum faciant professionem suam.

18. Wenn sie jedoch in das gesetzliche Alter gekommen sind, sollen sie, gekleidet nach der Form der anderen, ihre Profess ablegen.

19. Et tam ipsis quam aliis novitiis abbatissa sollicite magistram provideat de discretioribus totius monasterii,

19. Und sowohl diesen als auch den anderen Novizinnen besorge die Äbtissin sorgfältig aus den weisesten Schwestern des ganzen Klosters eine Meisterin,

20. quae in sancta conversatione et honestis moribus iuxta formam professionis nostrae eas diligenter informet.

20. die sie in heiligem Lebenswandel und ehrbaren Sitten gemäß der Form unserer Profess gewissenhaft unterrichten soll.

5.8.1 Junge Mädchen

In Klöstern der Benediktinerinnen war es Brauch, dass junge Mädchen, selbst Kinder, in das Kloster aufgenommen wurden für ihre weitere Erziehung, ohne damit die Konsequenzen eines Eintritts zu verbinden. Sie hatten eine Art Klosterschule mit Internat. Auch in San Damiano scheint es zu den Möglichkeiten gehört zu haben, dass junge Mädchen im Kloster wohnen konnten (ProKl VIII,2,6; X,1,2).

Aus Vers 18 wird jedoch deutlich, dass dies in San Damiano nur geschah mit dem Blick auf einen späteren Anschluss an die Gemeinschaft. Die strenge Lebensweise und der Mangel an Raum ließen überdies eine andere Option nicht zu. Auch die Tatsache, dass ihre Haare rundum abgeschnitten wurden und die Tatsache, dass sie keine weltliche Kleidung mehr trugen, lässt an eine Art Kennenlernphase oder Postulat denken. Der Unterschied zu einem Eintritt war, dass die Äbtissin selbst über die nötige klösterliche Kleidung entschied. Das Abschneiden des Kopfhaares war nicht nur eine hygienische Maßnahme – auch wenn dies zu dieser Zeit mit so vielen Frauen in einem Schlafsaal dicht beieinander zweifellos ein willkommener Nebeneffekt war. Es machte für Außenstehende deutlich, dass diese jungen Mädchen auch unter die kirchliche Gerichtsbarkeit fielen und auf diese Weise beschützt waren vor dem unvorhersehbaren Interessenspiel der Familie.

Wie alt waren diese Mädchen? In der Lebensform werden keine Lebensalter genannt. In den *Consuetudines* (1250), Artikel XIII der Dominikanerinnen steht über ‚das gesetzlich erforderte Lebensalter‘: ‚Niemand unter sieben Jahren darf als Schwester angenommen werden; niemand unter zwölf Jahren darf zur Profess angenommen werden‘.[86] Klaras Schwester Agnes war fünfzehn Jahre alt, als sie mit Klara in San Damiano begann. Sowohl Klara wie Agnes waren nach den Normen dieser Zeit nicht mehr so jung, als sie mit dem Klosterleben begannen.

Die jungen Mädchen waren zusammen mit den Novizinnen in der Ausbildung. Erst wenn ein Mädchen das geeignete Lebensalter hatte, empfing sie dieselbe Kleidung wie die anderen Schwestern und konnte Profess ablegen. Es wird nicht über noch ein gesondertes Probejahr für diese jungen Mädchen gesprochen.

---

86 Vgl. Anm. 7 in *Federazione*, vol I, noot op blz. 34 : *Consuetudines*: ‚Nulla in sororum infra septem annos, nulla ad professionem infra duodecim annos recipiatur.‘

5.9 Formungsverantwortliche

Hier erwähnt Klara die Funktion einer Meisterin oder Formungsverant-
wortlichen. Die Sorge für die Neulinge verlangte damals und verlangt
auch heute besondere Aufmerksamkeit. Das lehrt die Praxis. Eine
Kandidatin muss hineinwachsen und unabhängig von irgendwelchem
Einfluss selbst entdecken können, ob das Leben zu ihr passt. Aus diesen Gründen ist es verständlich, dass die Äbtissin, die die Leitung für
die ganze Gemeinschaft hat, nicht selbst diese Sorge trägt. Es können
unbemerkt Interessenverflechtungen entstehen, die die Freiheit der
zu Formenden antastet. Auf diesem Gebiet hat Klara wahrscheinlich
Erfahrungen gesammelt. Ausnahmsweise lässt sie hier die Äbtissin
selbst jemanden anweisen (vgl. IV,22-24).

Das Formungsprogramm steht hier im Kern in Worte gefasst. Es
geht darum, die nötige Kenntnis über die Lebensweise ‚sorgfältig
(diligenter) zu unterrichten'. Die Novizin muss auch das Leben einüben, das gehört ‚zur Form unserer Profess'. Hiermit ist das Leben
in Buße oder Hinkehr zu Gott gemeint, wie die Nachfolge Christi im
täglichen Leben der armen Schwestern Gestalt bekommt.[87] Aus der
Lebensbeschreibung Klaras können wir auch ein wenig schließen,
wie der tägliche Vormittag aussah. ‚Sie lehrte sie vor allem, jeglichen
Lärm aus der Herberge des Herzens zu vertreiben, damit sie den Geheimnissen Gottes allein anzuhangen vermochten. Sie lehrte sie, sich
nicht länger von der Liebe zu leiblichen Verwandten beeinflussen zu
lassen und das Vaterhaus zu vergessen, um Christus zu gefallen. Sie
ermahnte sie, Forderungen des hinfälligen Leibes zu verachten und die
Launen des Fleisches durch die Herrschaft der Vernunft zu hemmen.
Sie wies darauf hin, dass der hinterhältige Widersacher reinen Seelen
verborgene Schlingen legt und dass er auf die eine Weise die Heiligen
versucht, auf eine andere die weltverhafteten Menschen. So wollte sie
ferner, die Schwestern sollten zu bestimmten Stunden Handarbeiten
verrichten; anschließend sollten sie sich – dem Wunsch des Gründers

---

87   Vgl. den Ausdruck ‚sanctae conversationis et honestissimam' in 1Agn 3.

gemäß – durch die Übung des Gebetes wieder erwärmen, die unachtsame Erschlaffung aufgeben und durch das Feuer heiliger Liebe die Kälte fehlender Hingabe ablegen' (LebKl 36).

Es ging (und geht) bei der Formung vor allem um die lebendige Hingabe, wobei Klara selbst vorausging: 'Sie lehrte ihre Novizinnen, den gekreuzigten Christus zu beklagen, und was sie mit Worten lehrte, darin gab sie gleichzeitig Beispiel' (LebKl 30).

5.10 Aktualität

Die Novizenmeisterin muss eine von den weiseren Schwestern (discretioribus) des ganzen Klosters sein, jemand mit Unterscheidungsvermögen, die aus eigener Erfahrung weiß, was das Leben einer armen Schwester verlangt. Dieses Kriterium erfordert in unserer Zeit besondere Aufmerksamkeit, jetzt da in der westlichen Welt viele Gemeinschaften kleiner (und älter) werden. Genauso gilt dies für junge Gemeinschaften in anderen Teilen der Welt, die gerade die lebendige Hingabe älterer Schwestern entbehren müssen. Es kommt vor, dass in einer Gemeinschaft niemand von den Schwestern die Fähigkeiten und die Ausrüstung hat, die für eine Formungsverantwortliche notwendig sind. Dann erhebt sich die Frage: kann man jemanden aus einem anderen Kloster in Anspruch nehmen? Gibt es Möglichkeiten, innerhalb der Föderation für eine angemessene Formung zu sorgen? In Artikel 181 der Generalkonstitutionen des Ordens steht ein dringender Rat, im föderalen Verband Verantwortung für die Ausbildung zu übernehmen.[88] Diese Fragen fordern heraus zu einer Übung im Loslassen dessen, was immer gewesen ist. Ein zu starkes Festhalten an der Autonomie, an der Abgeschlossenheit und dem Recht, selbst junge Frauen zu begleiten und zu formen, geht dann auf Kosten der Kandidatin und der Qualität des Lebens der armen Schwestern in der Zukunft.

---

88   Vgl. *Generalkonstitutionen*, Art. 180 und 181.

5.11   Schwestern, die außerhalb des Klosters Dienst tun

21. In examinatione et receptione sororum servientium extra monasterium servetur forma praedicta;	21. Bei der Prüfung und Aufnahme der außerhalb des Klosters dienenden Schwestern werde die vorher beschriebene Form beachtet.
22. quae possint portare calciamenta.	22. Diese sollen Schuhwerk tragen können.

Klara spricht an verschiedenen Stellen über ‚Schwestern, die außerhalb des Klosters Dienst tun' (III,10; V,1; IX,12). Woran müssen wir dann denken? Sie unterhielten zu einem großen Teil Kontakt mit der Außenwelt. Vielleicht gab es auch Schwestern, die Kranke versorgen gingen oder gab es eine Art Rollenverteilung, wie das auch in der Lebensform des Franziskus für die Einsiedeleien üblich war? ‚Jene, die für ein intensiveres religiöses Leben in Einsiedeleien verweilen wollen, sollen zu drei oder höchstens zu vier Brüdern sein. Zwei von ihnen sollen die Mütter sein und zwei Söhne oder wenigstens einen haben. Jene beiden, die Mütter sind, sollen das Leben der Martha führen, und die beiden Söhne sollen das Leben der Maria führen' (REins 1–2). Diese Rollen mussten die Brüder abwechselnd erfüllen. Was die Schwestern von San Damiano getan haben, ist also nicht deutlich. Es ist überhaupt nicht sicher, dass sie betteln gingen, denn das enthielt in dieser Zeit für Frauen große Risiken. Außerdem schreibt Klara, dass die Schwestern im Fall der Not um Almosen ‚schicken' müssen (VIII,2). Das taten sie also nicht selber. Im Prozess und in der Lebensbeschreibung stehen Hinweise, dass da Brüder zum Betteln waren, zum Beispiel bei dem Ölwunder. Dies geschah ungefähr zwei Jahre, nachdem die Schwestern in San Damiano begonnen hatten (ProKl 1,15; 2,14; LebKl 16). Auch in den Lebensformen von Hugolin und Innozenz IV. wird über diese Schwestern gesprochen. Da sind es Schwestern, die die Pforte bewachen.

Die Kleidung für die Schwestern, die nach draußen gehen, war wahrscheinlich dieselbe wie für die Schwestern drinnen. Diesen Schwestern wird dazu die Möglichkeit gegeben, Schuhe zu tragen. Dies wird wohl praktisch gewesen sein und Klara hat dies in ihrer Lebensform festgelegt. Der damalige Kardinalprotektor Rainald schrieb in seinem Brief *Quoniam frequenter* (6. Juni 1252), dass die Dienst tuenden Schwestern, die innerhalb und außerhalb des Kloster die Lasten tragen, Schuhwerk gebrauchen durften, falls sie das wünschten.[89] Klara lässt die Schwestern in Freiheit wählen. Franziskus lässt es in seiner Regel genau so frei: ‚Und die durch Not gezwungen sind, können Schuhwerk tragen' (BR 2,15).

Obwohl Klara die Schwestern, die außerhalb des Klosters Dienst tun, mehrmals besonders nennt, wurde dasselbe Auswahlverfahren beibehalten wie für die anderen Schwestern. Wie weiter unten aus den Passagen zwischen der Absonderung (die Kapitel VI und X) sich zeigen wird, wohnten diese Schwestern nicht abgesondert, sondern in der Gemeinschaft. Es waren sicher nicht die sogenannten ‚Außenschwestern', die es manchmal heute noch in Klausurklöstern gibt. Diese Außenschwestern leben getrennt von der Kommunität und kommen nur zu Ausnahmen in die ‚Klausur'. So war es am Anfang nicht. Der heutige Brauch von Außenschwestern sollte dringendst neu bewertet werden anhand von Klaras ursprünglicher Sicht. Übrigens kann dies eine geistliche Übung bedeuten sowohl für die Außenschwestern wie für die Schwestern, die gewohnt sind, innerhalb der Klausur zu leben.

5.12 Aufenthalt im Kloster

23. Nulla nobiscum residentiam faciat in monasterio, nisi recepta fuerit secundum formam professionis nostrae.	23. Keine habe bei uns im Kloster ihren Wohnsitz, wenn sie nicht nach der Form unserer Profess aufgenommen worden ist.

---

89 Vgl. *Klara-Quellen*, 453 (20 OSD). Es ist möglich, dass Kardinal Rainald diese Bestimmungen im Konzept der Lebensform Klaras gelesen hat, die er im September 1252 approbiert hatte. Vgl *Federazione*, Vol. III, 392.

Klara ist deutlich hinsichtlich des Lebens im Kloster. Sie macht keine einzige Konzession an die Beobachtung der Armut. San Damiano war kein Zufluchtsort für Frauen, die ein sicheres und akzeptables Unterkommen nötig hatten. Wörtlich steht da ‚einen Wohnort schaffen' (residentiam faciat), was damals wohl geschah. Wenn diese Frauen ihr komfortables Leben mit Bediensteten und allem in der Gemeinschaft fortsetzen und nicht nach der evangelischen Armut leben würden – das heißt ohne Eigentum und als Schwestern voneinander – würde das die Lebensweise völlig trüben.[90]

Unsere Profess: das *unsere* wird häufig wiederkehren. Klara verweist hier auf den Gehorsam, Franziskus und seinen Nachfolgern versprochen, nicht zu verwechseln mit dem Gehorsam gegenüber der von Hugolin gegebenen Lebensform, die auf der Regel Benedikts gründete. Im Raum des Gehorsams gegenüber Franziskus ist die Form der höchsten Armut gesichert. *Unsere* Profess unterscheidet sich auch von anderen Formen der Profess, bei der man wohl persönliche, aber keine gemeinschaftliche Armut gelobt.

5.13   Der arme Christus als Beispiel

24. Et amore sanctissimi et dilectissimi pueri pauperculis panniculis involuti, in praesepio reclinati (vgl. Lk 2,7;12), et sanctissimae matris eius moneo, deprecor et exhortor sorores meas, ut vestimentis semper vilibus induantur.	24. Und aus Liebe zum heiligsten und geliebtesten Kind, das in ärmliche Windeln eingehüllt in eine Krippe gelegt worden ist, und zu seiner heiligsten Mutter ermahne, bitte und fordere ich meine Schwestern auf, dass sie immer geringwertige Kleidung tragen.

Mit einem kräftigen Ansporn ruft Klara als geistliche Leiterin ihre Schwestern auf: ‚Ich ermahne, ich bitte und ich fordere meine Schwestern auf' (moneo, deprecor et exhortor).[91] Nicht weniger als dreimal:

---

90   Vgl. Anm. e, S. 112 in: *The Lady.*
91   In Kapitel KlReg X,6 komme ich auf diese Sprechweise zurück

es geht hier dann auch um die ganz konkrete Nachfolge der Armut des menschgewordenen Gottessohnes. Wie alle Absprachen oder praktische Maßnahmen bezüglich der Lebenseinrichtung und der geistlichen Übungen steht auch dieser dringende Aufruf unter der Antriebskraft der göttlichen Eingebung und Motivierung: ‚aus Liebe zum heiligsten und geliebtesten Kind'. Die Liebe Christi *zu uns* hatte auf Klara immer aufs neue diesen bestürzenden und beglückenden Effekt. Diese Liebe erfüllte sie mit Gegenliebe und sie macht darin ihre Schwestern zu Schicksalsgefährtinnen. Sie war davon überzeugt, dass keine einzige Schwester in einer vorübergehenden Anwandlung sich für die evangelische Armut entschieden hatte, sondern gerade um der Liebe Christi willen. Sie blieben, bewegt durch seine Liebe, bezogen auf Ihn in allem, was sie waren und taten.

Das verletzliche Kind in der Krippe, eingehüllt in ärmliche Tücher, ist das Beispiel bei der Entscheidung für Kleidung. Klara weist auch auf die Mutter hin, die als erste die Armut Jesu geteilt hat. Sie hatte nichts als ärmliche Tücher, um ihr Kindlein zu kleiden. ‚Ärmlich' fügt Klara dem Bild hinzu, das Lukas in der Geburtserzählung Jesu zeichnet. Es ist bewegend, dass sie dieses Kapitel, in dem sie über den Beginn des Lebens als arme Schwester schreibt, mit dem Beispiel des Kindes in der Krippe beschließt (vgl. 4 Agn 19). Ist diese kleine Skizze von der Armut Jesu Christi bei seiner Geburt nicht eine Einladung, um zu tieferer Einsicht darüber zu kommen, was ‚die Form unserer Armut' beinhaltet? Wie schaust du auf dieses Beispiel? Stellst du dann die Frage, was du *tun* sollst? Oder *lässt* du das Beispiel etwas mit dir tun? Lässt du dich selbst *berühren*, so dass du, umgeformt durch die Liebe, andere Entscheidungen triffst als vorher?

Kleidung dient dazu, die Nacktheit eines Menschen abzuschirmen gegen Blicke von außen und sich zu schützen gegen Kälte und Wärme. Es geht nicht um Schmuck, mit dem man suggeriert, man sei wichtiger oder schöner als man in Wirklichkeit ist. Aber ist daran etwas Fremdes oder Falsches, dass eine arme Schwester gerne ganz schön ist? Klara war gewiss nicht blind für den verführerischen Aspekt von Kleidung und Zierrat. In ihren Briefen gebraucht sie in dieser Hinsicht Bilder, die unsere Fantasie übertreffen (1 Agn 10–11; 4 Agn 16–17). Aber Kleidung, die die Ähnlichkeit mit ärmlichen Tüchern nicht beachtet, beeinträchtigt die Identität einer armen Schwester, die ihr Leben abgestimmt hat auf die Armut und Niedrigkeit Jesu Christi. Zu allen Zeiten bleibt diese Orientierung für Frauen aktuell, denn ein Habit aus schönen und teuren Stoffen war und bleibt für Frauen ein Anreiz. Ärmliche Kleidung tragen war und bleibt immer eine geistliche Übung.

6 Verbunden mit der Kirche

,Gelobt sei unser Gott
Der uns das Leben gegeben hat
und Herz und Seele.' (Willem Barnard)

Der Teil der Lebensform III,1–15 zeigt in seinem Aufbau das programmatische Ziel des christlichen Lebens: beten, fasten und der Empfang des Sakramentes der Buße als Übungen, um das Herz zu reinigen für den Empfang Gottes in der heiligen Kommunion.

6.1 Das Stundengebet

1. Sorores litteratae faciant divinum officium secundum consuetudinem fratrum minorum,

1. Die des Lesens kundigen Schwestern sollen das göttliche Offizium nach dem Brauch der Minderen Brüder verrichten,

2. ex quo habere poterunt breviaria, legendo sine cantu.

2. weshalb sie Breviere haben dürfen, indem sie es lesen ohne Gesang.

3. Et quae occasione rationabili non possent aliquando legendo dicere horas suas, liceat eis sicut aliae sorores dicere Pater noster.

3. Und jenen, die aus begründetem Anlass ihre Tagzeiten einmal nicht rezitieren können, sei es erlaubt, wie die anderen Schwestern die Vaterunser zu beten.

4. Quae vero litteras nesciunt dicant viginti quattuor Pater noster pro matutino, pro laude quinque, pro prima vero, tertia, sexta, nona, pro qualibet istarum horarum septem; pro vesperis autem duodecim, pro completorio septem.

4. Die aber nicht lesen können, sollen vierundzwanzig Vaterunser beten für die Matutin, für die Laudes fünf, für Prim, Terz, Sext und Non jeweils sieben; für die Vesper aber zwölf, für die Komplet sieben.

5. Pro defunctis etiam dicant in vesperis septem Pater noster cum Requiem aeternam, pro matutino duodecim,

5. Auch für die Verstorbenen sollen sie zur Vesper sieben Vaterunser mit „Herr, gib ihnen die ewige Ruhe" beten, zur Matutin zwölf,

6. cum sorores litteratae teneantur facere officium mortuorum.

6. wenn die des Lesens kundigen Schwestern verpflichtet sind, das Totenoffizium zu verrichten.

| 7. Quando vero soror monasterii nostri migraverit, dicant quinquaginta Pater noster. | 7. Sobald aber eine Schwester unseres Klosters heimgegangen ist, sollen sie fünfzig Vaterunser beten. |

Beten, Fasten und Almosen gehören zur Praxis des christlichen Lebens. Diese Übungen haben ihren Ursprung in der Schrift (Mt 6,1-13). Die Strukturierung des Tages durch feste Gebetszeiten hat alte Traditionen. Zur Zeit Jesu gab es die örtlichen Synagogen, wo gläubige Juden zusammenkamen zur „Stunde des Gebets". Auch Jesus nahm an der synagogalen Liturgie teil.[92] Der Islam kennt die fünf Gebetszeiten, die christliche Tradition die sieben Gebetsstunden. Auch die Natur kennt eine Ordnung der Zeit: Tag und Nacht; den Monatszyklus von vier Wochen oder 28 Tagen. Das erste Buch der Bibel beginnt mit der Schöpfungserzählung über die sieben Tage. Die Strukturierung der Zeit entspricht einem menschlichen Grundbedürfnis. Sie bewahrt vor Chaos. Sie schafft einen Raum, um geordnet zu leben, und bietet Halt für die Orientierung in der Zeit.

Im dreizehnten Jahrhundert wurde das kirchliche Stundengebet vor allem von Mönchen, Nonnen, Kanonikern und Priestern gebetet. Das gehörte zu ihrer täglichen Arbeit. Gläubige Menschen schlossen sich täglich in ihren Kirchen an und beteten dann lauschend oder psalmodierend mit. Viele Menschen kannten die Psalmen auswendig und wenn das nicht so war, dann beteten sie in Stille Vaterunser. An großen Festtagen sangen die Menschen bekannte Teile mit, unter anderem die Hymnen und Responsorien. Klara und ihre Schwestern kannten diesen Brauch von zuhause her.

---

92 Zu den Hintergründen und der christlichen Spiritualität des Stundengebetes: Peter D'HAESE, *Iedere tijd opnieuw. Over de liturgie van de getijden*, in: *Godlof! Kloosterliturgie in beweging.* 40 jaar Intermomasteriële Werkgroep voor Liturgie. Louis VAN TONGEREN, Margareth VAN GILS OCSO, Bruno WILDERBEEK OCSO, Hadewych ZOMERDIJK OCSO (red.), Kampen 2007, 81-94.

6.1.1 Gemeinschaftliches Gut

Das Stundengebet gehört bis zum heutigen Tag zur Architektur des Lebens in einer religiösen Gemeinschaft. Es ist ein nicht unbedeutendes gemeinschaftliches Gut. Nimmt man das gemeinsame Gebet weg, dann wird die Gemeinschaft verkümmern. Täglich kommen die Schwestern zusammen in der Kirche oder im Oratorium, um sich zu dem einen Volk Gottes zu versammeln. Sie kommen zusammen um den Einen herum, der einlädt, seinem Wort zu lauschen, sodass sie ihre Sehnsucht nähren, um sich in ihrem alltäglichen Leben umformen zu lassen zur Gleichförmigkeit mit Ihm. Das Stundengebet bestimmte und bestimmt noch die Tagesordnung der Gemeinschaft. Die Tagesordnung ist eine Grundeinrichtung. Der regelmäßige Wechsel von Gebet, Arbeit, Essen, Entspannung und Schlafen garantiert ein gesundes Gleichgewicht zwischen Leib und Geist. Das Stundengebet heiligt die Stunden des Tages, die Matutin (Nachtwache), Laudes (Morgengebet), Prim, Terz, Sext, Non (die „kleinen Horen", durch die die körperliche Anspannung der Arbeit unterbrochen wird), die Vesper (Abendgebet) und die Komplet (Nachtgebet). Durch den Wechsel von Festen und gewöhnlichen Tagen gibt das Stundengebet den Wochentagen und dem ganzen liturgischen Jahr Farbe. Mit dem kirchlichen Stundengebet hält die Gemeinschaft ununterbrochen die Verbundenheit mit Gott und der Kirche lebendig. Klara und ihre Schwestern schlossen sich den Bräuchen des Minderbrüderordens an, die sich für das erneuerte und vereinfachte Stundengebet von Papst Innozenz III. entschieden hatten.[93] Auch in

---

93 Fulvio RAMPAZZO, *Fundamental Elements of Franciscan Liturgy. Inquiry on the Development of the Franciscan Calender of Saints*, translated by Michael HIGGINS, T.O.R., in: *Greyfriars Review* 14 (2000), 277-294, 277-281-286. Papst Innozenz III. hatte eine gründliche Reform der damaligen Liturgie eingeführt. Das Stundengebet, das durch die Mönche fast zu einer Tagesarbeit ausgewachsen war, wurde stark vereinfacht und verkürzt, so dass es für Priester und herumziehende Prediger möglich wurde, dennoch das Stundengebet weiter zu beten. Das wurde das sogenannte „Breviarum Romanum" (Römisches Brevier). Die Minderbrüder haben dieses verkürzte Stundengebet übernommen, außer dem Psalterium (die Brüder kannten die alte gallische Übersetzung des Psalteriums auswendig). Später haben sie noch eine Reihe Korrekturen angebracht. Ihnen ist zu verdanken, dass dieses

ihrem Gebet blieben die armen Schwestern mit den minderen Brüdern verbunden. Als Franziskus kurz nach seiner Bekehrung dabei war, das Kirchlein von San Damiano auszubessern, hat er schon etwas von dieser Verbundenheit vorhergesagt: ‚Denn hier werden bald Frauen leben, durch deren heiligen Lebenswandel, dessen Ruf sich verbreiten wird, unser himmlischer Vater in seiner ganzen heiligen Kirche verherrlicht werden wird' (KlTest 14).

6.1.2   Gemeinsam beten

In Klaras Lebensform erhält das gemeinschaftliche Leben einen starken Akzent. So auch das Beten. Gemeinsam beten öffnet einen heiligen Raum, einen lebendigen Tempel, für den Lobpreis Gottes, in dem die Gemeinschaft wachsen kann zu einem Haus des Gebetes. Auch Menschen von außerhalb können da ihr Zuhause finden für ihr tägliches Gebet. Es fällt auf, dass in der Lebensform nirgends etwas steht über Extrazeiten für das betende Lesen der Bibel (lectio divina) oder andere Formen der Meditation. Offensichtlich ging aus dem Stundengebet die ‚lectio divina' hervor. Was während der Lesungen gehört war, nahm man danach mit, um es im Herzen ‚wiederzukäuen' (ruminare).[94] Wohl erwähnt die Lebensbeschreibung, dass Klara mit ihren Schwestern häufig nach der Komplet weiter betete (LebKl 19). Gemeinsam bringen

---

„Römische Brevier" schnell über die damalige Welt verbreitet wurde. Das hat auch zu einer größeren Einheit in der Liturgie im Westen seit dem dreizehnten Jahrhundert geführt. Innozenz III. hat viele persönliche Beiträge geliefert, unter anderem Kommentare zu den Schriftlesungen in den Metten, Responsorien und Gebete. Siehe: Brevier der hl. Klara (BrevKl), *Klara-Quellen*, S. 1011-1028: ‚Acht Orationen aus dem Ritus der Sterbesakramente im „Brevier der hl. Klara", (1230–34), Eingeleitet und übersetzt von Johannes SCHNEIDER OFM.

94   In dieser Zeit folgten die Zeiten des gemeinschaftlichen Gebetes mit kürzeren Unterbrechungen aufeinander. So war der Rhythmus von Gebet und Arbeit (ora et labora) in dieser Zeit ausgewogen über den Tag verteilt. Erst im sechzehnten Jahrhundert wird durch Reform des Karmel das stille persönliche Gebet, Anbetung oder Meditationszeit in den Klöstern eingeführt. Zu Klaras Art des Meditierens: *Klara van Assisi: Licht aus der Stille*, 41-45.; 261-271.

die Schwestern ihre Berufung, Gott zu loben, zum Ausdruck und gemeinsam suchen sie beim Herrn Kraft, um das Gute zu tun (vgl. KlTest 22). Das Stundengebet will in ein ‚Mitbewegen' hineinnehmen in der Bewegung von Einkehr und Auskehr, von Empfangen und Zurückgeben, um so imstande zu sein, Gott und den Nächsten frei zu dienen.

Klara gibt in ihrer Lebensform keine Gebetslehre, sondern sie schreibt darüber, was in der Praxis das Beste ist, um ein Leben des Gebetes gedeihen zu lassen. Das gemeinsame Beten nährt das persönliche Gebetsleben einer jeden Schwester. Man steckt einander an in Zeiten der Leidenschaft, Begeisterung, und man hält einander fest bei Trockenheit und Lustlosigkeit.

Beten ist keine Tugend, sondern ist und bleibt eine Übung, die jemanden allmählich umformt zu einem Menschen des Gebetes. Vielleicht wird dies deutlicher durch das Wort ‚sagen', das hier im Zusammenhang mit dem Stundengebet gebraucht wird. Dieses betende Sagen ist ein Verb und bei diesen Formen des Betens sind Ausnahmen möglich. Es können sich Situationen ergeben, in denen die Teilnahme am Stundengebet nicht möglich ist: es gibt allerlei gute Gründe, um einmal die Horen nicht zu beten (III,3).

Weil die Schwestern täglich das Stundengebet verrichten, dürfen sie ‚Breviere' (Gebetbücher) haben (ex quo habere). Das ‚ex quo' deutet darauf hin, dass der Gebrauch der Bücher hervorgeht aus dem Auftrag, das Stundengebet zu beten. Der Begriff ‚habere' weist hier auf eine praktische Maßnahme hin, nämlich etwas zur Verfügung zu erhalten, aber nicht zum Eigentum. Diese praktische Maßnahme stand der Armut nicht im Weg, ungeachtet der Tatsache, dass Bücher in jener Zeit sehr kostbar waren. Die Kostbarkeit war für Klara keineswegs ein Hindernis, den Gottesdienst gut zu verrichten und mit den Minderbrüdern im Gebet verbunden zu bleiben. Nach 1238 konnte das Brevier konkret werden.[95] Damals war gerade Br. Leo mit dem Kopieren des

---

95 Fulvio Rampazzo, *Fundamental Elements of Franciscan Liturgy*, 281. Vgl. Stephan J. P. van Dijk / J. Hazelden Walker, *The Origins of the Modern Liturgy. The Liturgy of the Papal Court and the Franciscan Order in the thirteenth Century*, London 1960, XXIII.

Breviers für San Damiano fertig. Durch den brüderlichen Dienst von
Br. Leo hatten die Schwestern also keine hohen Kopierkosten. Welche
liturgischen Bücher sie für diese Zeit gebrauchten, ist nicht ganz klar.
Vermutlich haben sie Bücher als Leihgabe gehabt.

6.1.3   Lesen ohne Gesang

Das Stundengebet lasen die Schwestern gemeinsam laut. ‚Lesen' kann
auch hindeuten auf den Brauch, die Psalmen auf einem Ton zu sagen
oder zu rezitieren. Wir können dann an einfache Psalmtöne denken,
wie sie in der gregorianischen Musik üblich sind. Das Lesen auf einem
Ton galt dann für das gesamte Stundengebet, inklusive die Lesungen.
Es bringt den Betenden in eine ruhige Atmosphäre. ‚Legere' (vorlesen
oder lesen auf einem Ton) ist etwas anderes als ‚dicere' (sagen, sprechen, singen), das bei den Vaterunser steht. ‚Ohne Gesang' steht da:
das Singen von schwierigen Melodien darf nicht vom Beten ablenken,
sondern eine Melodie soll als Unterstützung dem Wort dienen. ‚Sine
cantu' hat vor allem Bezug zu Gesängen mit komplizierten Ausfüh-
rungen, wie sie durch eine Anzahl von Benediktinerklöstern im elften
Jahrhundert eingeführt waren. Diese sind im reformierten Brevier
von Innozenz III. verschwunden. Im Brevier von San Damiano, wie es
wahrscheinlich erst nach 1238 üblich war, sind für Feste und besondere
Anlässe einfache Gesänge aufgenommen.[96]

Es fällt auf, dass Klara nichts über den Ort schreibt, wo das Chorgebet
stattfindet. Im Kloster von San Damiano gab es 1253 zwei Gebetsorte:
der kleine Chor im Erdgeschoss hinter der Apsis der Kirche und im
Obergeschoss das Oratorium über der Apsis. Dies letzte war wahr-

---

96   Siehe: *Klara-Quellen*, S. 1021, [BrevKl] „Ohne Gesang". In der Lebensform von
     Innozenz IV., n. 3 wird über das Singen des Stundengebetes erwähnt, dass dies
     nach den Bräuchen der Minderbrüder geschehen soll. Siehe auch Fußnote a. S.
     92 in *The Lady*; vgl. Stephan A. VAN DIJK, *The Breviary of Saint Clare*, in: *FrancSt*
     8 (1948) 25–46; 351–387; *The Breviary of Saint Clare. A correction*, in: *FrancSt*
     9 (1949) 10ff..

scheinlich für die Kranken vorgesehen. Im Fußboden des Oratoriums ist eine kleine Luke, die geöffnet werden kann, so dass alles, was in der Kirche und im Chor geschieht, im Oratorium verfolgt werden kann. Der heutige kleine Chor muss in Klaras Zeit größer gewesen sein, anders wäre es unmöglich gewesen, da mit so vielen Menschen zu beten.[97] Dass Klara diese Orte zum Gebet hier nicht erwähnt, kann mit der Selbstverständlichkeit zu tun haben, dass dort gebetet wurde, so dass sie gar nicht daran gedacht hat, es aufzuschreiben.

In der Lebensform nach Hugolin steht, dass die Schwestern, die lesen können, das Stundengebet beten mussten, wie es vor Ort üblich war. Die Liturgie wies in dieser Zeit große lokale Verschiedenheiten auf. Die Schwestern, die singen konnten, durften es singen (HugReg 5). In der Regel von Papst Urban IV. (1263) steht: 'Hinsichtlich des göttlichen Offiziums, das dem Herrn sowohl am Tag wie in der Nacht zu verrichten ist, werde folgendes beobachtet: Jene, die lesen und singen können, haben das Offizium gemäß dem Brauch des Minderbrüderordens zu singen, jedoch mit höchster Ernsthaftigkeit und Bescheidenheit' (UrbReg 6,1).

Nach dem II. Vatikanischen Konzil (1962–1965) haben die Monialen, auch die Klarissen, dem Versuch kirchlicherseits Gehör geschenkt, da, wo es möglich ist, auf einfache Weise das Stundengebet zu singen, damit die Gläubigen angezogen werden, um wieder am Stundengebet teilzunehmen. Wir können also nicht ohne weiteres sagen: Klara sagt in ihrer Lebensform, dass wir nicht singen dürfen, und deswegen singen wir nicht. Das ist eine uneigentliche Interpretation der Lebensform. Dann zieht man zu schnell aus einem Jahrhunderte alten Text eine Schlussfolgerung für das Leben heute. Jede Gemeinschaft wird in unserer Zeit und an ihrem Ort selbst erwägen müssen, wie sie ihren Dienst an der Gemeinschaft der Gläubigen am besten erfüllen kann. Darum geht es.

---

97 1238 lebten schon fünfzig Schwestern in San Damiano. Dies wissen wir durch ein Verkaufsdokument oder Mandat aus 1238, das in den Stadtarchiven von Assisi aufbewahrt wird. Darin stehen die Namen der Schwestern erwähnt. Siehe VAs, *Klara-Quellen*, 1035-1036.

6.1.4 Unterschied zwischen den Schwestern?

Die Schwestern, die lesen konnten, beteten die Psalmen aus dem Römischen Brevier.[98] Die Schwestern, die nicht lesen konnten, beteten die vorgeschriebenen Vaterunser, wie es auch in vielen Klöstern getan wurde und von den Gläubigen, die dem Stundengebet in Kirchen und Kapellen beiwohnten. Auch die Schwestern, die aus einem anderen Grund verhindert waren, das Stundengebet zu beten, beteten Vaterunser. Diese Möglichkeit, verhindert zu sein, relativiert ebenfalls den Unterschied zwischen denen, die lesen konnten, und denen, die es nicht konnten. Jeder Hore entsprach eine feste Anzahl von Vaterunser, womit, wie mit dem Stundengebet, die Stunden des Tages geheiligt wurden. Die Schwestern waren nicht ausgeschlossen vom Hören der Lesungen aus der Bibel und der nichtbiblischen Lesungen.

Klara sagt hier nicht, wie es in der Lebensform nach Hugolin steht: ‚Wenn einige Jugendliche oder auch Ältere geistig befähigt und demütig sind, soll die Äbtissin sie im Lesen und Schreiben unterrichten lassen' (HugReg 5,5). Macht Klara also einen Unterschied, der als Diskriminierung aufgefasst werden könnte? Bei näherem Hinsehen ist dies eher eine Relativierung der äußerlichen Formgebung des Betens. Der Akzent liegt auf der Qualität des Betens selbst. Es geht nicht um die äußere Form, sondern darum, wie jemand betet.

Psalmen beten ist eine Übung im Hören mit dem Herzen auf das andere ‚ich' in den Psalmen und Lesungen, um klagend, flehend, dankend und lobpreisend das Wort zu empfangen und es betend vor Gottes Angesicht zu bringen. Das Beten der Vaterunser bezweckt dasselbe. Schon in der Mönchstradition bestand eine hohe Wertschätzung dieses Gebetes. Das Vaterunser ist ja das Gebet Jesu selbst. In diesem Gebet ist das ganze Geschehen zwischen Gott und Menschen enthalten. Es ist die Konzentration der Psalmen. Wer Jesu eigene Worte sich wie

---

98   Ob jemand lesen konnte oder nicht, hatte nichts mit der Frage zu tun, ob jemand adeliger Herkunft war. Nicht jedes adelige Mädchen hatte lesen gelernt. Genauso gab es Frauen, die aus einem Handelsmilieu kamen und sehr wohl lesen gelernt hatten.

ein Mantra immer wieder aufs Neue zu Herzen nimmt, wird durch die Einfachheit der Wiederholung das Herz reinigen, um den Geist des heiligen Gebetes zu empfangen (vgl. VII,2 und X,10).

6.1.5 Beten für die Verstorbenen

Dieselbe Regelung hinsichtlich des Betens der Vaterunser gilt für das Stundengebet für Verstorbene, indem an jedem Tag aller verstorbenen Gläubigen gedacht wurde. Beten für die Toten ist wichtig. Dieses Gebet beinhaltet die lebendige Erinnerung an die Lieben, die von uns gegangen sind. Im Gebet bleiben wir durch geistliche Bande in Christus mit ihnen verbunden, vor allem mit Schwestern und Brüdern, die unser Leben geteilt haben. Es ist gut und angemessen, um nicht nur auf würdige Weise Abschied zu nehmen, sondern ihrer weiterhin zu gedenken. Durch das Stundengebet für die Verstorbenen bekommen die Toten ihren Platz innerhalb der Gemeinschaft der Heiligen, an der wir alle bereits jetzt Anteil haben (vgl. KlSeg 10).

Beten für die Verstorbenen ist auch als geistliche Übung wichtig, um sich die eigene Sterblichkeit und die Hoffnung auf ewiges Leben vor Augen zu halten.

Klaras Gemeinschaft war bei der Ausführung des Gebetes der Kirche ein Spiegel für die kirchliche Gemeinschaft, in der sowohl Gebildete wie Ungebildete, Arme und Reiche, einen gleichen Platz vor Gott haben. Während des Verrichtens des Stundengebetes gibt jede an Gott die Gaben zurück, die sie empfangen hat. Das formt den Wellenschlag des Betens: empfangen und zurückgeben.

6.2 Fasten

Fasten ist eine körperliche Übung. Fasten (Beschränkung in der Nahrung) berührt unmittelbar den Leib. Fasten kann helfen, um zur Einkehr zu kommen. In der Bibel ist Fasten nicht zuallererst eine strenge Askese, sondern ein Ausdruck von Mangel und Trauer, von dem, was es im Menschen gibt an Kummer, Reue und Sehnsucht. Die Kirche kennt längere und kürzere Fastenzeiten, die gemeinsam gefeiert werden und häufig als Vorbereitung auf Feste dienen.[99] Die kirchlichen Fastenvorschriften galten und gelten nicht für Kinder, nicht für schwangere Frauen und Menschen, die älter als sechzig Jahre sind. Nur an Aschermittwoch und Karfreitag sind heute kirchliche Fast- und Abstinenztage. In der vierzigtägigen Fastenzeit ist jeder Freitag ein Abstinenztag. Man enthält sich von Fleisch. Fisch ist erlaubt. Die Übung des Fastens ist also nicht abgeschafft.[100] Bei Enthaltung kann man heutzutage auch an Speisen und Getränke denken, die einen negativen Einfluss auf den Körper haben können und den Kontakt mit dem tiefsten Inneren behindern, wie versklavende Nahrungsmittel, Alkohol, Koffein, Schokolade, Gewürze und Naschereien.

Der Unterschied zwischen Fasten und Festen gibt dem Leben Farbe, wie auch die Wechsel im Stundengebet dem liturgischen Jahr Farbe geben. Fasten und Feste sind immer aufeinander bezogen. Sie geben dem täglichen Leben eine ausgewogene Grundstruktur. Wer immer im Überfluss lebt und sich nicht einübt, auf etwas zu verzichten, wird die Freude von Festen nicht mehr schmecken können.

8. Omni tempore sorores ieiunent.	8. Zu jeder Zeit sollen die Schwestern fasten.
9. In Nativitate vero Domini quocumque die venerit, bis refici possint.	9. An Weihnachten aber, auf welchen Tag es auch fallen mag, sollen sie sich zweimal sättigen können.
10. Cum adolescentulis debilibus et servientibus extra monasterium, sicut videbitur abbatissae misericorditer dispensetur.	10. Heranwachsenden, Schwächlichen und jenen, die außerhalb des Klosters dienen, soll nach Ermessen der Äbtissin barmherzig zugeteilt werden.

99 Gerard Pieter FREEMAN, *Klarissenfasten im 13. Jahrhundert*, in: *Archivum Franciscanum Historicum* 87 (1994), 217-285.
100 Vgl. Canon 1249-1253 in CIC.

11. Tempore vero manifestae necessitatis non teneantur sorores ieiunio corporali.	11. Jedoch zur Zeit offensichtlicher Not seien die Schwestern zu leiblichem Fasten nicht verpflichtet.

6.2.1 Klaras Fastenpraxis

Zu Klaras Zeit waren die Fasten- und Abstinenzbestimmungen deutlich umschrieben. Es gab Anweisungen über die Speisenarten, die gebraucht werden durften oder verboten waren. Im dritten Brief an Agnes von Prag schreibt Klara über die Speisen der vierzigtägigen Fastenzeit. Offensichtlich waren diese bekannt, denn sie schreibt nicht dazu, welche das sind (3 Agn 32). Das ganze Jahr hindurch gab es, außer an allen Freitagen, Fast- und Abstinenztage. Ferner wurde gefastet an den Quatembertagen und an den Vigiltagen vor großen Festtagen.[101] Klara koppelt das Nicht-fasten teilweise an Feste, die Franziskus angewiesen hat, sie auf besondere Weise zu feiern, wobei das Weihnachtsfest herausragt (vgl. 3 Agn 30 und 36). Zu Klaras Zeit hatte das Geheimnis des Mensch gewordenen Gottessohnes einen starken Akzent im Glaubensleben.

Klara hat eine viel strengere Weise des Fastens als die damaligen allgemeinen kirchlichen Fasten durchgeführt und selbst strenger als die, welche in den meisten Klöstern üblich war. ‚Zu jeder Zeit‘ (omni tempore) steht da. Im dritten Brief beschreibt sie die Praxis von Festen und Fasten von San Damiano. Diese scheint weniger streng als das, was darüber in der Lebensform steht (3 Agn 30-37). In der Lebensform

---

101 Quatembertage (‚ieiunia quattor temporum‘ – viermal (ursprünglich dreimal pro Jahr) Tage des Gebetes, Fasten und Almosengeben in den vier Jahreszeiten des Kirchenjahres: in der dritten Woche des Advent, in der Vorfastenzeit, die Woche vor Pfingsten und die dritte Woche im September am Mittwoch, Freitag und Samstag. Es ist ein sehr alter Brauch und jüdischen (oder römischen) Ursprung. Bei Papst Leo dem Großen kann man in seinen Predigten Motive für diese Fasttage finden: als Dankfeste für die Ernte, was später nur für die im September galt. Seit dem siebten Jahrhundert breitete sich der Brauch bis in die westeuropäischen Länder aus. Vgl. Lexikon für Theologie und Kirche, Freiburg i.Br. 1936, Spalte 580-581. Das Jahreszeitenfasten ist heutzutage praktisch bei den Christen verschwunden, taucht aber in allerlei religiösen Bewegungen wieder auf.

bleibt jedoch vieles offen. Die Bestimmungen sind sehr knapp. Das lädt dazu ein, in unserer Zeit zu schauen, wie wir das Fasten als Übung in die Praxis umsetzen können.

Fasten war und ist eine Form, an der Armut – besser gesagt am Mangel – der Armen teilzuhaben in der Nachfolge auch des armen Christus und vor allem leiblich die Einheit mit dem leidenden Christus zu erleben.[102] Letzteres galt vor allem für Frauen. Klara selbst schreibt überhaupt nichts über die Motive der strengen Fastenvorschriften. Streng fasten passte offensichtlich zur Form der Armut. Aber es bleibt eine Frage, wie das Fasten in der Praxis genau aussah: nur Wasser und Brot (Monophagie) und rohes Gemüse wie die Wüstenmönche? An anderen Tagen angefüllt mit gekochtem Gemüse, Obst und wenig oder kein Öl oder Fett? Es gab längst nicht immer genug Nahrung. Die Geschichte über das Wunder mit dem Öl sagt genug (ProKl 1,15). Selbst für die Kranken gab es nicht immer, was nötig war. Freeman hat festgestellt, dass die Fastenvorschriften Klaras zu den strengsten dieser Zeit gehörten.[103] Gewöhnlich wurde einmal am Tag eine Mahlzeit aufgetischt. Damit stellten die Schwestern sich gleich mit den armen Menschen.

6.2.2 Fasten und Beten

Die leibliche Übung des Fastens schließt an die geistliche Übung des Betens an. Es geht dabei um die Frage: durch wen oder was lässt du dich füllen? Beten reinigt den Geist und das Herz, Fasten reinigt den Leib, um empfänglich zu werden für das Kommen Gottes. Fasten ist ausgerichtet auf Maß halten, nicht zu viel essen und auch nicht zu wenig. Sowohl durch zu viel wie zu wenig essen wird das Gleichgewicht im Körper gestört. Fasten bedeutet auch, auf dem Ego schmeichelnde asketische Kraftakte von subtiler Selbstaggression zu verzichten. Etwas,

---

102 Wieweit diese Praxis ging, zeigt sich aus dem Leben der Agnes von Prag. Vgl. Johannes Schneider (Hg.), *Candor Lucis Eterne – Glanz des ewigen Lichtes*, 39-40.

103 Gerard Pieter Freeman, *Clarissen in de dertiende eeuw*, 65-83; ders., *Klarissenfasten im 13. Jahrhundert.*

was Klara selbst lange nicht immer gelungen ist.[104] Sie hat auch durch Erfahrung lernen müssen, wie es aus ihren Ratschlägen im dritten Brief an Agnes deutlich wird. Sie drängt Agnes, ihr Fasten nicht zu rigoros durchzuführen. Es geht darum, als lebendiger Mensch den Herrn zu loben und dem Herrn einen geistigen Gottesdienst und Opfer, immer mit Salz zubereitet (vgl. Kol 4,6), zu bringen (vgl. 3 Agn 31-41). Durch das Fasten schafft man Raum, um Gott zu ehren und darin als Mensch zu wachsen. Fasten ist eine Form von leiblicher Selbstentäußerung von Sterben, um vom Lebendigen das echte Leben zu empfangen. Darum wurde in der Osterzeit, am Sonntag und an großen Festtagen nicht gefastet, weil die Kirche dann den auferstandenen Bräutigam in ihrer Mitte hat. Die Freunde des Bräutigams können ja nicht fasten, wenn der Bräutigam bei ihnen ist (vgl. Mt 9,15).

6.2.3 Nicht fasten

Die Ausnahmen, die Klara in ihrer Lebensform angibt, hat sie teils übernommen aus den Lebensformen von Hugolin (n. 7) und von Innozenz IV. (n. 4). Häufig wird gesagt, dass sie von Klara selbst stammen, aber sie kommen ursprünglich aus der Regel Benedikts (Kapitel 49, 1; 37,1-2). Alle Klosterregeln sehen Ausnahmen bei Fastenvorschriften vor. Nicht fasten bedeutet zweimal pro Tag eine volle Mahlzeit. Junge Menschen in ihrer Wachstumsperiode, Kranke und Schwestern, die zusätzlich belastet wurden, waren von Fastenübungen freigestellt. 'Barmherzig zugeteilt werden' steht da. Das ist nicht herab beugend gemeint, sondern eher als ein Ausdruck von Respekt vor der Gebrechlichkeit des Körpers, der nicht so dauerhaft ist wie Erz und stark wie Stein (vgl. 3 Agn 38). Übrigens, Verringerung des Essens darf den Körper nicht weiter schwächen oder seinen Widerstand vermindern. Fasten ist gerichtet auf gesund leben, auf Achtung vor dem Leben, ja, auf den Lebendigen selbst. Es bleibt eine leibliche Übung, wo Ausnahmen

---

104 Vgl. ProKl 1,8; 2,8; 4,5; LebKl 18;31.

dazu gehören, um den Verzicht auf Nahrung nicht in einen asketischen Kraftakt entarten zu lassen und die Erdhaftigkeit des gebrechlichen Leibes zu leugnen.

Im Falle offensichtlicher Not braucht man sich nicht an die Fastenregeln zu halten. Not kennt kein Gebot: dann kann jeder essen, was vorhanden ist, Fastenspeise oder nicht. Hier taucht wieder das Wort ‚necessitas' auf. In der Lebensform steht es jedes Mal wie ein Verkehrsschild, an das man sich zu halten hat: schau gut hin, woraus du gerade handelst. Wenn die lebensnotwendigen Mittel fehlen, muss für jeden, gesund oder krank, soweit wie möglich vorgesorgt werden und müssen alle Fastenvorschriften weichen.[105] ‚Necessitas' bezieht sich auf die Grundbedürfnisse, um leben zu können: essen, trinken, Kleidung, Schutz. Wir müssen das berücksichtigen, andernfalls sterben wir. Wer seinem Leib das Notwendige vorenthält, wird krank. Und bei Krankheit braucht jemand Extrasorge, die in diesem Fall hätte verhindert werden können.[106]

6.3 Das sakramentale Leben

Das sakramentale Leben bezieht sich hier hauptsächlich auf den Empfang des Sakramentes der Vergebung und Versöhnung, der Beichte, und auf den Empfang der heiligen Kommunion während der Feier der Eucharistie. Die Begegnung mit dem lebendigen Herrn unterstützt und fördert den Umformungsprozess des Gläubigen in Christus.

Klara wählt die klassische Reihenfolge: zuerst die Beichte. Gemeint ist hier die sakramentale Beichte mit der Absolution, die um 1200 mehr und mehr praktiziert wurde. Seit dem IV. Laterankonzil von 1215 war die

---

105 Als die Schwestern nur noch ein halbes Brot im Haus hatten, geschah das Brotwunder. Vgl. ProKl 6,16; LebKl 15.

106 Necessitas ist auch die Basis für soziale Gerechtigkeit. Wer die eigene Not kennt, erkennt auch die eines anderen (vgl. BR 6,8-9; KlReg VIII,14-16). Was jemand zu viel hat, gehört demjenigen, dem das Nötige fehlt. Siehe: Theo ZWEERMAN / Edith VAN DEN GOORBERGH, *Franz von Assisi – gelebtes Evangelium. Die Spiritualität des Heiligen für heute*. Übersetzt von Ancilla RÖTTGER. Kevelaer 2009, 121-123.

Laienbeichte, die früher noch gebräuchlich war, nicht mehr erlaubt.[107] Von jedem Gläubigen wurde verlangt, mindestens einmal im Jahr bei einem Priester zu beichten und in der Osterzeit zu kommunizieren. Auch die Teilnahme an der Kommunion durch Nicht-Priester während der Eucharistiefeier war völlig außer Gebrauch gekommen. Während des Konzils hatte es eine Rückbesinnung gegeben auf die Eucharistie als Kerngeschehen der christlichen Glaubensgemeinschaft.

12. Duodecim vicibus ad minus de abbatissae licentia confiteantur in anno.	12. Wenigstens zwölfmal im Jahr sollen sie mit Erlaubnis der Äbtissin beichten.
13. Et cavere debent ne alia verba tunc inserant, nisi quae ad confessionem et salutem pertinent animarum.	13. Und sie müssen sich hüten, dabei andere Worte einzufügen, außer solche, die sich auf Beichte und Seelenheil beziehen.
14. Septem vicibus communicent, videlicet: in Nativitate Domini, in quinta feria maioris hebdomadae, in Resurrectione Domini, in Pentecoste, in Assumptione beatae Virginis, in festo sancti Francisci, et in festo omnium sanctorum.	14. Siebenmal sollen sie kommunizieren, nämlich an Weihnachten, am Gründonnerstag, an Ostern, an Pfingsten, an Mariä Aufnahme in den Himmel, am Fest des heiligen Franziskus und am Fest Allerheiligen.
15. Pro communicandis sanis sororibus vel infirmis capellano intus liceat celebrare.	15. Um den gesunden oder kranken Schwestern die Kommunion zu spenden, sei dem Kaplan erlaubt, innen zu zelebrieren.

6.3.1   Beichten und kommunizieren

Klara verlangt, mindestens zwölfmal im Jahr zu beichten. Dies stand schon in der Lebensform von Hugolin und in der von Innozenz IV. Die Erlaubnis der Äbtissin hat zu tun mit den Absprachen rund um

---

107 Die Laienbeichte stammt aus dem Mönchtum. Ein Mönch konnte, wenn kein Priester anwesend war, bei seinem geistlichen Vater (Nicht-Priester) seine Sünden bekennen, um von Gott Vergebung zu bekommen. Die Absolution war einem Priester vorbehalten. Siehe: *Franziskus-Quellen*, 85, vgl. NbR 20; BR 7.

die Abgeschlossenheit.[108] Dass die Beichte nicht beschränkt blieb auf das Sündenbekenntnis, zeigt sich aus der Hinzufügung: ‚die sich auf Beichte und Seelenheil beziehen‘. Die Beichte war auch die Gelegenheit für geistliche Begleitung. Beichten gehört zu den Übungen, die Herz und Geist reinigen von dem, was anhaftet, und um von Gutem zu Besserem zu wachsen, von Kraft zu Kraft, um stark zu werden im heiligen Dienst (vgl. 1 Agn 31-32). Im Heiligsprechungsprozess steht, ‚Klara habe häufig gebeichtet, und mit großer Hingabe und Ehrfurcht auch häufig das Heilige Sakrament des Leibes unseres Herrn Jesus Christus empfangen, so dass immer, wenn sie es empfing, alles an ihr Ehrfurcht war.‘[109]

An sieben Tagen sollen die Schwestern zur Kommunion gehen: am Fest der Geburt des Herrn, Gründonnerstag, Ostern, Pfingsten, Mariä Aufnahme in den Himmel, am Fest des heiligen Franziskus und an Allerheiligen.[110] An den genannten Festtagen durfte der Kaplan in den abgesonderten Raum des Klosters kommen, um die Kommunion zu reichen. Siebenmal im Jahr zur Kommunion zu gehen scheint für uns sehr wenig, doch auf dem Hintergrund des sakramentalen Lebens jener Zeit war es viel. Nach dem IV. Laterankonzil ging der durchschnittliche Gläubige dreimal im Jahr zur Kommunion. Erst seit dem Beginn des zwanzigsten Jahrhunderts ist durch Zutun von Papst Pius X. die tägliche Kommunion für die Gläubigen aufgekommen. Er ist auch der Papst der Kinderkommunion (seit 1910 war das ungefähr mit sieben Jahren, früher war es mit zwölf Jahren).

---

108 Vgl. 5,5 und 17; 12,10.
109 ProKl 2,11; vgl. ProKl 3,7.
110 Das Fest des Franziskus ist schon 1230 in den liturgischen Kalender des Ordens aufgenommen. Vgl. Fulvio RAMPAZZO, *Fundamental Elements of Franciscan Liturgy*, 286–287.

6.3.2 Klaras Ehrfurcht beim Kommunizieren

Klara empfing die heilige Kommunion immer mit großer Ehrfurcht. Im ersten Brief an Agnes lässt Klara selbst etwas durchschimmern von der umformenden Kraft dieses Sakramentes. Sie bezieht da die Menschwerdung des Sohnes Gottes auf seine Hingabe im Brot der Eucharistie: ‚Wenn also ein so großer und so edler Herr in den jungfräulichen Schoß kam und verachtet, bedürftig und arm in der Welt erscheinen wollte, damit die Menschen, die ganz und gar arm und bedürftig waren und überaus großen Mangel an himmlischer Speise litten, in ihm reich würden durch den Besitz himmlischer Reiche, so jubelt von Herzen und freuet Euch, erfüllt von höchster Freude und geistlicher Fröhlichkeit' (19-21).

Und in ihrem vierten Brief widmet sie eine strahlende Hymne dem Umformungsprozess in Christus, deren erste Zeile auf die Teilnahme am Gastmahl der Eucharistie verweist: ‚Ja, wahrhaft glücklich die, der es gegeben wird, dieses heilige Gastmahl zu genießen, um mit allen Fasern des Herzens dem anzuhangen ...' (9–14). Die neunte Zeugin, Schwester Francesca, Tochter des Herrn Capitaneo von Col de Mezzo, sagt über Klaras intensives Erleben der Eucharistie: ‚Einmal, als die Schwestern glaubten, dass die selige Mutter dem Tod schon sehr, sehr nahe sei und ihr der Priester die heilige Kommunion des Leibes unseres Herrn Jesus Christus gab, da habe sie, Francesca, über dem Kopf der heiligen Mutter Klara einen strahlend hellen Glanz gesehen, und es schien ihr, als wäre der Leib des Herrn ein kleines und wunderschönes Kind. Und als die heilige Mutter den Leib des Herrn mit großer Hingabe und weinend empfangen hatte, so wie sie es immer tat, sagte sie diese Worte: „Gott hat mir heute eine solch große Wohltat geschenkt, dass der Himmel und die Erde diese Erfahrung nicht zu fassen vermögen"' (ProKl 9,58–61).

Klaras Liebe und Ehrfurcht vor der Eucharistie zeigt sich auch aus der Sorge, mit der sie Korporale stickte und diese an die Kirchen in der Umgebung Assisis austeilen ließ. Ihr Biograph erwähnt: ‚Wie groß die liebende Hingabe der seligen Klara an das Sakrament des Altares war, zeigt deren Auswirkung. In jener schweren Krankheit nämlich, die sie ans Krankenbett fesselte, ließ sie sich aufrichten und durch angebrachte Stützen aufrecht halten. So saß sie und wirkte feinstes Linnen. Daraus fertigte sie über fünfzig Paar Korporalien, schloss sie in seidene oder purpurne Bursen und bestimmte sie für verschiedene Kirchen in Berg und Tal um Assisi. Wenn sie aber den Leib des Herrn zu empfangen sich anschickte, wurde sie zuerst von heißen Tränen überströmt; trat sie dann mit Zittern herzu, so erschauerte sie nicht weniger vor dem im Sakrament Verborgenen als vor dem Himmel und Erde Regierenden.'[111]

---

111 Vgl. LebKl 28; ProKl 1,11; 2,12; 6,14; 9,9; ProKl 2,11;3,7.

7 Aufbau der Gemeinschaft

‚Menschen zusammenhalten mit Papier und Siegel oder mit Zwang, gelingt nicht. Nur das, was alle in einem begeisterten Grundprinzip bindet, hält Menschen zusammen, wie der Halt der Glieder eines Leibes.' (Walt Whitman)

Im Anfang führte Franziskus selbst die Schwestern. Schon bald waren Schwestern hinzugekommen. Das Leben einer größeren Gruppe verlangt nach klaren Strukturen. Nach drei Jahren übertrug Franziskus Klara die Leitung. Mit der Einstellung einer Leiterin bekam die Gemeinschaft eine eigene interne Struktur. Es konnten Absprachen gemacht und Aufgaben verteilt werden. Was kann die Sorge des Franziskus gewesen sein, dass er so stark darauf gedrungen hat, Klara, die ungefähr 21 Jahre alt war, die Leitung der Gemeinschaft anzuvertrauen? Vermutlich spielten die folgenden Gründe mit:

* Franziskus führte ein Wanderleben und war also häufig weit weg. Schon 1212 versuchte er, in den Mittleren Osten zu gehen (1 C 55). 1214 unternahm er eine Reise voller Risiken nach Santiago de Compostela. Das war drei Jahre, nachdem die Schwestern in San Damiano begonnen hatten. Die Gemeinschaft zählte damals mindestens acht Schwestern.[112] Auf Drängen von Franziskus hat Klara damals zugestimmt, die Leitung der Gemeinschaft auf sich zu nehmen. Franziskus hatte Vertrauen zu Klara. Er hat wahrscheinlich ihre Führungskapazitäten erkannt und gesehen, wie sie der evangelischen Lebensweise der Armut auf eigene Weise entschieden Form gab. Ob sie selbst durch die Schwestern bestimmt worden ist, ist nicht bekannt.[113]
* Ein Wanderleben ist etwas ganz anderes als gemeinsam an einem festen Ort zu wohnen. Franziskus hat es vielleicht für wichtig gehalten, dass die Gemeinschaft von San Damiano so schnell wie

---

112 KlReg 12; KlPro 1,6; Heiligsprechungsbulle 7; Vgl. Niklaus KUSTER / Martina KREIDLER-KOS: *Neue Chronologie zu Clara von Assisi*, 15.
113 Vgl. Niklaus KUSTER / Martina KREIDLER-KOS: *Neue Chronologie zu Clara von Assisi*, 35-36.

möglich selbstständig wurde, so dass die Schwestern aus ihren eigenen Erfahrungen ihrem Leben Form geben konnten. Darum musste jemand da sein, der die Befugnis hatte, vor Ort zu führen, vor allem in einer so schnell wachsenden Gemeinschaft, die noch auf der Suche danach war, wie das Leben mit dem Evangelium abzustimmen sei.

Mit der Einführung der von Hugolin gegebenen Lebensform, die auf die Regel Benedikts gegründet war, hat Klara 1220 den Titel der Äbtissin bekommen. Die Äbtissin bekam damit auch kirchenrechtliche Befugnisse für ihr Kloster, unter anderem Profess anzunehmen. Ob von diesem Moment an auch ein kanonisches Wahlprozedere folgte, erwähnen die Quellen nicht. Wohl, dass Klara gegen den Titel der Äbtissin protestiert hat.[114] Das Prozedere für die Wahl einer Äbtissin in ihrer Lebensform hat sie ungefähr fünfunddreißig Jahre später geschrieben. Der Titel der Äbtissin war damals allgemein anerkannt.

7.1 Wahl der Äbtissin

1. In electione abbatissae teneantur sorores formam canonicam observare.	1. Bei der Wahl der Äbtissin seien die Schwestern verpflichtet, die kanonische Form zu beobachten.
2. Procurent autem ipsae festinanter habere generalem ministrum vel provincialem Ordinis Fratrum Minorum,	2. Sie sollen also unverzüglich dafür sorgen, dass der General- oder Provinzialminister des Ordens der Minderen Brüder anwesend sei.
3. qui verbo Dei eas informet ad omnimodam concordiam et communem utilitatem in electione facienda.	3. Dieser weise sie durch das Wort Gottes zu jeglicher Eintracht und zum gemeinsamen Nutzen bei der durchzuführenden Wahl an.
4. Et nulla eligatur nisi professa.	4. Und es werde keine gewählt außer eine Professe.
5. Et si non professa eligeretur, vel aliter daretur, non ei obediatur, nisi primo profiteatur formam paupertatis nostrae.	5. Wenn aber eine Nicht-Professe gewählt oder auf andere Weise bestellt würde, so gehorche man ihr nicht, wenn sie nicht vorher die Form unserer Armut versprochen hat.

---

114   Ebd., 35.

6. Qua decedente, electio alterius abbatissae fiat.	6. Wenn die Äbtissin aber abtritt, werde eine andere zur Äbtissin gewählt.
7. Et si aliquo tempore appareret universitati sororum praedictam non esse sufficientem ad servitium et communem utilitatem ipsarum, teneantur praedictae sorores iuxta formam praedictam, quam citius possunt, aliam sibi in abbatissam et matrem eligere.	7. Und sollte jemals der Gesamtheit der Schwestern offenbar werden, dass die genannte Äbtissin zum Dienst und gemeinsamen Nutzen der Schwestern unzureichend ist, dann seien die genannten Schwestern verpflichtet, sich nach der vorher erwähnten Form, so schnell sie können, eine andere zur Äbtissin und Mutter zu wählen.

7.1.1 Die kanonische Form

Das Wahlverfahren für einen Abt oder eine Äbtissin hatte während des IV. Laterankonzils (1215) seine endgültige Form erhalten. Für so ein eingreifendes Geschehen wie die Wahl einer Äbtissin ist eine feste Form, in der jeder weiß, was er oder sie zu tun hat, notwendig, um alles geordnet und schicklich verlaufen zu lassen. Eine der Bestimmungen des Konzils war, dass die autonomen Gemeinschaften das Recht hatten, ihren Leiter zu wählen ohne Einmischung von außen.[115]

7.1.2 Profil der Äbtissin

Es war bei der Wahl mit Blick auf das Wohl der Gemeinschaft wichtig, das passende Profil einer Äbtissin vor Augen zu haben. Nicht die persönliche Vorliebe derjenigen, die man wählt, ist ausschlaggebend, sondern die Eignung der zu wählenden Schwester für das Amt. Dass ein derartiges Eignungsprofil im Umlauf war, zeigt sich weiter hinten bei den Aufgaben der Äbtissin (IV,10-13) und aus dem *Memoriale der Taten und Worte unseres heiligen Vaters Franziskus*. Darauf vorgreifend folgt hier ein Vergleich:

---

115 Vgl. InnReg 12: ‚Electio tamen abbatissae libere pertineat ad conventum.'

Lebensform Klaras 4,9-13	Memoriale: 2 Celano 185
Auch bemühe sie sich, mehr durch Tugenden und heiligen Lebenswandel als durch das Amt den anderen vorzustehen, auf dass die Schwestern, durch ihr Beispiel angeregt, ihr mehr aus Liebe als aus Furcht gehorchen.	Er muss ein Mann sein von möglichst ernstem Lebenswandel, großer Klugheit (discretionis), löblichem Rufe.
Von persönlichen Freundschaften halte sie sich frei, damit sie nicht, während sie einen Teil mehr liebt, dem Ganzen Ärgernis bereitet.	Ein Mann, der sich von persönlichen Freundschaften frei hält, damit er nicht, während er einem Teil größere Liebe zeigt, der Gemeinschaft Ärgernis gibt.
Die Niedergeschlagenen tröste sie. Sie sei auch die letzte Zuflucht für die Bedrängten, damit nicht, wenn bei ihr die Heilmittel zur Gesundung fehlten, die Krankheit der Verzweiflung in den Schwachen die Oberhand gewinne.	Ein Mann, der die Betrübten tröstet, da er die letzte Zuflucht für die Bedrängten ist; denn, wenn bei ihm die Heilmittel zur Gesundung fehlen, würde das Übel der Mutlosigkeit bei den Kranken die Oberhand gewinnen.
In allem bewahre sie die Gemeinschaft, vornehmlich aber in Kirche, Dormitorium, Refektorium, Infirmerie und in der Kleidung.	Ein Mann, der als Haupt eines armen Ordens den Übrigen ein Vorbild wird zur Nachahmung und der niemals Geldbeutel gebraucht. Für seine Person müssen ihm ein Habit und ein Büchlein genügen, für die Brüder aber eine Federschachtel und ein Siegel.

Wenn eine Äbtissin gewählt werden muss, sollen die Schwestern dafür sorgen, dass die kanonische Form beachtet wird. Da steht: Schwestern (sorores), Mehrzahl. Alle Schwestern sind verantwortlich für wichtige Ereignisse in der Gemeinschaft. Die kirchenrechtliche Vorgehensweise beziehungsweise die kanonische Form verlief und verläuft noch heute wie folgt:

- Vorweg findet ein Visitationsbesuch des Visitators des Ordens der Minderbrüder statt, der durch den Kardinalprotektor eingesetzt ist (vgl. XII,1). Er muss alle Professschwestern persönlich fragen, welcher Schwester sie den Vorzug geben, um sie als Äbtissin vorzuschlagen. Er darf dabei selbst keinen Einfluss geltend machen. Jede Schwester muss ihre Motive kenntlich machen. Es geht um die Qualitäten der zukünftigen Äbtissin, die geeignet sein muss, ihr Amt zum Wohl der Gemeinschaft auszuüben. Persönliche Vorzüge oder Sympathien dürfen nicht mitspielen. Eine Kandidatin, die als Äbtissin vorgeschlagen wird, wird nicht selbstverständlich das Amt annehmen. Wenn jemand das Amt annimmt, bedeutet dies auch, dass sie dessen Last tragen können muss. Aus diesen Gründen muss die Kandidatin die Chance bekommen, sich selbst zuvor zu prüfen, ob sie dazu in der Lage ist. Erst dann darf sie bei der Wahl das Amt annehmen. Die Gemeinschaft darf darum nie jemanden unangekündigt als Äbtissin wählen. Die in Frage kommende Person muss zuvor darüber haben nachdenken können. Die Liste der zu wählenden Kandidatinnen muss dem Wahlkapitel bekannt sein.

- Die Schwestern müssen dafür sorgen, dass der ‚General- oder Provinzialminister des Ordens der Minderen Brüder anwesend sei‘ (habere). Dies ist eine Grundvoraussetzung, die ihren Grund darin hat, dass die Schwestern den Nachfolgern des Franziskus Gehorsam gelobt haben (vgl. I,4). Der Generalminister hat die geistliche Jurisdiktion über die Gemeinschaft.[116] Die Schwestern gehören zu demselben Orden, so hat Klara es immer gesehen und gelebt. Der Generalminister, oder wenn er verhindert ist, der Provinzialminister des Ordens der Minderbrüder hat bei dem Wahlkapitel den Vorsitz. Er soll darauf achten, dass alles ordentlich verläuft. Er soll sie im Wort Gottes unterweisen oder ‚formen‘. Das Wort Gottes ist bei wichtigen Ereignissen die erste Orientierung und das höchste Kriterium. Eine Äbtissin wählen ist ja eine Übung im Lauschen auf die Eingebung des Heiligen Geistes. Im Licht des Wortes soll der Minister die Schwestern darauf hinweisen, dass sie ihre Wahl in der Einheit des Herzens (concordiam) ausüben, denn es geht hier um ein entscheidendes Geschehen im Gemeinschaftsleben. Parteilichkeit ist vom Bösen.
- Die Abstimmung ist geheim. Jede Anwesende ist zur Geheimhaltung verpflichtet. Eins im Herzen muss nicht heißen, dass es eine absolute Einstimmigkeit sein muss. Wohl dass alle Schwestern den

---

116 In der Regel Urbans, nr. 22, wird die Wahl der Äbtissin durch die Gemeinschaft vom Kardinalprotektor bestätigt, der vom Hl. Stuhl auch für den Orden der Minderbrüder eingesetzt ist. Der Generalminister des Ordens hat in dieser Regel keine Aufgabe bei der Wahl. Ebenso in den Gemeinschaften, deren Ordinarius der Diözesanbischof ist.

Ausgang der Wahl – wie schwierig dies für eine einzelne Schwester auch sein kann – annehmen. Das Kriterium des gemeinschaftlichen Wohls ist, dass jede Schwester persönlich und alle zusammen den evangelischen Ruf und die eigene spezifische (unsere) Form der Armut leben können.

- Für das Amt der Äbtissin darf nur eine Professschwester gewählt werden, denn sie trägt die letzte Verantwortung für die Lebensweise. Aus eigener Erfahrung soll sie wissen, worauf es ankommt. Dies ist nur dann gesichert, wenn sie selbst die ‚Form unserer Armut' gewählt und darauf Profess abgelegt hat. Klara erwähnt in diesem Kontext, wie früher in Kapitel II,14, die Form unserer Armut. Das bedeutet den gemeinschaftlichen Verzicht auf feste Einkünfte. Es könnten sich Situationen ergeben (zum Beispiel bei neuen Gründungen), bei denen man einer Äbtissin, die keine Profess auf diese besondere Form des gemeinschaftlichen Armutslebens abgelegt hat, den Vorzug gibt. Das könnte die Reinheit der Lebensweise trüben.

- Wenn eine Schwester zur Äbtissin gewählt ist, ‚nimmt sie die Bürde auf sich' (siehe IV,8). Das ist aktiv ausgedrückt, wie das auch bei ‚freiwillig Gehorsam versprechen' der Fall ist. Wenn sie gewählt ist (passiv), muss sie sich bezüglich der Sorge für die, die ihr anvertraut sind, vor Gott verantworten, vor den kirchlichen Amtsträgern und vor dem Generalminister des Ordens der Minderbrüder. Es geht dann um die Verantwortung für die Lebensweise der Gemeinschaft, so dass jede Schwester ihre Berufung leben kann.[117] In der Annahme des Amtes liegt also ein passives und ein aktives Moment. Der Ausgang der Wahl bringt den Willen der Gemeinschaft ans Licht. Die Gewählte muss ihren Willen in den Willen der Gemeinschaft legen. Und sie tut das, indem sie aktiv das Amt ‚auf sich nimmt'. Auch die Schwestern erklären öffentlich, dass sie die neue Äbtissin in ihrem Amt annehmen und stärken wollen. Die Äbtissin wird nicht einfach nur ernannt, sondern *gesegnet*.[118]

---

117   In IV,8 steht das Wort ‚reddere', das Klara sonst für Berufung reserviert, vgl. 2 Agn 14; KlTest 18.

118   In Klaras Zeit folgte nach der Wahl ‚die Segnung der Äbtissin' durch den Bischof,

Das bedeutet, dass ihr von Gott her das Gute zugesagt wird, von woher sie gestärkt wird zum Dienst. Dieser Segen wird erteilt mit dem Gebet des Vorsitzenden – in Klaras Zeit war das der Bischof (IX,9) – und aller Schwestern.

Im Prinzip wurde im dreizehnten Jahrhundert die Äbtissin auf Lebenszeit eingesetzt, doch das Prinzip war wohl dem allgemeinen Wohl untergeordnet. Eine Äbtissin kann aus berechtigten Gründen zurücktreten. Dann muss eine andere gewählt werden. Ihre Amtszeit kann ebenfalls beendet werden, wenn die Schwestern gemeinsam sehen (auch hier wieder das *gemeinsam*), dass sie nicht geeignet ist, ‚dem gemeinsamen Nutzen zu dienen'. Dann müssen die Schwestern nach der kanonischen Form eine andere Schwester wählen, die sich für das Amt des Dienstes an der Gemeinschaft eignet. Jemanden wählen und unter Kontrolle halten stimmt mit den neuen Amtsstrukturen der städtischen Organisationen überein. Eine Person wurde nicht mehr gewählt aufgrund von Abstammung oder früherer gesellschaftlicher Position, sondern mit dem Blick auf das gemeinschaftliche Wohl.

Gegenwärtig gibt es eine Amtsperiode von drei Jahren mit einer möglichen Verlängerung. Nach zweimal drei Jahren muss bei gewünschter Verlängerung die kirchenrechtliche Zustimmung gegeben werden.

7.1.3 Wählen: eine geistliche Übung

Dass es in einer Gemeinschaft eine Äbtissin oder Leiterin gibt, gehört zu den Grundvoraussetzungen. Es muss in einer Gemeinschaft klar sein, wer die Leitung hat. Auch die Menschen außerhalb des Klosters müssen wissen, an wen sie sich wenden können.

Das Wahlverfahren als solches kennt Momente der Umformung. Es ist nicht nur eine juridische Angelegenheit, sondern auch eine geistliche Übung sowohl für jede stimmberechtigte Schwester und die Gemein-

---

vgl. XI,9. Gegenwärtig gibt es ein Gebet um Segen für ihr Amt direkt nach der Wahl durch den Vorsitzenden und alle anwesenden Schwestern.

schaft, wie für die Schwester, die als Kandidatin für die Äbtissin nach vorn geschoben wird. Es ist zuallererst eine Übung, dem Wort Gottes Gehör zu schenken und von daher der Stimme der Gemeinschaft, die zur evangelischen Lebensweise der Armut gerufen ist. Jede Schwester muss für sich selbst unterscheiden, welche Motive beim Nennen einer Kandidatin mitspielen. Man soll persönliche Vorzüge aufgrund von zum Beispiel Sympathie, Eigeninteresse wie Angst vor oder Verlangen nach Veränderung, nicht beachten. Jemanden vorschlagen ist eine Übung, eigene Belange aufzugeben und das gemeinschaftliche Wohl voranzustellen (IV,3.7). Vor allem muss die Äbtissin-Kandidatin bei sich selbst erforschen, ob sie den Dienst auf sich nehmen kann. Indem man den eigenen Willen und die Wünsche aufgibt, übersteigt man das ‚Ego'. Dieser Akt einer jeden persönlich hat nicht nur eine umformende Wirkung in jeder Schwester, sondern transformiert auch alle zusammen zu einer Gemeinschaft, die ein Herz (concordiam) und eine Seele ist wie die ersten Christengemeinschaften (vgl. Apg 4,32–35). Diese Einheit (unitas) ist wesentlich für die Lebensweise.[119]

Diese Art und Weise, in der die Gemeinschaft die Phasen des Wahlverfahrens durchläuft, sagt viel über die Gemeinschaft aus. Hat sie den Mut, alte Strukturen loszulassen und einen frischen Wind wehen zu lassen? Wagt sie die Veränderungen, die nach einer Wahl nötig sind, oder ist es nur eine Veränderung von Aufgaben? In unserer Zeit, da Gemeinschaften in der Zahl schrumpfen, ist die Frage aktuell, ob die Gemeinschaft noch in der Lage ist, die Lebensweise der Armut zu leben. Kann da noch jemand gewählt werden, die über die Fähigkeiten verfügt, wie diese im Profil skizziert sind? Wenn die Schwestern sehen, dass die Äbtissin nicht mehr geeignet ist für ihr Amt, darf sie nicht wiedergewählt werden (vgl. IV,7). Dann müssen die Schwestern den Einschränkungen der Gemeinschaft ins Auge sehen und Schritte unternehmen, um aus der Sackgasse herauszukommen um der Qualität der Lebensweise der Armut willen.

---

119 Vgl. die Bulle von Papst Innozenz IV. zur Lebensform für den Orden der armen Schwestern.

7.2 Dienst der Äbtissin

8. Electa vero cogitet quale onus in se suscepit et cui redditura est rationem de grege sibi commisso.

8. Die Gewählte bedenke aber, welche Bürde sie auf sich genommen hat und wem sie über die ihr anvertraute Herde Rechenschaft ablegen müssen wird.

9. Studeat etiam magis aliis praeesse virtutibus et sanctis moribus quam officio, ut eius exemplo provocatae sorores potius ex amore ei obediant quam timore.

9. Auch bemühe sie sich, mehr durch Tugenden und heiligen Lebenswandel als durch das Amt den anderen vorzustehen, auf dass die Schwestern, durch ihr Beispiel angeregt, ihr mehr aus Liebe als aus Furcht gehorchen.

10. Privatis amoribus careat, ne dum in parte plus diligit, in totum scandalum generet.

10. Von persönlichen Freundschaften halte sie sich frei, damit sie nicht, während sie einen Teil mehr liebt, dem Ganzen Ärgernis bereitet.

11. Consoletur afflictas.

11. Die Niedergeschlagenen tröste sie.

12. Sit etiam ultimum refugium tribulatis, ne, si apud eam remedia defuerint sanitatum, desperationis morbus praevaleat in infirmis.

12. Sie sei auch die letzte Zuflucht für die Bedrängten, damit nicht, wenn bei ihr die Heilmittel zur Gesundung fehlten, die Krankheit der Verzweiflung in den Schwachen die Oberhand gewinne.

13. Communitatem servet in omnibus, praecipue autem in ecclesia, dormitorio, refectorio, infirmaria et vestimentis:

13. In allem bewahre sie die Gemeinschaft, vornehmlich aber in Kirche, Dormitorium, Refektorium, Infirmerie und in der Kleidung.

14. quod etiam simili modo servare eius vicaria teneatur.

14. Dies in ähnlicher Weise zu beobachten sei auch ihre Vikarin verpflichtet.

In diesem Teil ist das Profil einer Äbtissin skizziert. Später, in Kapitel X, wo es um den Gehorsam geht, steht beschrieben, wie die Äbtissin mit ihren Schwestern umgeht.

Der allererste Dienst der ‚Gewählten' – Klara vermeidet hier den Titel Äbtissin – ist, ein Vorbild für ihre Schwestern zu sein. Sich auf Tugenden und einen heiligen Lebenswandel zu konzentrieren, steht an erster Stelle. Wohlgemerkt: sich konzentrieren ist ein Verb, es bezeichnet eine Übung. Es braucht nicht immer zu gelingen. Auch eine Äbtissin darf Fehler machen. Entscheidend für die Absicht ist, wie sie mit ihrem Misslingen umgeht. In der Großmut, mit der sie unter anderem mit Enttäuschungen, Konfrontationen und Misslingen umgeht, und in der Weise, in der sie als Schwester in der Gemeinschaft anwesend ist, werden die ‚Tugenden und der heilige Lebenswandel' sichtbar. Ihr Vorbild kann die Schwestern anstecken, es zu tun. Hier kommt Klaras Spiritualität voll ans Licht: die Schwestern sind füreinander ‚Beispiel und Spiegel' (vgl. KlTest 19). In dieser gegenseitigen Spiegelung ermutigen sie einander und sind für andere ansteckend. Das Vorbild der ‚Gewählten' wird bei den Schwestern die Liebe anfachen, so dass sie ihr ‚mehr aus Liebe als aus Furcht' Gehör schenken. Die Ausstrahlung ihres Vorbildes schafft das Vertrauen, dass sie mit jeder von ihnen das Beste im Sinn hat. Schwester Amata sagt über Klara: ‚Klara liebte ihre Schwestern genauso wie sich selbst, und diese Schwestern brachten ihr zu Lebzeiten und nach ihrem Tod Hochachtung entgegen als einer heiligen Frau und als Mutter des ganzen Ordens. Und Amata sagte auch, in Klaras Heiligkeit und in ihrem ganzen Gutsein seien mehr gute Eigenschaften und mehr ihrer Tugendkräfte gewesen, als sie, Amata, überhaupt wisse oder auszusprechen im Stande sei' (ProKl 4,58-59).

7.2.1 Äbtissin und Mutter

Diese Spiegelfunktion der ‚Äbtissin und Mutter' hängt zusammen mit der pastoralen oder seelsorglichen Sorge für die ‚ihr anvertraute Herde'. In Vers 7 gebraucht Klara das Bild der Mutter. Mutter ist hier kein Titel, sondern eine Metapher.[120] Wir sahen schon, dass Klara sich selbst Schwester nennt (I,5). Klara gebraucht die Metapher von Mutter und Mutterschaft auch an anderen Stellen in ihren Schriften. Sie schreibt über: tragen im Schoß (3 Agn 24–25); lieben und nähren wie das Kind (VIII,16). Und hier darüber, einen Rat zu geben und zu trösten (IV,11); und eine heilende Hilfe und eine letzte Zuflucht zu sein (IV,12). Der

---

120 Metaphern sind Bilder aus unserer Lebenswelt, die eine bestimmte Situation verständlicher machen, indem sie etwas gleichnishaft darstellen. Siehe bzgl. der ‚seelsorglichen Sorge' des Abtes oder der Äbtissin: Gerard MATHIJSEN, *De abt is wezenlijk herder*, in: *Herademing, Tijdschrift voor spiritualiteit en mystiek* 16 (2008), 32–36.

Hinweis auf eine Mutter sagt also etwas über die Art und Weise, wie die Äbtissin ihren Dienst verrichtet. Vorausgehen in ‚Tugenden und heiligem Lebenswandel' beinhaltet: Leben weitergeben, es tragen, behüten und nähren. Die genannten Aspekte der Mutterschaft stimmen überein mit dem, was im Mittelalter als wesentlich für die Rolle der Mutter gesehen wurde. Verschiedene dieser Qualitäten wurden auch geistlichen Leitern zuerkannt.[121] Bei den Zisterziensern etwa kam im zwölften Jahrhundert das Thema der Mutterschaft häufig zur Sprache. Von Anselm von Canterbury kannten sie die Typisierung von Jesus und dem Apostel Paulus als Mutter (Gal 4,19)[122] und übertrugen diese Charakterisierung auch auf den Abt in seiner Bezogenheit auf die Gemeinschaft. Die sachlichen und verwaltungsmäßigen Aspekte seiner Aufgabe als Abt wurden mit einem Bezug zu mütterlichen Eigenschaften angefüllt.

Die mütterliche Sorge bekommt Form in Herzlichkeit, Zuneigung und Aufmerksamkeit. Persönliche Sympathie darf keine Rolle spielen. Die Sorge für das Wohl einer jeden Schwester persönlich steht an erster Stelle. Dadurch wird auch dem gemeinschaftlichen Interesse gedient. Bevorzugung oder Ablehnung darf sie nie zeigen. Wenn sie eine Schwester vorzieht, verursacht sie Parteilichkeit und das schadet dem Gemeinschaftsleben. Darum soll sie mit Umsicht und Unterscheidung (discreta) mit ihren Schwestern umgehen (KlTest 61–63).

Die Äbtissin muss gut schauen und wahrnehmen können.[123] Sie muss auch heilende Hilfe anbieten können. Von einer Äbtissin wurde erwartet,

---

121 Vgl. ‚nähren mit einem Wort' 2 C 49; C. WALKER BYNUM, *Jesus as Mother. Studies in the Spirituality of the High Middle Ages.* Berkeley 1982, 110–169; DIES., *Holy Feast and Holy Fast. A Study of the Religious Significance of Food to Medieval Women.* Berkeley 1986, 30; 73–122; Dom Bernardo OLIVERA, O.C.S.O., *Lumière sur mes pas, l'accompagnement spirituel, Abbaye d'Oka* [Englischer Titel: *Light For My Path: Spiritual Accompaniment* (Monastic Wisdom Series). 2009].

122 C. WALKER BYNUM, *Jesus as Mother*, 110–169: ‚Jesus as Mother and Abbot as Mother: Some Themes in Twelfth-Century Cistercian Writings'; vgl. Mutterschaft bei Franziskus: Theo ZWEERMAN / Edith VAN DEN GOORBERGH, *Franz von Assisi – gelebtes Evangelium*, 132–140.

123 Vgl. Edith VAN DEN GOORBERGH, *Met open ogen. Enkele gedachten over „kijken" bij Clara van Assisi*, in: *Franciscaans Leven* 73 (1990), 60–73, hier 71–72.

dass sie heilend nahe sein konnte. Schwestern können krank werden, auch psychisch krank. In San Damiano war das an der Tagesordnung, so zeigt es sich aus den Erzählungen der Zeugen des Heiligsprechungsprozesses und aus der Lebensbeschreibung. Vor allem bei psychisch Kranken wird von der Äbtissin viel Geduld und Unterscheidungsvermögen gefordert. Die Äbtissin muss also in der Lage sein, zu trösten und eine letzte Zuflucht sein zu können. Trost weckt neue Kräfte. Die Äbtissin darf darum niemanden seinem Schicksal überlassen, auch wenn es noch so schwer fällt. Wenn eine Schwester sich abgelehnt oder verlassen fühlt, sucht sie möglicherweise andere Wege, die sowohl ihr selbst wie auch der Gemeinschaft schaden können. Klara hatte dies alles in ihrer Gemeinschaft erfahren. Das Zusammenleben mit ungefähr 50 Schwestern in dem kleinen Klösterchen San Damiano war ja jeden Tag neu eine harte Wirklichkeit. Darin hat sie das Zerbrechliche bei sich selbst und bei ihren Mitschwestern kennen gelernt und gelernt, wie eine Mutter damit umzugehen.[124]

7.2.2 ‚In allem bewahre sie die Gemeinschaft'

Klara stellt diejenige, die von den Schwestern gewählt ist, mitten in die Gemeinschaft. Sie wohnt und lebt nicht in einem eigenen Teil des Klosters, sondern sie ist mitten unter ihren Schwestern anwesend. Auf diese Weise ist das Amt von der Mitte her strukturiert. So kann die Äbtissin da sein für alle Schwestern und die Schwestern können sich ihr nähern. Diejenige, der die Leitung anvertraut ist, wird in der Lage sein müssen, die Gemeinschaft zu verbinden. Und das betrifft alles, was das tägliche Leben berührt: beten, essen, schlafen, Kranke pflegen. Weder die Äbtissin noch die Vikarin (die erste Ratsschwester) können Anspruch auf Vorrechte erheben. Alle sind und bleiben arme Schwestern. Das ist kennzeichnend für die Form *unserer* Armut. Die Vikarin soll

---

124 Über die Art und Weise, wie Klara mit ihren Schwestern umging, siehe im Heiligsprechungsprozess: 1,10 und 12; 2,3 und 6; 3,7; 4,3; 6,7; 10,5.

die Äbtissin völlig vertreten können. Sie hat eine unterstützende und assistierende Funktion. Klara war seit 1224 häufig krank. Sie hat die Notwendigkeit eingesehen, an die tägliche Ausführung dieser Aufgabe dieselben Befugnisse und Pflichten zu binden wie an die der Äbtissin.

7.3 Das Beratungsgremium

15. Semel in hebdomada ad minus abbatissa sorores suas teneatur ad capitulum convocare;	15. Die Äbtissin sei verpflichtet, wenigstens einmal in der Woche ihre Schwestern zum Kapitel zusammenzurufen.
16. ubi tam ipsa quam sorores de communibus et publicis offensis et negligentiis humiliter debeant confiteri.	16. Dort müssen sowohl die Äbtissin als auch die Schwestern demütig die gemeinsamen und öffentlichen Vergehen und Nachlässigkeiten bekennen.
17. Et quae tractanda sunt pro utilitate et honestate monasterii, ibidem conferat cum omnibus sororibus suis;	17. Und was zu Nutzen und Ehrenhaftigkeit des Klosters zu beraten ist, soll sie dort mit allen ihren Schwestern besprechen.
18. saepe enim Dominus quod melius est iuniori revelat.	18. Oft nämlich offenbart der Herr das, was besser ist, einer Jüngeren.
19. Nullum debitum grave fiat, nisi de communi consensu sororum et manifesta necessitate; et hoc per procuratorem.	19. Keine schwere Schuldverpflichtung soll eingegangen werden ohne gemeinsame Zustimmung der Schwestern und ohne offenkundige Notwendigkeit, und dies nur durch den Prokurator.
20. Caveat autem abbatissa cum sororibus suis, ne aliquod depositum recipiant in monasterio,	20. Die Äbtissin mit ihren Schwestern hüte sich jedoch davor, dass im Kloster irgendein Gut zur Verwahrung angenommen wird.
21. saepe enim de huiusmodi turbationes et scandala oriuntur.	21. Oft nämlich entstehen deswegen Verwirrungen und Ärgernisse.

Mindestens einmal pro Woche muss die Äbtissin die Schwestern zu einem Kapitel zusammenrufen. Da steht ‚mindestens'. Das zeigt die Notwendigkeit an, regelmäßig nachzudenken. Inmitten der Schwestern und mit den Schwestern soll die Äbtissin alles, was das gemeinschaftliche Leben betrifft, bedenken. Auf diese Weise ist das Amt eingebettet in die Gemeinschaft. Es ist deutlich: Klara hat keine Demokratie vor Augen, wobei die Amtsausführung unter Gewählten aufgeteilt wird. Alle Schwestern zusammen tragen die Lebensweise, in der insbesondere die Äbtissin und ihre Ratsschwestern eine dienende und unterstützende Rolle spielen. In einer Gemeinschaft, die sucht und lauscht auf die Zeichen der Zeit und auf das, was die Schwestern persönlich bewegt, ist häufiger Dialog notwendig.

Das Kapitel war und ist eine Grundvoraussetzung, um eine Gemeinschaft gesund zu halten. Es ist ein internes Beratungsgremium, in dem die Gemeinschaft eine Gelegenheit hat, das Leben von jeder persönlich und das der Gemeinschaft immer wieder neu abzustimmen mit dem Evangelium. Im Kapitel besprechen die Schwestern alles, was dafür nötig ist. Jede Schwester bekommt Gelegenheit, sich auszusprechen, wenn sie auf irgendeine Weise durch ihr Verhalten der Lebensweise geschadet hat. Das ist das heilende und versöhnende Moment des Kapitels. Danach gibt es Gespräche über das, was für das Wohl und das Ansehen oder die gute Ausstrahlung der Klostergemeinschaft (honestate monasterii) wichtig ist.[125] Das Kapitel sorgt also für ein Grundbedürfnis, um die Gemeinschaft gut zu halten und in der Orientierung auf das Evangelium Jesu Christi zu bleiben.

7.3.1 Übung im Hinhören

Hinhören zu lernen mit Vertrauen auf die Führung des Heiligen Geistes in einer jeden persönlich, bleibt eine geistliche Übung im Hören aufeinander und in der Unterscheidung: das sehen lernen, worum es bei der Berufung einer jeden und der Gemeinschaft geht. Jede Schwester, selbst die jüngste, nimmt Teil, denn ‚oft offenbart der Herr das, was besser ist, einer Jüngeren'.[126] Hier gebraucht Klara – Benedikt folgend

---

125 Unter ‚Monasterium' kann man hier die ‚Klostergemeinschaft' verstehen und nicht nur das ‚Klostergebäude / -terrain', wie auch im Deutschen mit ‚Kloster' häufig auf die Gemeinschaft hingewiesen wird, die darin lebt.

126 Jüngere Forscher der frühen Manuskripte lesen in IV,18 ‚iuniori' (vgl. Regel Benedikts

– das einzige Mal in ihren Schriften das Wort offenbaren (revelare).[127] Es ist, als ob Klara hier das Wirken des Heiligen Geistes betonen will: der Herr selbst gibt der Jüngsten Einsicht darin, was zu tun ist. Das darf man nicht ignorieren, denn zusammen lauschen auf den Geist Gottes, Gehör schenken seinen Eingebungen und sein heiliges Wirken zulassen, hat immer Priorität (vgl. X,9). Der Geist selbst, auf dessen göttliche Eingebung hin sich jede Schwester der Gemeinschaft angeschlossen hat (II,1), hält die *Motivation* in Bewegung beim Suchen nach der Lebensstruktur der gemeinschaftlichen Armut. Diese Übung im Hören reinigt auch die Neigung, überall ein Wörtchen mitreden zu wollen.

7.3.2 Armut lebendig halten

Klara stellt in der Folge dar, welche Fallstricke es für die Form *unserer* Armut geben kann. Das sind unter anderem, große Schulden machen und Güter in Aufbewahrung nehmen. In beiden Fällen steht die Freiheit der Gemeinschaft zur Diskussion und damit die Freiheit, die nötig ist, um die Armut lebendig zu halten. Große Schulden binden ebenso stark wie Besitz. Bei großen Schulden müssen die Schwestern einen Sachverständigen in Anspruch nehmen, einen ‚Prokurator‘, der auch Vertrauensperson ist und die besondere Form der Armut versteht. Ein Prokurator war ein Ratgeber in ökonomischen Angelegenheiten; jemand, der die sachlichen Interessen der Gemeinschaft mit dem nötigen juridischen Sachverstand vertreten konnte. Klara warnt in solchen Fällen davor, nicht selbst zu verhandeln. Mangelnder Sachverstand kann fatale Folgen haben. Jedoch gehört das Schuldenmachen nicht zu den absoluten Unmöglichkeiten: im Fall deutlicher Not, wie es beim Fasten auch geschehen kann, ja, wenn Krankheit oder Tod damit zu tun haben, dürfen die Schwestern das ‚Recht der Armen‘ in Anspruch

---

3,3) und nicht ‚minori‘. Siehe: *Federazione*, Vol. I, 52; ebd., Vol. III, 49 und 94.
127 Vgl. Regel Benedikts, Kapitel 3,3.

nehmen. Jeder Mensch hat das Recht auf elementare Lebensbedürfnisse, um menschenwürdig zu leben.[128]

Die Schwestern dürfen kein Gut zur Aufbewahrung annehmen:
‚depositum' steht da. Unser Wort ‚Depositum' (es bezeichnet bei der
Bank hinterlegtes Geld) kommt daher. Woran müssen wir hier denken? Sicher nicht an umfangreiche bewegliche Güter. Dafür war in San
Damiano kein Platz. Aber wohl an Gold, Silber, Juwelen oder andere
Kostbarkeiten, die Menschen gern an einem heiligen Ort bewahren
wollten und wobei sie eine Art von Naturalzinsen garantierten.[129]
Außer dass dies Unruhe und Uneinigkeit bei den Schwestern untereinander verursachen konnte, gab es auch eine Bindung an die reichen
Menschen. Es könnte sogar eine verborgene Quelle für feste Einkünfte
werden. Das könnte Ärgernis erregen, nicht nur bei den Schwestern,
sondern auch bei den Menschen außerhalb. Diese Sorge Klaras kann
auch heute noch gelten.

7.4 Aufgaben in der Gemeinschaft

22. Ad conservandam unitatem mutuae dilectionis et pacis, de communi consensu omnium sororum omnes officiales monasterii eligantur.	22. Um die Einheit der gegenseitigen Liebe und des Friedens zu bewahren, sollen alle Amtsträgerinnen des Klosters durch gemeinsame Zustimmung aller Schwestern gewählt werden.
23. Et eodem modo octo ad minus sorores de discretioribus eligantur, quarum, in his quae forma vitae nostrae requirit, abbatissa uti consilio semper teneatur.	23. Und auf dieselbe Weise sollen wenigstens acht von den weisesten Schwestern gewählt werden; in allem, was unsere Lebensform erfordert, sei die Äbtissin verpflichtet, sich immer ihres Rates zu bedienen.
24. Possint etiam sorores et debeant, si eis utile et expediens videatur, officiales et discretas aliquando removere et alias loco ipsarum eligere.	24. Auch können und müssen die Schwestern, wenn es ihnen nützlich und vorteilhaft scheint, die Amtsträgerinnen und Diskreten abberufen und andere an ihre Stelle wählen.

---

128 Vgl. Theo ZWEERMAN / Edith VAN DEN GOORBERGH, *Franz von Assisi – gelebtes Evangelium*, 121–122.

129 Vgl. Anm. 64 in Klara-Quellen. Diese Bestimmung kommt auch in anderen Klosterregeln vor. Zum Beispiel in der Regel der Trinitarier, nr. 35.

Die ‚Einheit der gegenseitigen Liebe und des Friedens' folgt als Gegensatz auf ‚Verwirrung und Ärgernis' (turbationes et scandala, IV,21). Papst Innozenz IV. hat in seiner Bulle die Einheit (unitas) als ein Kennzeichen der Lebensform akzentuiert. Nur in der Einheit der gegenseitigen Liebe kann ein Leben in der heiligsten Armut gedeihen (vgl. X,7). Gerade diese Nachfolge des armen Christus, die den Mittelpunkt der Lebensweise bildet, kann bei der praktischen Realisierung ganz sensibel in der Gemeinschaft sein. Wenn darüber kein Konsens, keine Einheit besteht, kann in der Gemeinschaft Unruhe entstehen, die ein Hindernis bildet für das Leben des Gebetes und der Hingabe. Mit diesem Teilsatz verweist Klara auf die mystische Dimension des Zusammenlebens in einer Gemeinschaft. Es ist der Geist der Einheit in Verschiedenheit, der jede Schwester mit unterschiedlichen Gaben zurüstet, die sie in ihren Dienst zum Aufbau der Gemeinschaft einbringen kann, eingedenk des Wortes: ‚Er gab den Menschen Geschenke [...]. Und er gab den einen das Apostelamt, andere setzte er als Propheten ein, andere als Evangelisten, andere als Hirten und Lehrer, um die Heiligen für die Erfüllung ihres Dienstes zu rüsten, für den Aufbau des Leibes Christi. So sollen wir alle zur Einheit im Glauben und in der Erkenntnis des Sohnes Gottes gelangen, damit wir zum vollkommenen Menschen werden und Christus in seiner vollendeten Gestalt darstellen' (Eph 4,11–13).

Die Schwestern, denen ein bestimmter Dienst in der Gemeinschaft anvertraut wird, haben für diese Einheit eine eigene Verantwortlichkeit vor der Gemeinschaft. Dasselbe wird Klara später über jede Art von Arbeit sagen (VII,3). Es ist auch wichtig, dass alle Schwestern gegenseitig ihre Arbeit kennen und einander darin respektieren. Denn wenn in einer Gemeinschaft über eine Aufgabe Uneinigkeit entsteht, kann eine Schwester ihren Dienst nicht ausüben. Manchmal ist es, wie es bei der Äbtissin schon gesagt ist, nötig, jemand anderen für einen bestimmten Dienst anzuweisen (IV,24). Bei Klara gibt es noch keine Amtszeiten, also muss ab und zu geschaut werden, ob jede ihre Aufgabe noch zum Nutzen der Gemeinschaft und zum eigenen Wohl verrichten kann. Und es ist nützlich, ab und zu die Aufgabe zu wechseln, um frei, ohne Aneignung von Vorrechten, der Gemeinschaft zu dienen. Auch ist es gut, gegenseitig die Belastungen zu kennen.

Die Einbettung des Amtes in die Gemeinschaft und die Streuung von Befugnissen und Verantwortlichkeiten unter den Schwestern, denen ein bestimmter Dienst anvertraut wird, ist weiter verlängert in den Rat des Klosters. Dieser besteht aus gewählten Ratsschwestern, von denen eine die Vikarin ist. Der Name ‚discreta' sagt genau, worum es bei dieser Aufgabe geht: sie müssen in der Lage sein, zu unterscheiden, was die Lebensweise fördert und was nicht. Klara spricht hier nicht über Leitung, weil dieser Begriff nicht zu der Amtsstruktur, die sie intendiert, passt. Geeigneter ist die Bezeichnung Rat (consilium), die stärker den Akzent legt auf vereinigen, binden, auch Freundschaftsbande schmieden. Klara verlangt, Leitung zu geben durch Streuung von Autorität und einer Hierarchie von unten: jede, die ein Amt hat, ist Dienerin der Gemeinschaft. Die Äbtissin und ihre Ratsschwestern haben eine bindende Aufgabe um der *Unitas* willen, die die bindende Kraft des Heiligen Geistes ist. Sie soll bei allem, was die Lebensform betrifft, bei ihren Ratsschwestern Rat einholen (IV,23).

7.4.1 Gemeinsam

Es fällt auf, dass in dem ganzen Abschnitt über den Gemeinschaftsaufbau großer Nachdruck auf *gemeinsam* liegt. Eins im Herzen, gemeinschaftliches Wohl (IV,3); gemeinsame Schwestern, gemeinschaftliches Wohl (IV,7); gemeinschaftlich bewahren / unterhalten (IV,13); zusammenrufen (convocare) (IV,15); die die Gemeinschaft betreffen (IV,16); allgemeine Zustimmung (IV,19); die Einheit der gegenseitigen Liebe und des Friedens; allgemeine Zustimmung (IV,22).

Die *Einheit* der gegenseitigen *Liebe* und des *Friedens* sind göttliche Kräfte oder Tugenden, die auf das Wirken des Heiligen Geistes hinweisen. Die echte Verbundenheit, die jede Verwirrung oder Uneinigkeit verjagt, äußert sich in dem Durchdrungensein von der Liebe Gottes, das seinen Frieden ausstrahlt. ‚Meinen Frieden gebe ich euch', so lautet der Gruß des auferstandenen Herrn an die erste – noch ängstliche und unsichere – Ostergemeinschaft (vgl. Joh 20,20). Friede und Liebe sind andere Namen für *Kontemplation* – in Gott sein – eine Gabe, die der Heilige Geist in und mit uns bewirkt. Immer wieder geht es um den Akt des geduldigen Tragens, Dienens und Annehmens der täglichen Wirklichkeit, auch wenn die Armut schwer wiegt, die Last der Entbehrung Widerstand weckt. Indem sie die Armut und die gegenseitige Liebe mit Ausdauer üben, können die Schwestern umgeformt werden zu Mitarbeiterinnen Gottes und ihre Gemeinschaft aufbauen zu einem Spiegel für andere. Eine Gemeinschaft, die mitarbeitet an der Wiederherstellung und der Neugestaltung dessen, was in seiner guten Schöpfung und in seinem ‚unaussprechlichen Leib' der Kirche, beschädigt ist.[130] Nur so werden sie auf ansteckende Weise Frieden verbreiten.

---

130   Vgl. KlTest 19–20; 3 Agn 8 und Eph 4,1–14.

8 Zurückgezogenheit und Stille

,Wir suchen alle die Stille, aber da ist Einer, der noch stiller ist. Den kann man nicht immer erfahren, aber man kann wohl Raum für Ihn schaffen.' (Mgr. Martin Muskens)

Jetzt erst bringt Klara die Zurückgezogenheit ausdrücklich zur Sprache. Vorher geschah dies einmal beiläufig beim Eintritt (II,12). Und weiter im Text kommen hier und da kurze Abschnitte in Beziehung zur Zurückgezogenheit zur Sprache (VI,13–14; VIII,19–21; XII,4). Dies unterscheidet Klaras Text von Hugolins Lebensform, in der nach einigen einleitenden Abschnitten sofort die lebenslange Abgeschlossenheit folgt (HugReg 4). Außerdem ist es auffällig, dass Klara im ersten Teil der Lebensform die Zurückgezogenheit (Kapitel V) behandelt und am Ende darüber von neuem beginnt (Kapitel XI). Warum nicht alles zusammen? Das ist doch viel übersichtlicher. Scheinbar hat sich Klara bewusst für einen bestimmten Aufbau des Textes entschieden.[131] In Kapitel 5 gibt es eine Bewegung von innen nach außen und im elften Kapitel genau andersherum. Alles, was im ersten Teil über die Zurückgezogenheit vorausgeht, sind Maßnahmen und Richtlinien, die für jede Klostergemeinschaft galten, natürlich mit eigenen Akzenten. In dem, was in der Lebensform zwischen den Abschnitten über die Zurückgezogenheit steht, geht es um die Art und Weise, wie die armen Schwestern innerhalb der Klostermauern dem Evangelium in ihrem täglichen Leben Gestalt geben. Möglicherweise hat Klara bei der Komposition des Textes der Lebensform die Architektur eines Klostergebäudes vor Augen gehabt. Der geschlossene Raum für die Zurückgezogenheit ist nämlich eine Grundvoraussetzung, um das Leben in Einheit und Armut zu bewahren. Das wird dann auch in der Struktur des Textes

---

131 Wird hier deutlich, dass eine Frau aus einer konkreten Situation schreibt? Klara ist, so weit bekannt, die erste Frau in der Geschichte, die eine kirchlich anerkannte Lebensform geschrieben hat. Bis dahin waren es Männer, die auch für Frauen schrieben und natürlich nicht die konkrete Lebenserfahrung hatten. Die Lebensformen von Hugolin und Innozenz sind juridische Traktate. Die Lebensform des Karmel hat die bescheidenere Form eines Briefes.

deutlich. Die Abschnitte über die Zurückgezogenheit bilden gleichsam die Klausurmauer, die den Ort schützt für ,das Leben des Geistes' und abschirmt gegen ,das Leben draußen'. So nennt Franziskus das, wofür die Schwestern sich entschieden haben: ,Schaut nicht nach dem Leben draußen! Denn jenes nach dem Geiste ist besser' (MahnKl 3). Damit ist der Sinn der Abgeschlossenheit prägnant formuliert.

8.1 Stille und Sprechen

1. Ab hora completorii usque ad tertiam sorores silentium teneant, exceptis servientibus extra monasterium.	1. Von der Komplet bis zur Terz sollen die Schwestern das Stillschweigen halten, ausgenommen jene, die außerhalb des Klosters dienen.
2. Sileant etiam continue in ecclesia, dormitorio, in refectorio tantum dum comedunt;	2. Durchgehend schweigen sollen sie auch in Kirche und Dormitorium, im Refektorium nur während des Essens;
3. praeterquam in infirmaria, in qua pro recreatione et servitio infirmarum loqui discrete semper sororibus liceat.	3. nicht jedoch in der Infirmerie, in der es zur Erholung der Kranken und zum Dienst an ihnen den Schwestern immer erlaubt sei, besonnen zu reden.
4. Possint tamen semper et ubique breviter submissa voce quod necesse fuerit insinuare.	4. Sie sollen aber immer und überall kurz und mit leiser Stimme mitteilen können, was notwendig ist.

8.1.1 Die Stille innerhalb des Klosters bewahren

Stille und Sprechen: was wichtig ist, steht an erster Stelle (V,1–2).[132] Die Art, wie Stille und Sprechen geübt werden, wirft Licht auf die praktischen Absprachen. Klara gibt nur eine Reihe nüchterner Anweisungen. Das Leben der Stille und der Zurückgezogenheit erhält in einer Gemeinschaft Form durch gegenseitige Absprachen. ,Sich an die Stille

---

132 ,Silentium' als Stillschweigen zu übersetzen, ist wohl gut, verengt aber in diesem Kontext die Bedeutung. Stillschweigen ist ein Zusammenziehen von Stille und Schweigen; Stille ist ein attributives Nomen, schweigen ein Verb. Stillschweigen als Verb ist asketisch gefärbt, wodurch die tiefere Schicht der Stille zugedeckt wird.

halten' beabsichtigt dasselbe wie die Zurückgezogenheit und Stille eines Klausners, der allein in seiner Klause lebt. Die Stille empfängt man wie ein dynamisches Geschenk: Gott empfängt dich in der Stille und du darfst deinerseits Gott Gastfreundschaft gewähren.

Wie bleibt man der Stille treu, um sich auf dies ,eine Notwendige' auszurichten (vgl. Lk 10,42)? Das Schweigen als Nicht-sprechen, still werden, holt dich aus der Zerstreuung heraus, die durch das Leben draußen aufgezwungen wird. Wir hören oft von Gästen, die einige Zeit im Kloster verweilen: ,Ich habe solange außerhalb von mir selbst gelebt, aber hier habe ich mich sammeln können und zurückgefunden'. Schweigen (silere) ist ein Verb, das dich in die Stille hineinführt. Indem du es tust, wirst du erfahren, dass es wirkt, dass du innerlich still wirst. Schweigen ist eine geistliche Übung, die das Denken, Fühlen und Tun umformt zur Einfachheit. Schweigen hilft, aufmerksam zu leben. Die Stille, die aus dem Schweigen hervorgeht, ist eine Kraft, das Nebensächliche und Anhaftende loszulassen. Stille hat in der Lebensform einen positiven Inhalt. Sie ist ein kostbarer Schatz, verborgen im mystischen Raum der Liebe Gottes.

Klaras Lebensform kennt kein absolutes Schweigen. Da steht nichts über Gebärdensprache, wie sie in vielen Klöstern gebräuchlich war. Das Sprechen steht in Verbindung zur Frucht des Schweigens: die Stille als Aussparung für den Anspruch Gottes. Wenn es nötig (necesse) ist, kann immer und überall um des Wohls der Gemeinschaft willen gesprochen werden. Dies gilt vor allem bei der Versorgung der Kranken. Das gute Sprechen hat ja dieselbe Absicht wie das Schweigen, nämlich hineinzuführen in den Raum der Liebe. Dann wird Sprechen ein Ausdruck von Achtung vor dem einen Gebot: ,Ihn mit ganzen Herzen, ganzem Verstand und ganzer Kraft zu lieben und den Nächsten zu lieben wie sich selbst, ist weit mehr als alle Brandopfer und anderen Opfer' (Mk 12,33). Auch Sprechen ist eine Übung, um das Herz zu reinigen von unnötigen Anschwemmungen. Sprechen wird dann eine Gott wohlgefällige Tat, um den gegenseitigen Frieden zu fördern und die Stille zu bewahren. Dass Klara das Schweigen und Sprechen gleichwichtig nebeneinander setzt, und das Sprechen qualifiziert als verständig (discrete), lässt uns über die *Tugendhaftigkeit* von beiden nachdenken. Die Tugendhaftigkeit keimt auf in Jesu Wort: ,Bleibt in meiner Liebe! Wenn ihr meine Gebote haltet, werdet ihr in meiner Liebe bleiben, so wie ich die Gebote meines Vaters gehalten habe und in seiner Liebe bleibe' (Joh 15,9–10).

8.1.2   Zeiten und Orte

Beim Einhalten der Stille kommen Zeiten und Orte zur Sprache. ,Von der Komplet bis zur Terz': hier klingt wieder die liturgische Zeiteinteilung durch (3,1–7). Seit jeher hat in der Mönchstradition die Zeit nach der Abendandacht eine besondere Weihe. Auch in der Regel des Franziskus für die Einsiedeleien steht: ,Und immer sollen sie die Komplet vom Tag sofort nach Sonnenuntergang beten; und sie seien bemüht, das Stillschweigen einzuhalten; und sie sollen ihre Tagzeiten beten; und zur Matutin sollen sie aufstehen und zuerst das Reich Gottes und seine Gerechtigkeit suchen. Und sie sollen die Prim beten zu entsprechender Stunde, und nach der Terz mögen sie das Stillschweigen lösen, und sie können sprechen und zu ihren Müttern gehen' (REins 3–4).

Der Tag beginnt mit der Matutin oder Wache in der Morgendämmerung und nach der Abendandacht beginnt die Nacht. Erst um 9.00 Uhr (das ist die dritte Stunde) ist nach der liturgischen Zeitrechnung offiziell Morgen. Während der nächtlichen Stunden ist vollkommene Stille. Die Nacht ist schlechthin die Zeit des stillen Gebetes. Klara blieb nach der Komplet mit ihren Schwestern noch lange Zeit im Gebet. Auch in der Nacht bekam Klara während des stillen Gebetes Besuch von einem ,Engel der Finsternis' (LebKl 19). Die Nacht ist die Zeit, da der Teufel herumgeht ,wie ein brüllender Löwe, der sucht, wen er verschlingen kann'.[133] Die Dunkelheit der Nacht ist am besten geeignet für die düsteren Taten des Bösen. Dann schalten viele Menschen die

---

133   Vgl. Die traditionelle Lesung aus der Komplet: ,Seid nüchtern und wachsam! Euer Widersacher, der Teufel, geht wie ein brüllender Löwe umher und sucht, wen er verschlingen kann. Leistet ihm Widerstand in der Kraft des Glaubens' (1 Petr 5,8–9).

Alarmsysteme ein. Für Mönche und Nonnen ist der Alarm das stille Gebet während der Wache, in der sie eifrig den Schutz der stillen Gegenwart suchen. Die nächtliche Stille hat auch eine praktische Seite. Selbst Geflüster kann die Nachtruhe schon stören. Zu Klaras Zeit und noch lange danach schliefen Mönche und Nonnen in Schlafsälen oder schlecht isolierten Zellen.

Klara nennt hier alle Orte, wo die Gemeinschaft zusammen kommt und wo also die Gelegenheit zu unnötigem Gerede auf der Hand liegt. In der Kirche wird aus Ehrfurcht nicht gesprochen, außer wenn das Wort Gottes verkündigt wird und wenn die Kommunität laut betet. Im Speisesaal darf nur während des Essens nicht gesprochen werden. Dass hier eine Ausnahme gemacht wird für außerhalb der Mahlzeiten, kann darauf hinweisen, dass es in San Damiano üblich war, im Speisesaal zusammenzukommen zu den Kapiteln (IV,15). Ein eigener Kapitelsaal ist nämlich nirgends erwähnt. Dafür wird in ihrem kleinen Kloster wohl kein Platz gewesen sein.

Die Entscheidung, zu sprechen oder nicht zu sprechen, überlässt Klara den Schwestern und nicht, wie Hugolin, der Äbtissin, die bei Hugolin Erlaubnis geben muss, um sprechen zu dürfen (HugReg 6). Wohl muss die Äbtissin in Klaras Lebensform die Zustimmung geben, um ans Sprechfenster zu gehen. Das hat mit den Kontakten mit Menschen von außerhalb zu tun, nicht mit der Kommunikation innerhalb des Hauses, wie es auch in der Regel für die Einsiedeleien steht (REins 8). Für das Sprechen tagsüber gibt es Ausnahmen für ‚Schwestern, die außerhalb des Klosters Dienst tun' (servientibus extra monasterium). Da steht nicht außerhalb der Klausur. Das Wort kommt nirgends in der Lebensform vor.[134] Hier erhebt sich wieder die Frage: was taten diese Schwestern? Hierauf ist in der Lebensform und auch in Klaras sonstigen Schriften und den Quellen über sie keine Antwort zu finden. Wohl ist deutlich, dass diese Schwestern weiter gingen als in die direk-

---

134 3 Agn 19 ist die einzige Stelle, wo ‚Klausur' gebraucht wird. Da geht es um die ‚Geschlossenheit des jungfräulichen Schoßes'. Vgl. in REins 2 und 7: ‚geschlossener Bezirk' (clausura). Da geht es um ein umzäuntes Gebiet, in das Außenstehende nicht kommen dürfen.

te Umgebung des Klosterterrains. Das können wir dem Zeugnis von Schwester Angeluccia entnehmen: ‚Immer wenn die heiligste Mutter Klara die Schwestern, die außerhalb des Klosters Dienst hatten, losschickte, habe sie sie daran erinnert, wenn sie schöne Bäume, Blüten und Blätter sähen, Gott zu loben. Und genauso wenn sie Menschen oder andere Geschöpfe sähen, immer sollten sie für alle Dinge und in allen Dingen Gott loben' (ProKl 14,37-38). Und ein Zeugnis von Schwester Benvenuta: ‚Und als sie einmal die Füße einer Schwester wusch, die außerhalb des Klosters Dienst hatte ...'[135].

8.2 Erster Teil: Kommunikation von innen nach außen

Über den Sinn der Abgeschlossenheit selbst spricht Klara mit keinem Wort. Die Vorschriften ab Vers 5 bis einschließlich Vers 17 übernimmt sie fast wörtlich aus den Lebensformen von Hugolin und Innozenz IV. Um gut überblicken zu können, wie alles funktioniert, müssten wir eine detaillierte Bauzeichnung von San Damiano aus Klaras Zeit haben. In der Lebensform stehen Anweisungen, wo, wann und wie die Schwestern mit Menschen von draußen sprechen können.

Die Zurückgezogenheit innerhalb des Klosters ist eine Grundvoraussetzung, um den privaten Bereich und die Lebenswahl der Schwestern zu schützen. Die Zurückgezogenheit ist ein Raum, der sorgfältig abgegrenzt ist. In seiner horizontalen Dimension umfasst er nur eine kleine Fläche, die nach menschlichen Maßstäben unzureichend ist, um die Flügel auszubreiten. Dennoch ist die vertikale Dimension unendlich, denn sie übersteigt jeden Raum, der mit menschlichen Mitteln und Techniken betreten werden kann. Der Ort der Zurückgezogenheit ist wie ein schlagendes Herz, von wo aus das Blut durch den ganzen Leib (der Kirche und der Welt) weiter strömt.

---

135 Diese sogenannten ‚servientes extra monasterium' hatten immer schmutzige Füße, wenn sie nach Haus kamen. Die Wege waren schlammig oder staubig. Vgl. ProKl 2,3; vgl. LebKl 12; vgl. KlReg 2,23.

8.2.1 Die Sprechöffnung und das Gitter

5. Non liceat sororibus loqui ad locutorium, vel ad cratem, sine licentia abbatissae vel eius vicariae.

5. Nicht erlaubt sei es den Schwestern, an der Sprechöffnung oder am Gitter136 ohne Erlaubnis der Äbtissin oder ihrer Vikarin zu reden.

6. Et licentiatae ad locutorium loqui non audeant, nisi praesentibus et audientibus duabus sororibus.

6. Und jene, die die Erlaubnis haben, sollen nicht wagen, an der Sprechöffnung zu reden, wenn nicht zwei Schwestern anwesend sind und zuhören.

7. Ad cratem vero accedere non praesumant, nisi praesentibus tribus ad minus per abbatissam vel eius vicariam assignatis de illis octo discretis, quae sunt electae ab omnibus sororibus pro consilio abbatissae.

7. An das Gitter aber zu gehen sollen sie sich nicht herausnehmen, wenn nicht wenigstens drei von der Äbtissin oder ihrer Vikarin bestimmte Schwestern von jenen acht Diskreten anwesend sind, die von allen Schwestern zur Beratung der Äbtissin gewählt worden sind.

8. Hanc formam loquendi teneantur pro se abbatissa et eius vicaria observare.

8. Diese Form des Sprechens zu beobachten, sollen auch die Äbtissin und ihre Vikarin für ihre Person verpflichtet sein.

9. Et hoc de crate rarissime. Ad portam vero nullatenus fiat.

9. Und am Gitter geschehe dies sehr selten, an der Pforte jedoch überhaupt nicht.

10. Ad quam cratem pannus interius apponatur, nui non removeatur nisi cum proponitur verbum Dei, vel aliqua alicui loqueretur.

10. An diesem Gitter werde innen ein Tuch angebracht, das nur entfernt werden soll, wenn das Wort Gottes verkündet wird oder eine Schwester mit jemandem sprechen sollte.

11. Habeat etiam ostium ligneum duabus diversis seris ferreis, valvis et vectibus optime communitum,

11. Das Gitter soll auch eine Holztüre haben, die durch zwei verschiedene eiserne Schlösser, Türflügel und Balkenriegel aufs Beste gesichert sei.

12. ut in nocte maxime duabus clavibus obseretur, quarum unam habeat abbatissa, aliam vero sacrista;

12. Diese werde besonders in der Nacht mit zwei Schlüsseln verschlossen, deren einen die Äbtissin, den anderen aber die Sakristanin haben soll.

13. et maneat semper obseratum, nisi cum auditur divinum officium et pro causis superius memoratis.

13. Und sie bleibe immer verschlossen, außer zum Hören des Göttlichen Offiziums und aus den oben erwähnten Gründen.

---

136 Mit ‚Gitter‘ ist eine Trennung mit Gitterstäben oder einem Gitternetz gemeint im Sprechzimmer und manchmal auch in der Kirche eines Klausurklosters.

14. Nulla ante solis ortum vel post solis occasum loqui ad cratem alicui ullatenus debeat.	14. Unter keinen Umständen darf eine Schwester vor Sonnenaufgang oder nach Sonnenuntergang am Gitter mit jemandem sprechen.
15. Ad locutorium vero semper pannus, qui non removeatur, interius maneat.	15. An der Sprechöffnung aber soll auf der Innenseite das Tuch immer bleiben und nicht weggenommen werden.
16. In quadragesima sancti Martini et quadragesima maiori nulla loquatur ad locutorium,	16. Während der Fastenzeit nach St. Martin und der großen vierzigtägigen Fastenzeit rede niemand an der Sprechöffnung,
17. nisi sacerdoti causa confessionis vel alterius manifestae necessitatis, quod reservetur in prudentia abbatissae vel eius vicariae.	17. außer mit dem Priester aus Anlass der Beichte oder einer anderen offenkundigen Notwendigkeit; dies zu bestimmen bleibe im fürsorglichen Ermessen der Äbtissin oder ihrer Vikarin.

Genannt werden die Sprechöffnung (locutorium) und das Gitter (crates). Vor der Sprechöffnung hängt an der Innenseite ein Vorhang, wie vor dem Gitter (15). Zwischen der Kirche und dem kleinen Chor der Schwestern war in San Damiano ein Gitterfenster, wo die Schwestern der Eucharistiefeier folgen konnten.

Aus Vers 5 bis einschließlich 17 können wir schließen, wie es in dem Sprechzimmer zuging. Die Schwestern brauchten immer die Erlaubnis der Äbtissin, um zur Sprechöffnung oder zum Gitter zu gehen, um dort mit Menschen von draußen zu sprechen (vgl. KlReg VIII,19). Es mussten immer weitere Schwestern beim Besuch einer Schwester anwesend sein. Diese Bestimmungen sind wohl von Männern gemacht. Teils wegen des Schutzes der Frauen vor Männern und der Zudringlichkeit der Familie, aber auch wegen des Schutzes der Männer vor der Frau.[137] Diese Bestimmung war also kein Misstrauensvotum der Schwestern untereinander, sondern eher gazu da, um einander zu

---

137 Es bestand in dieser Zeit eine strenge Trennung zwischen den Geschlechtern. Die Frau wurde als ein schwaches Wesen betrachtet und als eine Bedrohung für den Mann. Er muss also vor ihr beschützt werden. Vgl. Anton ROTZETTER, *Klara von Assisi. Die erste franziskanische Frau.* Freiburg 1993, 148–152; 160–167. Dass auch Franziskus mit dieser Auffassung über Frauen ‚infiziert' war, bezeugen die vielen Erzählungen über den Umgang mit Frauen, von denen in seinen Regeln deutliche Spuren zu finden sind. Vgl. NbR 12,1–5; BR 11,1–3.

schützen und Unterstützung zu bieten, um die Lebensweise leben zu können. Dieser Brauch passt nicht mehr zu unserer heutigen Auffassung von Intimsphäre. Es ist deutlich, dass Klara hier die Praxis von San Damiano beschreibt unter Berücksichtigung der Lebensform von Hugolin. Nichts lässt uns schließen, dass sie irgendwelche Bedenken gegen die Bestimmungen von Hugolin hatte. Beim Vergleich zeigt sich, dass sie manchmal etwas weglässt. Sie nennt die Siesta nicht, Hugolin wohl. Und sie fügt selbst etwas hinzu. Beim Gitter haben die Vikarin (V,5) und die Ratsschwestern (V,7) eine Vertrauensfunktion.[138] Bei Krankheit oder Verhinderung der Äbtissin muss die Vikarin sie vertreten. Auch die Ratsschwestern spielen eine aktive Rolle bei der Bewahrung der Lebensform. Aufs Neue klingt hier die Beachtung der geteilten Verantwortlichkeit mit.

Es hing (und in manchen Klöstern hängt noch) ein Tuch vor der Sprechöffnung und vor dem Gitter. Das Tuch vor dem Gitter darf weggenommen werden bei der Verkündigung des Wortes Gottes und während der Gebetszeiten. Dann dürfen auch die Türen geöffnet werden (V,13). Das ist eine praktische Maßnahme, damit die Schwestern dem Gottesdienst besser folgen können. Manchmal ist es auch nötig, dass der Priester zur Spendung der Sakramente hereinkommt. Auch wenn eine Schwester mit jemandem sprechen darf, wird das Tuch zur Seite geschoben. Zum Beispiel kann man die Erzählungen der Schwestern zu Rate ziehen über die Heilungen, die Klara während ihres Lebens gewirkt hat. Die betreffenden Schwestern waren, nach ihren eigenen Worten, dabei und haben alles gesehen.[139]

---

138 Vgl. die Rolle der Mutter in REins 8: ‚Jene Brüder, die Mütter sind, seien bestrebt, von jedermann fernzubleiben; und im Gehorsam gegen ihren Minister sollen sie ihre Söhne vor jedermann behüten, damit niemand mit ihnen sprechen kann.'
139 Vgl. ProKl 2,15;18; 3,15.

8.2.2 Zeiten

Wenn es dunkel ist, dürfen die Schwestern nicht mit Außenstehenden sprechen. Dies ist die Zeit der großen Stille im Kloster (V,1). Die kirchlichen Fastenzeiten als Zeiten größerer Einkehr (später auch geschlossene Zeiten genannt) sind nicht geeignet, um Besucher zu empfangen.[140] Aber auch hier sind Ausnahmen möglich, wie zur Beichte (vgl. III,12–13) oder wegen einer anderen ‚offenkundigen Notwendigkeit‘ (manifestae necessitatis). Für das Letzte wird an das ‚fürsorgliche Ermessen‘ (prudentia) der Äbtissin oder Vikarin appelliert (V,17).

8.2.3 Schutz

Die Außentüren waren stark gesichert durch zwei Türen: eine Holztür und Flügeltüren verstärkt mit Balkenriegel.[141] Auch die Vorschriften über das Abschließen der Türen während der Nacht, die in XI,3-4 wiederkehren, waren dementsprechend und sicher nicht unnötig. Es waren praktische Maßnahmen mit dem Blick auf die Sicherung des Klosters. San Damiano lag außerhalb der Stadtmauern. Es bestand immer eine reelle Gefahr vor Eindringlingen. Nachts die Polizei anzurufen, das gab es in dieser Zeit nicht. Tatsächlich lebten die Schwestern an einem äußerst ungesicherten Ort. Das zeigt sich unter anderem an dem Angriff der Söldner von Kaiser Friedrich II. in seinem Krieg gegen den Papst 1240. Die Soldaten waren schon über die Klostermauern geklettert, um das Kloster zu plündern. Noch bevor die Soldaten ins Innere des Klosters eindringen konnten, ließ die schwerkranke Klara sich von

---

140 Am Ende des fünften Jahrhunderts wurde in Tours das Fasten des heiligen Martin eingeführt. Dieses begann am Tag nach seinem Festtag, dem 11. November, und dauerte bis Weihnachten. Man fastete an drei Tagen in der Woche als Vorbereitung auf Weihnachten. Von Tours aus wurde dieses Fasten verbreitet über ganz Gallien und andere Gebiete.

141 Eine Flügeltür ist eine Doppeltür, deren Hälften aufeinander schließen, also ohne Mittelpfosten. Um die beiden Hälften gut aneinander anzupassen, wurden Balkenriegel gebraucht.

ihren zu Tode geängstigten Schwestern zur Refektoriumstür bringen. Dort betete sie zusammen mit ihnen um Schutz. Als die Soldaten das Grüppchen betender Schwestern sahen mit der kranken Klara vorn, ergriffen sie die Flucht (vgl. ProKl 3,20; LebKl 21-23).

Auch in unserer Zeit wird man, mit allerlei unterschiedlichen Umständen rechnend, für eine vernünftige Sicherheit des Klosters sorgen müssen. Klaras Absprachen über Zeiten und Orte des Schließens von Türen und Pforten sind auch heute nicht überflüssig. Eine andere moderne Maßnahme, um die Zurückgezogenheit zu bewahren, ist der Gebrauch eines Anrufbeantworters beim Telefon, der während der Gebetszeiten und abends nach der Komplet bis zum Morgen nach dem morgendlichen Gottesdienst angestellt ist. Dies ist eine moderne Form, die Zurückgezogenheit als Raum für Gebet zu schützen.

Die Zurückgezogenheit als Raum für Gebet und Kontemplation ist von Klara und ihren Schwestern ernst genommen worden. Diese Zurückgezogenheit bleibt auch in unserer Zeit wichtig. Das Leben in Zurückgezogenheit ist eine erprobte geistliche Übung, durch die jemand das Herz löst von störenden Einflüssen von außen und es reinigt, um sich für die Gastfreundschaft Gottes zu öffnen. Die Schwester kann auch ihrerseits Ihm Gastfreundschaft bieten. Denn, so schreibt Klara, ‚die gläubige Seele ist seine Bleibe und sein (Thron-)Sitz, und dies ist sie allein durch die Liebe' (3 Agn 22–23). Diese Räume sollen die Schwestern mit Sorgfalt umgeben. Alle fruchtbare Kommunikation von innen nach außen ist erst möglich, wenn es ein Innen ist, das erfüllt wird durch die ‚verborgene Süße [...], die Gott selbst von Anbeginn für die aufbewahrt hat, die ihn lieben' (3 Agn 14).

8.3 Zweiter Teil: Kommunikation von außen nach innen

Die Klausurbestimmungen in der Lebensform Klaras kann man auch, wie wir schon gesehen haben, auf dem Hintergrund der Regel für die Einsiedeleien lesen. In Abgeschlossenheit leben hat einen eigenen Wert für die Lebensweise der armen Schwestern. Klara ist ihren Weg

nach San Damiano gegangen über die Benediktinerinnen, die Land-
schwestern waren, zu den in Zurückgezogenheit lebenden Frauen von
Sant'Angelo di Panzo. Das waren Stadtschwestern. Sie lebten bei einem
Kirchlein ein Stück außerhalb Assisis. Zurückgezogenheit bedeutet nicht
abgeschlossen sein von der Welt. Es zeigt sich, dass die Schwestern in
Beziehung zu den Menschen in der direkten oder weiteren Umgebung
lebten. Viele Menschen kamen an die Klosterpforte, um Rat und Gebet
zu erbitten.

Diese Form von geschlossenem Leben war von Klara und ihren Schwestern angenommen.[142] Die Zurückgezogenheit gab den
Schwestern auch eine gewisse Freiheit, unter anderem ihr Leben
nach eigenem Gutdünken einzurichten. Die Frage war nicht so sehr,
ob sie rausgehen oder nicht, sondern wer hereingelassen wird, über
die Kommunikation von außen nach innen, modern gesagt über den
Privatraum. Dies beschreibt Klara im zweiten Teil über die Struktur
der Zurückgezogenheit. Sie berücksichtigt die Bestimmungen in der
Regel der minderen Brüder von 1223 darüber, wer in die Klöster der
Nonnen hineindarf und wer nicht (BR 11).

8.3.1 Pförtnerin und Pforte

Zuerst skizziert Klara ein Profil der Schwester Pförtnerin und ihrer
Assistentin (XI,1-2), dann folgen eine Anzahl praktischer Sicherheits-
vorkehrungen (XI,2-5), über den Inhalt der Aufgabe (XI,6-8), wer hereinkommen darf (XI,9-10) und zum Schluss gibt es eine Vereinbarung
für alle Schwestern (XI,12).

---

142   Siehe zu Abgeschlossenheit im zwölften und dreizehnten Jahrhundert: Jean
      LECLERCQ, *Women's Monasticism in the 12th & 13th Centrury*, in: *Greyfriars Review*
      7 (1993), 167–192, 181 u.a.

1. Ostiaria sit matura moribus et discreta, sitque convenientis aetatis, quae ibidem in cellula aperta sine ostio in die resideat.

2. Sit ei et aliqua socia idonea assignata, quae cum necesse fuerit, eius vicem in omnibus exsequatur.

3. Sit autem ostium diversis duabus seris ferreis, valvis et vectibus optime communitum,

4. ut in nocte maxime duabus clavibus obseretur, quarum unam habet portaria, aliam abbatissa.

5. Et in die sine custodia minime dimittatur, et una clave firmiter obseretur.

6. Caveant autem studiosissime et procurent ne unquam ostium stet apertum, nisi quanto minus fieri poterit congruenter.

7. Nec omnino aperiatur alicui intrare volenti, nisi cui concessum fuerit a summo pontifice, vel a nostro domino cardinali.

8. Nec ante solis ortum monasterium ingredi, nec post solis occasum sorores intus aliquem remanere permittant, nisi exigente manifesta, rationabili et inevitabili causa.

1. Die Pförtnerin sei reif und klug in ihrem Benehmen und sie sei entsprechenden Alters; sie halte sich während des Tages dort in einer kleinen offenen Zelle ohne Tür auf.

2. Es werde ihr auch eine geeignete Gefährtin zugeteilt, die sie in allem vertritt, wenn es nötig sein sollte.

3. Die Pforte soll mit zwei verschiedenen Schlössern, mit Flügeln und Balken aufs Beste gesichert sein,

4. damit sie hauptsächlich in der Nacht mit zwei Schlüsseln verschlossen werde, wovon den einen die Pförtnerin haben soll, den anderen die Äbtissin.

5. Auch am Tage werde die Pforte keineswegs ohne Überwachung gelassen, und sie soll mit einem einzigen Schlüssel fest verschlossen werden.

6. Sie mögen zudem eifrigst achtgeben und vorsorgen, dass die Pforte niemals offensteht, außer so wenig als dies angemessenerweise möglich sein kann.

7. Sie werde auch keinesfalls irgendjemandem geöffnet, der eintreten will, außer wenn es vom Papst oder unserem Herrn Kardinal gewährt worden ist.

8. Die Schwestern sollen niemandem erlauben, vor Sonnenaufgang das Kloster zu betreten oder nach Sonnenuntergang drinnen zu bleiben, wenn es nicht ein offenkundiger, vernünftiger und unvermeidbarer Grund erfordert.

Die Schwester, die die Pforte bewachen soll, hat eine Vertrauensfunktion. Ihre Qualitäten müssen von Lebenserfahrung und einer klaren Sicht auf Menschen zeugen. Sie muss beurteilen können, ob jemand mit ehrlichen Absichten an die Pforte kommt. Hier taucht wieder das Wort ‚discreta‘ (klug) auf. Es ist von wesentlicher Bedeutung, dass jemand mit einer derartigen Funktion die Gabe der Unterscheidung hat. Ihre wichtigste Aufgabe ist die der Behüterin oder Bewacherin, wie die Torwächter im Evangelium (vgl. Mk 13,33–36). Nehmen wir die Satzabschnitte: eifrigst achtgeben, dafür aufpassen, ohne Überwachung lassen. Die Pförtnerin muss, wenn sich jemand anmeldet, um hereinzukommen, sich darüber versichern, dass er oder sie Erlaubnis des Papstes oder des Kardinal-Protektors des Ordens der minderen Brüder hat. Hier geht es also deutlich um kirchenrechtliche Bestimmungen (XI,7).[143] Damit Besucher sie direkt finden können und zugleich für ihre eigene Sicherheit, muss die Pförtnerin immer zu sehen sein in einer offenen Zelle ohne Tür. Für ihre Assistentin gelten dieselben Eigenschaften und Absprachen.

Aufs Neue kommen die Sicherheitsvorschriften zur Sprache. Die Vorschriften über die Verriegelung der Türen sind dieselben wie in Kapitel 5. Im ersten Teil (V,12) gilt bei der Absprache für das Gitter – das die Kirche vom Chor trennt –, dass die Sakristanin und die Äbtissin beide einen Schlüssel haben. Hier, in Kapitel XI,4, werden außer der Äbtissin der Pförtnerin die Schlüssel anvertraut. Jede Schwester hat die Befugnis und die Verantwortlichkeit, die zu ihrem Dienst passt.

Auch die Zeit kommt von neuem zur Sprache. Niemand darf nachts hereinkommen, nur wenn es einen ‚offenkundigen, vernünftigen und unvermeidbaren Grund‘ gibt. Das kann vorkommen bei plötzlich Erkrankten mit Todesgefahr oder Katastrophen. Nie sind die Vorschriften absolut. Es gibt keinen Grund, um krampfhaft oder selbst lebensbedrohlich damit umzugehen. Der gesunde Verstand der Pförtnerin und der Äbtissin bürgen.

---

143 Vgl. BR 11,2. Hieraus zeigt sich aufs Neue, dass Klara ihre Gemeinschaft unter die Autorität des Ordens der minderen Brüder stellen will.

8.3.2 Wer darf hereinkommen?

9. Si pro benedictione abbatissae, vel pro aliqua sororum in monialem consecranda, vel alio etiam modo concessum fuerit alicui episcopo missam interius celebrare, quam paucioribus et honestioribus poterit sit contentus sociis et ministris.

9. Wenn zur Weihe der Äbtissin oder zur Nonnenweihe einer Schwester oder auch anderswie einem Bischof erlaubt worden ist, die Messe innerhalb zu feiern, so begnüge er sich mit wenigen und ehrenwerten Begleitern und Dienern.

10. Cum autem intra monasterium ad opus faciendum necesse fuerit aliquos introire, statuat tunc sollicite abbatissa personam convenientem ad portam,

10. Wenn es aber notwendig sein sollte, dass welche das Klosterinnere betreten, um eine Arbeit vorzunehmen, dann stelle die Äbtissin sorgfältig eine geeignete Person an die Pforte,

11. quae tantum illis et non aliis, ad opus deputatis aperiat.

11. die nur jenen öffnen möge, die zur Arbeit bestellt sind, und niemand anderem.

12. Caveant studiosissime omnes sorores ne tunc ab ingredientibus videantur.

12. Alle Schwestern sollen sich geflissentlich davor hüten, dass sie dann von den Eintretenden gesehen werden.

Der Bischof darf nur bei besonderen Gelegenheiten hereinkommen. Zwei Ereignisse werden mit Namen genannt: die Weihe einer Schwester zur Nonne und die Segnung der Äbtissin (XI,9). Diese Weihen gehören zur Kompetenz des Bischofs. Die Profess einer Schwester, wobei sie den monastischen Schleier empfängt als äußeres Zeichen ihrer Weihe an Gott, wird durch den Bischof oder dessen Delegierten durch die Kirche bestätigt. So auch die Amtsbestätigung mit Segnung der Äbtissin.[144] Der Bischof hat jedoch nie eine unbegrenzte Vollmacht zu bestimmen, wer ihn begleiten solle. An seine Begleiter sind Forderungen gestellt: ‚mit wenigen und ehrenwerten' steht da. Die genannten Anlässe dürfen nicht dazu benutzt werden, um aus Neugier zu den Schwestern hineinzukommen. Und danach zeigt sich neu, dass Klara aus der Erfahrung in San Damiano schreibt. Für andere Menschen, die hereinkommen, um eine bestimmte Arbeit auszuführen, muss eigens Hilfe an der Pforte sein. Die Pförtnerin muss ihre Arbeit gut weiter tun können. Sie kann nicht überall zugleich sein.

---

144 Vgl. KlReg II,14–15; IV,4–9.

Die letzte Absprache in Vers 12 gilt für alle Schwestern: sie müssen dafür sorgen, dass sie nicht gesehen werden. Die Schwestern selbst tragen Verantwortung dafür, dass der gewünschte Abstand bewahrt und der Raum der Stille geschützt wird. ‚Die klösterliche Zurückgezogenheit ist das „Zelt", das Gott gewählt hat für seine Verbindung mit ihnen. Für die Außenwelt ist die Zurückgezogenheit ein Hinweis darauf, wo der einzig Absolute gefunden wird. Für sie selbst ist die Zurückgezogenheit ein Vorgeschmack der unendlichen Ruhe im Absoluten. Ohne dieses außerordentliche Merkmal der Kontemplation kann das Kloster seine Bedeutung für die Menschen verlieren.‘[145] Die Zurückgezogenheit ist keine Angelegenheit geschlossener Türen, sondern von dem, was dahinter verborgen liegt: ein Raum, der geheimnisvoll ist, in dem man Gottes liebevolle Gastfreundschaft empfangen darf.

8.4 Herausforderungen in unserer Zeit

Die Entscheidung Klaras und ihrer Schwestern für ein Leben in Zurückgezogenheit war, wie gesagt, gewiss keine Weltflucht, um allerlei Beschäftigungen, die am Leben außerhalb des Klosters heften, hinter sich zu lassen. Es ging nicht darum, in Ruhe gelassen zu werden. Davon zeugen unter anderem die Erzählungen über die vielen Heilungswunder, die durch Vermittlung Klaras geschahen. Sie entschied sich auch nicht für einen Wohnort fern der bewohnten Welt, sondern eben außerhalb der Stadt. Wohl wählte sie eine Form von Zurückgezogenheit, die eine Struktur errichtete für das tägliche Leben und die Kontakte mit Außenstehenden.

In der Lebensform können wir aus den Bestimmungen über die Zurückgezogenheit nichts ausgraben, was später als Ausdruck der Frömmigkeit oder Askese empfohlen wird.[146] Die tiefste Intention ist,

---

145 John VAUGHN OFM, *Introduction to the General Constitutions of the Poor Clares.* Rome 1988, 64.

146 Vgl. das Testament Coletas. Coleta hält ein Plädoyer für die Abgeschlossenheit als Möglichkeit, an der Grabesruhe Jesu teilzuhaben und eine Gelegenheit, das Gelübde

wie gesagt, Gott in der Stille zu begegnen. Es geht darum, der Stille treu zu bleiben, um einen Raum auszusparen, in dem die Schwestern ihre Berufung leben können. In Zurückgezogenheit bleiben, nichts suchen, was dich vom Wesentlichen ablenkt, was dich besetzt halten kann, bleibt eine Übung, um immer wieder ‚in das Land der Ruhe zu kommen' (Ps 95,11). Darum ist es gut, zu jeder Zeit an jedem Ort zu schauen, wie die Abgeschlossenheit als eine Übung zur Unterstützung des kontemplativen Lebens eingerichtet werden kann.

Die Bestimmungen über die Abgeschlossenheit in der Lebensform sind schlechthin Texte, die uns herausfordern, mit ihnen in Dialog zu gehen. Denn in unserer Zeit stehen wir vor Fragen, die Klara in ihrer Lebensform nie hat vorhersehen können. Das meint nicht, dass wir diese Fragen nicht zu beantworten brauchen. Welche Formen von Kontakt mit der Außenwelt fordern uns heute heraus, um ein Leben der Zurückgezogenheit und Stille gut zu bewahren? Diese Frage ist vor allem aktuell im Blick auf die modernen Kommunikationsmittel und auf den Empfang von Gästen. Welchen Einfluss hat dies alles auf unser Leben in Zurückgezogenheit und Stille? Wie gehen wir mit den modernen Kommunikationsmöglichkeiten um? Wie können die Begegnungen mit Gästen und mit Besuchern die beabsichtigte Stille eher unterstützen als antasten?

Die Lebensform nennt eine Anzahl Formen von Kontakten mit Menschen von draußen, die uns bei einem Gedankenaustausch hierüber auf den Weg bringen können:

- Gespräche im Sprechzimmer und am Gitter (V);
- Briefkontakte (VIII,7);
- Da ist die Frage, wer ins Kloster hereinkommen darf (XI).

In unserer Zeit sind dazu gekommen:

- Moderne Informationsmedien (Print- und Internetmedien);
- Analoge und digitale Kommunikationsformen (Telefon, Internet, Smartphone, E-Mail, SMS, Voice IP, Skype u.a.);

---

der Jungfräulichkeit zu leben. In: *Regel der heiligen Clara und Konstitutionen der heiligen Coleta*. Regensburg 1903.

- Soziale Netzwerke (facebook, Twitter, Instagram u.a.);
- Moderne Unterhaltungsmedien (Fernsehen, Radio, Film, Video u.a.);
- Der Empfang von Gästen zur Besinnung.

8.4.1   Fragen beim Leben von Zurückgezogenheit und Stille

Zurückgezogenheit beinhaltet eine gewisse Einschränkung und Mangel. Abgeschlossenheit schließt auch viele soziale Möglichkeiten aus: Einsatz bei gesellschaftlichen Nöten, Begegnungen, Beziehungen zur Familie und Freunden. An sich alles gute Dinge. Und doch, die freie Entscheidung für Zurückgezogenheit mit dem Ziel, zu wachsen in geistlicher Freiheit, das Herz offen zu halten für die ursprüngliche Wahl eines betenden Lebens, verlangt Abstand, um die eine Beziehung zu Gott und in Ihm zu den Menschen gut zu bewahren. In einer Zeit von Beziehungskultur und Beziehungskult, wie der unseren, wird eine Entscheidung für ein zurückgezogenes Leben gewöhnlich schwer verstanden. Das kann Leid und Verdruss mit sich bringen. Doch wird Zurückgezogenheit für unser Leben einen authentischen Wert weiterhin behalten. Zurückgezogenheit hilft uns, die Leere zu durchleben, um uns selbst kennenzulernen, vor allem wo es um die Lauterkeit unseres Suchens nach Gott geht und um den Umgang mit anderen.

Was sagen wir eigentlich, wenn wir unser Leben charakterisieren als ein Leben des Gebetes? Sind unsere Beziehungen zu anderen immer frei von Eigeninteresse? Was siehst du als die Bedeutung des Bewahrens der Stille? Das Leben in Zurückgezogenheit und Stille wird nie selbstverständlich: es gibt immer wieder die Neigung, entstehende Leere aufzufüllen und Ablenkung zu suchen durch Gespräche im Sprechzimmer, Telefonate, Briefe, E-Mail und Internetkommunikation in sozialen Medien. Das Verlangen, auf der Höhe der Zeit sein zu wollen, die Vielheit an Information – auch von unwichtigen Informationen – birgt die Gefahr in sich von innerem Zerbröseln. Müssen wir so viel sehen, hören, lesen, zu allem eine Meinung haben oder ist es gesünder, uns im kritischen Auswählen zu üben, ohne dabei in einen Krampf zu geraten? Im Umgang mit den modernen Medienmöglichkeiten liegt allerdings eine große Herausforderung, wobei man jedoch deren individualisierenden Mechanismus nicht unterschätzen darf.[147] Klara gibt einen entscheidenden Rat, der helfen kann, jeweils die gute Entscheidung zu treffen: ‚Sie mögen darauf achten, dass sie über alles ersehnen müssen, den Geist des Herrn zu haben und sein heiliges Wirken' (X,9).

Und was ist zu tun mit dem Übermaß an Nachfragen, einen Beitrag zu liefern an Klosterpublizität? Lassen wir uns unbewusst mitreißen von den heutigen Geräuschen und der Gesprächskultur von Musik, Interviews usw.? Momentan wird viel von dem, was dafür eigentlich gar nicht geeignet ist, ins Licht der Scheinwerfer gerückt. Das grelle Licht kann tödlich sein für das innere Wachsen. Wir leben in einer Epoche, in der alles ins Fenster gesetzt wird. Darum muss man achtgeben, inneres Erleben und geweihte Orte nicht unverhüllt zu zeigen. Der allgemeine Trend zur ‚Steigerung' kommt auch hier zum Vorschein. Steigerung dann sowohl im Sinn von ‚immer mehr' wie in der Bedeutung von Show. An der Höhe der Einschaltquote stellt man den Erfolg einer Fernsehsendung fest. Das echte Zeugnis entspringt jedoch einer durchlebten Beziehung zu Gott, die in der Läuterung der Leere der Stille gereift ist.

Wagen wir es, unsere Zurückgezogenheit bewusst zu durchleben mit ihren Begrenzungen und Beschränkungen? Haben wir den Mut, eine Reihe lockender Möglichkeiten auszuklammern? Das hält dich in dir selbst in der Übung, nicht falschen Dingen an sich weniger Aufmerksamkeit zu schenken. Oder daran selbst vorbeizugehen um eines größeren Gutes willen: die Aufmerksamkeit für Gott. Selbst ein Übermaß an geistlicher Lektüre kann wie ein Störsender wirken im

---

147 Aus *Tertio*, 9 januari 2008: „Massenmedien sind eine Pest für die beständige Beziehungs- und Gemeinschaftsformung, schon allein wegen des Beschlags, den sie auf das Zeitbudget des Individuums legen. Je mehr Individuen nach TV und vor allem nach Unterhaltung schauen, umso weniger soziale Beteiligung." In: Guido Dierickx, *De buitenkant van de religie. Een menswetenschappelijke rondleiding*. Leuven 2008, 208.

Lauschen nach der Stimme des Einen. Auch hier kann die Steigerung von Konsum und Antriebskraft Oberflächlichkeit zur Folge haben.

8.4.2 Verantwortung

Mit einem Appell an die eigene Verantwortung wird nicht selten ein fruchtbarer Gedankenaustausch über den Gebrauch moderner Kommunikationsmittel blockiert. Aber bei der Verantwortung einer jeden – die Klara immer respektiert hat – geht es vor allem um den persönlichen und gemeinschaftlichen Ruf. In diesem Zusammenhang ist Verantwortung eine soziale Angelegenheit. Was wir tun oder unterlassen, betrifft das Leben der Gemeinschaft: ‚Wir wollen uns also in Acht nehmen, da wir den Weg des Herrn bereits betreten haben, dass wir nicht durch unsere Schuld oder Unerfahrenheit irgendwann davon abweichen. Wir wollen einem solchen Herrn [...] und der Kirche nicht Unehre machen' [vgl. KlTest 74–75]. Um der Verantwortung einer jeden willen legt sie viel Wert auf das Erwägen miteinander, weil darin das Wirken des Heiligen Geistes häufig am besten erkannt wird.

Beruft man sich nicht häufig zu leichtfertig auf die eigene Verantwortung und das eigene Gewissen? Zu schnell das eigene Gewissen anführen kann einerseits eine Flucht sein, um nicht auf sich selbst und die anderen zu hören, andererseits kann das Gewissen als Stimme des tiefsten Inneren dann überschätzt und so überlastet werden. Gewissensentscheidungen betreffen aber ein sehr begrenztes Gebiet. Es geht dann um Entscheidungen oder Situationen, die nicht jeden Tag vorkommen. Bei gewöhnlichen Entscheidungen, vor denen wir täglich stehen können, passt eher die Übung in Unterscheidung (discretio) und praktische Klugheit (prudentia). Und genau diese Eigenschaften oder Tugenden können bei einer gemeinsamen Besinnung auf die Lebensweise helfen, um Absprachen zu treffen, die eine gewisse Leichtigkeit behalten, und die Entscheidungen weiterhin unter gesunden Druck setzen. Denn von Zeit zu Zeit wird eine Neubesinnung nötig sein.

9 Das tägliche Leben im umschlossenen Raum

‚Man muss die Musik des Lebens hören.' (Theodor Fontane)

9.1 Erinnerung an den Anfang

Der geschlossene Raum wird mit einem persönlichen Zeugnis Klaras (VI,1) geöffnet und mit einem persönlichen Wort für ihre Schwestern geschlossen (vgl. X,6–13). Zurückblickend bringt Klara in den Versen 1 bis einschließlich 4 die unterschiedlichen Phasen, die sie seit dem Beginn zusammen mit ihren Schwestern durchlaufen hat, aufs Neue in Erinnerung.

1. Postquam altissimus Pater caelestis per gratiam suam cor meum dignatus est illustrare, ut exemplo et doctrina beatissimi patris nostri sancti Francisci poenitentiam facerem, paulo post conversionem ipsius, una cum sororibus meis obedientiam voluntarie sibi promisi.	1. Nachdem der höchste himmlische Vater sich gewürdigt hatte, durch seine Gnade mein Herz zu erleuchten, dass ich nach Beispiel und Lehre unseres seligsten Vaters, des heiligen Franziskus, Buße tue, habe ich ihm bald nach seiner Bekehrung zusammen mit meinen Schwestern freiwillig Gehorsam versprochen.
2. Attendens autem beatus pater quod nullam paupertatem, laborem, tribulationem, vilitatem et contemptum saeculi timeremus, immo pro magnis deliciis haberemus, pietate motus scripsit nobis formam vivendi in hunc modum:	2. Da nun der selige Vater merkte, dass wir keine Armut, Mühsal, Bedrängnis, Niedrigkeit und Verachtung der Welt fürchteten, ja dass wir dies sogar für große Wonne hielten, schrieb er uns, von gütigem Erbarmen bewegt, eine Lebensform auf folgende Art nieder:

9.1.1 Erste Phase

Nachdem Klara kurz etwas über sich selbst gesagt hat, schenkt sie ihre Aufmerksamkeit vor allem der Art und Weise, wie die Gemeinschaft entstanden ist. Eine derartige autobiographische Information ist ungebräuchlich in einer Lebensform oder Klosterregel. Aber hier und in dem, was folgt, will Klara offensichtlich die Lebensgestaltung der Schwestern aufschreiben, wie diese auf der Grundlage einer durch die Kirche bestätigten Regel von Franziskus festgelegt ist. Und dahin gehört vor allem die Information über den Beginn. Zuerst erzählt Klara über ihre Bekehrung.[148] Der höchste himmlische Vater hat durch seine Gnade ihr Herz erleuchtet und am Vorbild von Franziskus hat sie gesehen, wie das ‚Buße-tun' konkret geschah.

Buße tun: was können wir, Menschen des einundzwanzigsten Jahrhunderts, uns unter einem solch altmodischen Begriff vorstellen? Ruft Buße tun nicht allerlei Assoziationen an Unannehmlichkeiten hervor – man denke nur an eine Buße bei Verkehrsverstößen – wonach niemand sich sehnt? Buße hat jedoch auch eine positive Bedeutung. Das Niederländische Wort ‚boete' (Buße) ist verwandt mit der Reparatur von Brüchen und Rissen. Man denke an Ausdrücke wie ‚visnetten boeten' (Fischernetze ausbessern) und ‚ketels boeten' (Kessel flicken).[149]

In Klaras Text ist Buße eine Übersetzung von ‚poenitentia', was in der lateinischen Übersetzung der Bibel, die Klara benutzte, eine Übersetzung des griechischen Begriffs ‚metanoia' ist. ‚Metanoia' bedeutet Umkehr: Abkehr von einem Dasein, das nicht übereinstimmt mit Gottes Plänen, und Hinwendung zu Gott und seinen Weisungen. Außer Entsagung und Genugtuung beinhaltet die Umkehr: dein Leben nach Gott richten, Raum schaffen für den Herrn, einen Raum, in dem du wirklich Mensch werden kannst. Dieser Akt der Hinwendung bewirkt Befreiung aus einem bedrückenden Dasein, Genesung von dem, was uns schmerzlich zerreißt. Klara hat bei Franziskus gesehen, dass ein Leben in Buße eine befreiende Wirkung hatte auf ihn selbst und auf seine ersten Jünger.

Es springt ins Auge, dass Klara zuerst das *Beispiel* des Franziskus und dann seine *Lehre* nennt. So war es bei ihrer Bekehrung auch gesche-

---

148 ‚Conversio' bedeutete, den religiösen Stand annehmen. Franziskus gebraucht hierfür: ‚exivi de saeculo' (die Welt verlassen, Test 3).

149 Anton ROTZETTER, *Klara von Assisi. Die erste franziskanische Frau*, 47–50; Theo ZWEERMAN / Edith VAN DEN GOORBERGH, *Franz von Assisi – Gelebtes Evangelium*, 26–30; 42–43.

hen. Zuerst hatte sie gesehen, wie radikal dieser von Haus aus reiche Kaufmannssohn den Fußspuren des armen und niedrigen Christus folgte. Das hatte sie angerührt und ihr zu denken gegeben. So wollte sie auch leben. Damals folgten Gespräche mit Franziskus und danach hat sie den Schritt getan. Zuerst gab es also die lebendige Übertragung, dann das Wort. Für sie stand fest, dass die evangelische Lebensform der Armut nur durch lebendige Übertragung weitergegeben werden kann. Und dazu gehört ein Lebensmodell. Das ist Franziskus für sie gewesen. So wurden später Schwestern zu neuen Gründungen gesandt, um ein lebendiges Beispiel zu sein. Nur authentisches Leben wirkt ansteckend: dies gilt zu allen Zeiten.

9.1.2   Zweite Phase

‚Habe ich': Klara war sich ihrer eigenen geistlichen Führerschaft bewusst und sie glaubte fest, dass die Schwestern, die sich ihr angeschlossen hatten, mit derselben göttlichen Eingebung begnadigt waren. Klaras persönliche Berufung hat sich erweitert zu einer Berufung in Schwesternschaft. ‚Zusammen mit meinen Schwestern': leben in Gemeinschaft ist ein wesentliches Kennzeichen des Lebens nach dem Evangelium. Zusammen mit anderen sein Leben einsetzen für das Reich Gottes und zusammen beten hat eine besondere Dimension: ‚Denn wo zwei oder drei in meinem Namen versammelt sind, da bin ich mitten unter ihnen' (Mt 18,20). Jesus sandte seine Jünger zu zweit aus (vgl. Lk 10,1). Franziskus hat dies auch getan. Selbst in den Einsiedeleien wohnten die Brüder nicht allein (vgl. REins 1).

‚Zusammen mit meinen Schwestern (habe ich ihm) freiwillig Gehorsam versprochen'. Nicht in dieser Nacht nach Palmsonntag in Portiunkula hatte Klara Gehorsam versprochen, sondern erst, nachdem der Herr ihr Schwestern gegeben hatte, hat Franziskus die ersten Schwestern zum Gehorsam angenommen. Klara sagt hier aufs Neue, dass Franziskus ihr geistlicher Vater und Gründer ist. Sie selbst ist seine ‚kleine Pflanze' (vgl. I,1–5). Diese lebendige Verbundenheit hat in der ‚heiligen Armut'

(VI,6) ihren Ursprung.[150] In diesem Zeugnis Klaras rührt Gehorsam an eine tiefere Schicht als die formelle juridische. Diese wird sichtbar durch das Wort *freiwillig*. Im freiwilligen Gehorsam steht die Nachfolge des evangelischen Gehorsams Jesu Christi zentral: ‚Er legte seinen Willen in den Willen des Vaters' (2 Gl 10; vgl. Ord 46). Gehorsam ist zuerst und vor allem ein Akt des Hörens auf die Einflüsterungen des Heiligen Geistes und sich dann in seiner Bewegtheit zum bereitwilligen Dienst an Gott und aneinander mitführen zu lassen.

9.1.3   Dritte Phase

Als Franziskus sah, dass Klara und ihre Schwestern – ‚wir', schreibt Klara – im Vorhaben der evangelischen Lebensweise vor keinem Missgeschick und keiner Prüfung flohen, sondern für diese Anstrengungen in einer gewissen Leichtfüßigkeit und einem Elan eine Vorliebe entwickelten, hat er eine ‚forma vivendi' (Lebensform) aufgeschrieben. Die ‚große Wonne' angesichts von Widerwärtigkeiten und Entbehrungen hatte nichts zu tun mit einer krankhaften Neigung zur Selbstquälerei. Aber indem sie am Leib diese Folgen der freiwilligen Armut spürten, entdeckten die Schwestern, was die gesellschaftlich armen Menschen in ihrer nächsten Umgebung notgedrungen erfuhren: Unsicherheit über Nahrung für den morgigen Tag, Müdigkeit durch leibliche Anspannung, Ungemach bei Kälte und Hitze, Enttäuschung bei dem Überwinden von Ablehnung und Verachtung. Nicht das Suchen von Not und Mangel als asketische Leistung war die Innenseite der Entscheidung für die Armut. Sondern im Durchleben derselben Entbehrungen wie die der armen Menschen erkannten die Schwestern allmählich, dass sich in

---

150   Vgl. Edith VAN DEN GOORBERGH, *Verbunden in der „Gnade des Ursprungs".* Die *Minderbrüder und die Armen Schwestern: ein Orden oder zwei?* (1. Teil), 30–33; (2. Teil), 49–60. Die Benennung ‚Zweiter Orden' ist weder von Klara noch von Franziskus, sondern stammt wahrscheinlich von Papst Gregor IX. In der Bulle ‚De Conditoris omnium' vom 9. Mai 1238 an Agnes von Prag (BF I, 241–242) schreibt er, dass Franziskus die drei Orden gegründet hat: den der minderen Brüder, den der in Abgeschlossenheit lebenden Schwestern und den der Pönitenten und Büßer.

der Leere der Armut die Möglichkeit verbarg, Fühlung zu bekommen mit dem Geheimnis des Lebens selbst. Sie erkannten darin die Armut und Niedrigkeit, die Jesus Christus *freiwillig* um unseretwillen auf sich genommen hat. Klara und ihre Schwestern haben, bevor sie Gehorsam versprachen, zuerst eine Art Noviziat durchgemacht, um selbst zu erproben und auch zu zeigen, dass sie dem Leben in Armut gewachsen waren. Erst danach folgte die endgültige Aufnahme in den Orden.

9.2 Forma vivendi: die Vollkommenheit des heiligen Evangeliums

3. Quia divina inspiratione fecistis vos filias et ancillas altissimi summi Regis, Patris caelestis, et Spiritui Sancto vos desponsastis eligendo vivere secundum perfectionem sancti evangelii,	3. Da ihr euch auf göttliche Eingebung hin zu Töchtern und Mägden des erhabensten, höchsten Königs, des himmlischen Vaters, gemacht und euch dem Heiligen Geist verlobt habt, indem ihr erwählt, nach der Vollkommenheit des heiligen Evangeliums zu leben,
4. volo et promitto per me et fratres meos semper habere de vobis tamquam de ipsis curam diligentem et sollicitudinem specialem.	4. so will ich – und ich verspreche dies für mich und meine Brüder – für euch genauso wir für diese immer liebevolle Sorge und besondere Aufmerksamkeit hegen.

Diese ‚forma vivendi' oder ‚Form, um darin zu leben' hat Franziskus aus Bruderliebe den Schwestern gegeben, das will sagen, aus treuer Liebe, die aus Geistesverwandtschaft mit ihnen hervorgeht.[151] Franziskus hatte seine tiefste Beseelung wiedererkannt in der Weise, wie Klara

---

151 Das lateinische Wort ‚pietas' bedeutet, außer der Treue des Kindes gegenüber seinen Eltern, auch ‚Schwester- oder Bruderliebe' als anhängliche Liebe zwischen Bluts- und Geistverwandten. ‚Pietas' verweist auf drei Beziehungen: a. Der Mensch mit Gott; b. der Mensch mit seinen Mitmenschen, insbesondere das Kind mit seinen Eltern; c. auf eine Eigenschaft Gottes in Beziehung zum Menschen. Das bedeutet dann Gottes gnädige Zuwendung zum bedürftigen Menschen. ‚Pietas' ist Ausdruck der Gabe Gottes. In der Präfation vom heiligen Kreuz deutet es auf die ‚pietas Christi', die Treue Christi zu den Menschen und zu seinem Vater (vgl. 1 Agn 17). Vgl. Louis VAN TONGEREN, *Exaltatio crucis*, 134–135.

und ihre Schwestern dem Form gaben, was ihm ‚der Höchste‘ selbst geoffenbart hatte, ‚dass er nach der Form des heiligen Evangeliums leben sollte‘ (Test 14). Er erkannte dieselbe göttliche Eingebung ihrer beider Berufung. Diese Geistesverwandtschaft muss ihm, ganz gewiss in seinen letzten Lebensjahren, viel gegeben haben.

Mit der ‚forma vivendi‘ hat Franziskus seinen Schwestern gleichsam eine Art Profilskizze der armen Schwester gereicht, an der sie sich *orientieren* und mit der sie ihre *Motivation* immer wieder neu verstärken können sollten.[152] Diese kleine Schrift gibt in wenigen Worten die Innenseite des Lebens einer armen Schwester wieder: die Orientierung an dem Drei-einen Gott und die Verbundenheit mit Ihm. Diese mystische Wirklichkeit schafft im Ganzen der Lebensform, die Klara ihren Schwestern gegeben hat, ein Muster von Absprachen über die Lebensgestaltung: die Feier der Liturgie, der Aufbau der Gemeinschaft, das Bewahren der Stille und der Zurückgezogenheit, die Arbeit und der Umgang miteinander in guten und schweren Tagen. Und dies alles geschieht im göttlichen Raum des Drei-einen Gottes. Innerhalb dieses Raumes kann der Umformungsprozess zur armen Schwester sich täglich vollziehen.

Die Titel ‚Töchter und Dienerinnen‘ nehmen Bezug auf den barmherzigen Vater, auf die intime Verbundenheit durch die Verlobung mit dem Heiligen Geist und zur ‚Vollkommenheit des heiligen Evangeliums‘ als Nachfolge des armen Christus. Tochter und Dienerin des Vaters waren zur damaligen Zeit bekannte Titel für Maria. Franziskus richtet auf diese Weise die Aufmerksamkeit der Schwestern auf Maria als

---

152 Ich vermute, dass diese kleine Schrift zu Beginn den Kern einer Reihe praktischer Anweisungen und Texte aus dem Evangelium gebildet hat. Als Klara ihre Lebensform schrieb, wählte sie die Regel der minderen Brüder (1223) als Grundmodell. Der Urentwurf der Lebensweise für die Schwestern, der wahrscheinlich derselbe gewesen ist wie der der Brüder, war darin verarbeitet. Dass diese Schrift ein *logion* von Franziskus ist und nur in Klaras Erinnerung aufbewahrt lag, bezweifle ich. Vgl. Hubert Jan BISSCHOPS, *Franciscus van Assisi: mysticus en mystagoog*, 190–199.

Lebensmodell und Spiegel und in ihrer Verbindung zum Geheimnis des Drei-einen Gottes.[153]

Hiernach spricht Franziskus sein Versprechen bleibender Treue aus, konkretisiert als geistliche (curam) und materielle (sollicitudinem) Sorge für die Schwestern. Er gebraucht hier starke Worte: ‚ich will und verspreche'. Dies Letzte stimmt überein mit Klaras: ‚Ich habe freiwillig Gehorsam versprochen' (vgl. VI,1). Franziskus' Versprechen hat das Gewicht eines Gelübdes. So hat Klara es auch immer verstanden und beruft sich auf dieses wechselseitige Band. In diesem Kontext ist das liebevolle und besondere Sorge ‚haben' (habere) zu verstehen als eine Grundvoraussetzung für die Form *unserer* Armut – die der Brüder und Schwestern – und als wechselseitige Treue, die aus dem Gehorsams-versprechen entspringt.

9.2.1   Lebensform der Armut

Was beinhaltet die ‚Vollkommenheit des heiligen Evangeliums'? Schon in den ersten Jahrhunderten der Christenheit galten der Verzicht auf materiellen Überfluss und selbst der vollständige Verzicht auf allen Besitz als das Kennzeichen der Nachfolge Christi. Dahinter stand das Ideal, ‚nackt dem nackten Christus folgen', um so zur ursprünglichen Nacktheit – der unberührte Zustand des Paradieses – zurückzukehren. In den Vätersprüchen und in den Schriften des Cassian sind die Begriffe ‚nackt' und ‚arm' noch deckungsgleich. So wird die Rede, „Christus nackt und arm zu folgen", zum Ausdruck für ein Leben in völliger Übereinstimmung mit dem Evangelium.

---

153   Die Titel lassen denken an die Antiphon von Maria aus dem ‚Offizium vom Leiden des Herrn' von Franziskus. Vgl. Jean LECLERCQ, *«Marie Reine» dans les sermons de Saint Bernard*, in: *Recueil d'etudes sur Saint Bernard et ses écrits (V)* (= Storia et Letteratura 182). Roma 1992, 125–136. Siehe den Vergleich der Antiphon von Maria und der ‚forma vivendi' in Kapitel 2; Edith VAN DEN GOORBERGH, *Maria bij Franciscus: spiegel en voorbeeld ter navolging*, in: *Franc Leven* 87 (2004), 174–185.

Die Reform- und Bußbewegungen des zwölften Jahrhunderts nahmen das Beispiel Jesu, der arm lebte, von neuem auf und wählten als Lebensprojekt, arm dem armen Christus folgen. Die Perspektive war nun nicht so sehr, zur ursprünglichen paradiesischen Unschuld zurückzukehren, als vielmehr das ursprüngliche Bild von Gott wieder herzustellen, wie Jesus Christus das in seiner Armut, Niedrigkeit und seinem Gehorsam erkennbar gemacht hat.[154] Der Lebensentwurf der ‚Vollkommenheit des heiligen Evangeliums' steht bei Franziskus und Klara nicht losgelöst von den gesellschaftlichen und kirchlichen Entwicklungen. Zwar war Franziskus einer der ersten, die von Papst Innozenz III. 1209/10 die Genehmigung für diesen Lebensentwurf erhielt; Klara folgte 1215/16. Mit diesen Genehmigungen nahm der Papst jedoch lediglich eine bereits bedeutende Reformbewegung in die Kirche auf.

Der Ausdruck ‚Vollkommenheit des heiligen Evangeliums' hat nichts zu tun mit Streben nach Perfektion, sondern umschreibt eine Übung, dem armen Christus zu folgen, um zur Gleichförmigkeit mit Ihm zu wachsen. Für diese Armut als Lebensweise, in der man ohne persönlichen Besitz und im Vertrauen auf die nie nachlassende Sorge des himmlischen Vaters gemeinschaftlich ohne feste Einkünfte lebt, entscheidet man sich freiwillig. In Klaras Briefen finden wir Spuren der mystischen Dimension dieser Spiritualität.[155]

9.2.2 Klaras Bestätigung

Klara bestätigt, dass Franziskus sein ganzes Leben seiner brüderlichen Fürsorge treu geblieben ist. Er war den Schwestern immer eine Unterstützung bei der gemeinschaftlichen Armut, wie Klara das ebenso von den Brüdern verlangt, die den Schwestern gegeben sind (vgl. XII,6).

---

154 Vgl. M. Bernards, *Nudus nudum Christum sequi*, in: *WiWei* 14 (1951), 148–151.
155 Vgl. Edith van den Goorbergh / Theo Zweerman, *Klara van Assisi. Licht aus der Stille*, 122.

5. Quod dum vixit diligenter implevit, et a fratribus voluit semper implendum.	5. Dies erfüllte er liebevoll, solange er lebte, und er wollte, dass es von den Brüdern immer zu erfüllen sei.
6. Et ut nusquam declinaremus a sanctissima paupertate quam cepimus, nec etiam quae post nos venturae essent, paulo ante obitum suum iterum scripsit nobis ultimam voluntatem suam dicens:	6. Und damit weder wir noch diejenigen, die nach uns kommen, jemals von der heiligsten Armut, die wir auf uns genommen haben, abweichen, schrieb er uns wiederum kurz vor seinem Heimgang seinen "letzten Willen", indem er sprach:

‚Damit weder wir noch [...] jemals von der heiligsten Armut abweichen': das Verb ‚abweichen' lässt an das Gehen eines Weges denken. Die ‚heiligste Armut' Jesu Christi ist der Weg: ‚Der Sohn Gottes ist für uns Weg geworden', schreibt Klara in ihrem Testament (Vers 5).[156] In der Lebensform stimmt die ‚heiligste Armut' (VI,6) mit der vorher genannten ‚Vollkommenheit des heiligen Evangeliums' (VI,3) überein. Wo Klara das Adjektiv ‚heilig' hinzufügt, verweist sie auf das, was zu Gott gehört. Klara kreist hier um den Kern von *unserer Armut*: die nie nachlassende Nachfolge des armen und niedrigen Gottessohnes. Das beinhaltet: mitgehen in dessen Entäußerung und niedrigen Dienst des Gehorsams (vgl. Phil 2,6–11). Sie spricht hier ihre Gemeinschaft an und die Schwestern, die nach ihrem Tod eintreten werden. Der Aufruf, nie abzuweichen, gilt also auch uns. Wie können wir den Weg der heiligsten Armut bewahren? Können wir als Schwestern und Brüder einander darin ermutigen und unterstützen? Wie können wir teilnehmen an Jesu Armut und Niedrigkeit, damit wir in Ihn umgeformt werden zur Ähnlichkeit mit Ihm?

---

156 ‚Nicht abweichen' (non declinare) kommt sieben Mal vor in Klaras Testament. Ein typischer Wortgebrauch von Klara? Franziskus gebraucht ‚recedere' (abweichen, zurückziehen, abfallen): siehe KlReg VI,9.

9.3 Franziskus' Letzter Wille: seine Botschaft und sein Beispiel

Klaras Erinnerung an den Letzten Willen des Franziskus bildet, wie schon früher bemerkt, die genaue Mitte ihrer Lebensform. Indem sie dieses geistliche Testament so zentral stellt, untermauert sie für ihre Nachfolgerinnen die Lebensform mit dem Rat des Franziskus.

7. Ego frater Franciscus parvulus volo sequi vitam et paupertatem altissimi Domini nostri Jesu Christi et eius sanctissimae matris, et perseverare in ea usque in finem.	7. „Ich, der ganz kleine Bruder Franziskus, will dem Leben und der Armut unseres höchsten Herrn Jesus Christus und seiner heiligsten Mutter nachfolgen und darin bis zum Ende verharren.
8. Et rogo vos, dominas meas, et consilium do vobis, ut in ista sanctissima vita et paupertate semper vivatis.	8. Und ich bitte euch, meine Herrinnen[157], und gebe euch den Rat, ihr möchtet doch allezeit in diesem heiligsten Leben und in der Armut leben.
9. Et custodite vos multum ne doctrina vel consilio alicuius ab ipsa in perpetuum ullatenus recedatis.	9. Und hütet euch sehr, dass ihr durch irgendjemandes Lehre oder Rat in irgendeiner Form auf ewig davon abweicht."

Zweimal schreibt Franziskus: ‚Ich will' (in Vers VI,4 und VI,7). Er gebraucht das Wort Wollen viel häufiger als Klara.[158] Sie nimmt nur einmal Bezug auf diesen Willen und zwar im Zusammenhang mit dem Gehorsam, den die Schwestern freiwillig dem Herrn und Franziskus versprochen haben: ‚Daher will ich, dass sie ihrer Mutter gehorchen, wie sie es dem Herrn versprochen haben, aus freiem Willen' (X,2; KlTest 68). Dieser freie Wille ist ein frei gewordener Wille, frei von allerlei verborgen anhaftendem Eigeninteresse und gelenkt durch die göttliche

---

157 ‚Domina' (Hohe oder Edle Frau) ist im Mittelalter die Anrede für adelige Damen und Nonnen, auch für Maria. Franziskus nimmt hier die Stelle des ‚Geringsten' (parvulus) ein, wie der ‚geringste Diener' (servulus) in feudalen Kreisen. Vgl. Jean LECLERCQ, *«Marie Reine»" dans les sermons de Saint Bernard*.

158 Vgl. Test: 12 Mal. Siehe auch: Edith VAN DEN GOORBERGH / Theo ZWEERMAN, *Klara von Assisi: Licht aus der Stille*, 306–308.

Eingebung. Alles, was Klara in ihrer Lebensform und ihrem Testament über gehorchen schreibt, geht zurück auf diesen befreiten Willen.

Franziskus präsentiert sich selbst als Modell eines Nachfolgers des Lebens und der Armut unseres höchsten Herrn Jesus Christus. Er fügt hier ‚seine heiligste Mutter' hinzu, denn er spricht die Schwestern an, wie er das in seiner ‚forma vivendi' mehr verhüllt getan hat (vgl. VI,3). Er bittet die Schwestern und gibt ihnen Rat. Er auferlegt ihnen nichts, aber es ist schon ein dringender Ratschlag: bitten und Rat geben fungieren fast als Synonyme. Die Berufung zur armen Schwester ist eine Einladung Gottes, aber die Gerufene muss dem freiwillig Gehör schenken. Dass diese Berufung nicht von jedem gut verstanden wird, hat nicht nur Klara, sondern auch Franziskus sowohl von der kirchlichen Behörde wie von einer Anzahl Brüder, die die Armut des Anfangs nicht mehr für durchführbar hielten, sehr wohl erfahren. Aus der eigenen Erfahrung heraus spornt Franziskus an zur Wachsamkeit und zur Unterscheidung.

9.4 Ökonomie der evangelischen Armut

10. Et sicut ego semper sollicita fui una cum sororibus meis sanctam paupertatem quam Domino Deo et beato Francisco promisimus custodire,	10. Und wie ich selbst zusammen mit meinen Schwestern immer besorgt war, die heilige Armut zu bewahren, die wir Gott, dem Herrn, und dem seligen Franziskus versprochen haben,
11. sic teneantur abbatissae quae in officio mihi succedent et omnes sorores usque in finem inviolabiliter observare,	11. so seien die Äbtissinnen, die mir im Amt nachfolgen, und alle Schwestern verpflichtet, sie bis ans Ende unverletzt zu beobachten,
12. videlicet in non recipiendo vel habendo possessionem vel proprietatem per se neque per interpositam personam,	12. nämlich weder Besitz noch Eigentum, weder persönlich noch durch eine Mittelsperson anzunehmen oder zu haben,
13. seu etiam aliquid quod rationabiliter proprietas dici possit,	13. noch sonst irgendetwas, was in begründeter Weise Eigentum genannt werden kann.

14. nisi quantum terrae pro honestate et remotione monasterii necesssitas requirit;	14 Dabei ist ausgenommen so viel Land, wie es die Notwendigkeit für Ehrenhaftigkeit und Abgeschiedenheit des Klosters verlangt.
15. et illa terra non laboretur, nisi pro horto ad necessitatem ipsarum.	15. Und dieses Land soll nicht bearbeitet werden, außer als Garten für ihren eigenen Bedarf.

9.4.1 Die Armut bewahren

‚Und': Klara geht gleichsam in einem Atemzug weiter. Sie will ununterbrochen in der Fußspur des Franziskus weiterhin gehen. Nicht umsonst wiederholt sie seine Worte. Die Notwendigkeit, die Armut zu bewahren, drängt sich auf. Klara und ihre Schwestern gehören zu dem kleinen Rest, der treu geblieben ist der Lebensweise der ersten Stunde. Schon früher hatte sie diesen Ratschlag auch Agnes von Prag gegeben, als diese vor der Wahl stand, ob sie sich an ein Leben ohne feste Einkünfte für ihre Gemeinschaft heranwagen durfte:

‚Um aber auf dem Weg der Gebote des Herrn umso sicherer voranzuschreiten, befolge den Rat unseres ehrwürdigen Vaters, unseres Bruders Elias, des Generalministers. Seinen Rat ziehe den Ratschlägen anderer vor und halte ihn für Dich teurer als jedes Geschenk. Wenn Dir aber jemand etwas anderes sagen, etwas anderes einreden wollte, was Deiner Vollkommenheit hinderlich wäre oder Deiner göttlichen Berufung zu widersprechen schiene, dann folge dem Ratschlag eines solchen Menschen nicht, auch wenn Du ihm Verehrung schuldig wärest' (2 Agn 15–17).

Scharfe Sprache einer entschiedenen Frau, die weiß, vor wem sie stand. Und zwar in dem Bewusstsein, dass man diese Standfestigkeit nicht selbst machen kann. Diese Ausdauer ist das Kennzeichen der echten Berufung zur evangelischen Armut.

Mit einer feinsinnigen Wiederholung gibt Klara ihrer Darlegung Kraft: ‚Und wie ich' (Et sicut ego). In dem ‚ego' spiegelt sich das ‚ego' des Franziskus wider (VI,7). Hier hören wir aufs Neue die begeisterte Sprache einer geistlichen Führerin. Und um es nicht zu vergessen: Klara schreibt in dem Bewusstsein, dass ihr Lebensende nah ist und dass sie etwas Kostbares weiterzugeben hat.

Auch steht da wieder ‚zusammen mit meinen Schwestern‘ und ‚die wir Gott, dem Herrn, und dem seligen Franziskus versprochen haben‘. ‚Zusammen‘, ‚wir‘ und ‚versprechen‘ nehmen die Botschaft aus dem ersten Vers (VI,1) und aus dem Beginn der Lebensform (I,4) wieder auf. Es ist klar: Klara sieht die Gemeinschaft als ein wesentliches Element für den Lebensweg der evangelischen Armut. Sie spricht ihre Nachfolgerinnen an und stellt sich selbst mit ihren Schwestern noch einmal als Beispiel und Spiegel vor: ‚Und wie ich selbst zusammen mit meinen Schwestern immer besorgt war, die heilige Armut zu bewahren, (...) so seien die Äbtissinnen (...) und alle Schwestern verpflichtet, sie bis ans Ende unverletzt zu beobachten.‘ Spiegelung und Widerspiegelung: das ist es, worum Klara ihre Jüngerinnen bittet, damit sie, ansteckend füreinander, dem armen Christus immer ähnlicher werden dürfen (vgl. 2 Agn 20). Die ‚heilige Armut‘ ist eine göttliche Wirklichkeit, die Menschen neuschafft zur ‚Freiheit der Kinder Gottes‘ (Röm 8,21). Vom Kreuz seines Sohnes her kam der Auftrag an Franziskus, an dem Klara von Herzen Anteil zu haben verlangte: ‚Geh und stell mein Haus wieder her, das ganz zerfällt‘ (2 C 10). Zusammen mit ihren Schwestern weiß sie sich gerufen, ‚die fallenden Glieder seines unaussprechlichen Leibes‘ zu unterstützen und aufzurichten (3 Agn 8). Von daher der kräftige Aufruf auszuhalten.

9.4.2 Kein extra Land als Eigentum

Ohne hinter das Vorhergehende einen Punkt zu setzen, geht Klara über in die Praxis. Jetzt folgen Anweisungen über die *Lebensgestaltung*, was das Wohnen und die Arbeit betrifft und wie man an die Nahrung kommt.

Offenbar reflektiert Klara hier auf eigene Erfahrungen. Es liegt so nahe, selbst Besitz und Eigentum, die den Lebensunterhalt gewährleisten, zu erwerben. Und es ist so verführerisch, unabhängig und autonom zu sein. Sie hat die Not selbst erlebt. Und es gibt immer Zwischenpersonen, die das Beste mit den Schwestern vorhaben. Kein Geringerer als Papst Gregor IX. in höchsteigener Person hat sich dafür eingesetzt, alle Klöster der armen Frauen mit festen Einkünften zu versehen. Aber bei den Schwestern in San Damiano hat er den Kürzeren gezogen (vgl. LebKl 14). Ihnen ging ihre Sendung vor: kein Eigentum oder etwas, was dem ähneln könnte, denn Jesus Christus hat sich selbst in dieser Welt arm gemacht, damit die Menschen, die so arm und bedürftig sind, in Ihm reich gemacht werden sollen (vgl. 2 Kor 8,9; 1 Agn 19–20).

Und doch, der Aufruf, selbst oder durch eine Zwischenperson kein Eigentum zu erwerben, ist kein absolutes Verbot. Um der Absonderung willen ist mehr Land beim Kloster nötig als für den Anbau von Nahrung. Darüber besteht kein Zweifel: die Abgeschlossenheit gehört zur Architektur der Lebensweise der Schwestern. Die Hinzufügung: ‚pro honestate' (angebracht um des guten Namens oder der Integrität willen) unterstreicht dies. Und das Wort ‚nötig' kommt wieder wie ein Wegweiser in Sicht. Eine Gemeinschaft, die in Zurückgezogenheit lebt, hat Raum nötig, um zu leben. Es ist eine Grundvoraussetzung. Dennoch müssen die Schwestern wachsam bleiben. Das Land darf nicht gebraucht werden als eine verborgene Quelle für Einkünfte. Da darf nur ein Gemüsegarten sein für den eigenen Gebrauch. Der Rest des Landes muss unbearbeitet bleiben. Die Anmerkung über Land als Eigentum hat zu tun mit der Tatsache, dass Land in dieser Zeit eine der besten Formen von Lebensversicherung war.

9.4.3 Arbeiten

Dieses Stück ist zu einem großen Teil wörtlich übernommen aus Kapitel 5 der Bullierten Regel der Minderbrüder (1223). Klara fügt die Zeitangabe hinzu: ‚Nach der Hore der Terz'. Die Tagesordnung wird wie in der Regel für die Einsiedeleien eingeteilt in den Rhythmus der Gebetszeiten (vgl. REins 4). Für ein gesundes psychisches und physisches Gleichgewicht ist es gut, beten und arbeiten abzuwechseln. ‚Ora et labora‘ (bete und arbeite), so lautete das Motto der Wüstenmönche.[159] Diesen traditionellen Ausdruck 'ora et labora' gebraucht Klara nirgends in ihren Schriften, obwohl er ihr sicher bekannt gewesen sein muss. Dieser Abschnitt über Arbeit schließt nahtlos an die Absprachen über das Land, das nicht nutzbar eingesetzt werden darf (VI,12–15). Denn es geht unter anderem um die Frage: wie kommen wir an den Lebensunterhalt?

1. Sorores, quibus dedit Dominus gratiam laborandi, post horam tertiae laborent, et de laboritio quod pertinet ad honestatem et communem utilitatem, fideliter et devote,	1. Die Schwestern, denen der Herr die Gnade zu arbeiten gegeben hat, sollen nach der Hore der Terz treu und hingebungsvoll arbeiten, und zwar eine Handarbeit, die sich auf Ehrenhaftigkeit und gemeinsamen Nutzen bezieht,
2. ita quod, excluso otio animae inimico, sanctae orationis et devotionis spiritum non exstinguant, cui debent cetera temporalia deservire.	2. so dass sie unter Ausschluss des Müßiggangs, des Feindes der Seele, den Geist heiligen Gebetes und der Hingabe nicht auslöschen, dem alle übrigen zeitlichen Dinge dienen müssen.

9.4.4 Gnade zu arbeiten

‚Gnade zu arbeiten‘: die Schwestern, die in der Lage sind, anstrengende Arbeit zu verrichten, werden zuerst angesprochen. Klara gebraucht hier das Verb ‚laborare‘, was ‚sich anstrengen, schwere Arbeit verrichten‘ bedeutet. Das Süd-Niederländische ‚labeur‘ (schwere Arbeit auf dem Land) ist damit verwandt. Gegenwärtig wird viel von dieser Art Arbeit mit Maschinen gemacht, auch Arbeit im Haushalt. Doch bleibt da noch genug übrig, um sich aus Erfahrung einzufühlen, worum es hier geht, wenn es nämlich notwendig ist, alle Arten Arbeit, leichte

---

159 Basilius SENGER, *Zur Spiritualität der Benediktsregel*, in: Anton ROTZETTER (Hg.), *Geist und Geistesgaben*, 112–114: Die Formel „ora et labora" entstand erst 300 Jahre nach Benedikt; Pia LUISLAMPE, *Die „ars spiritualis" in der Regula Benedicti auf den Hintergrund des alten Mönchtum*, in: Anton ROTZETTER (Hg.), *Geist und Geistesgaben*, 95–104.

und schwere, anzupacken (vgl. VI,2). Die Kraft, dazu im Stande zu sein, und eine bestimmte Anlage oder Geschicklichkeit sieht Klara als eine Gnade, als etwas, was man umsonst geschenkt bekommt. Klara würde von Herzen einstimmen können mit dem heutigen Theologen Anton Houtepen: ‚Wir haben – auch wenn uns das Sein als Gott verweigert ist – Anteil an Gottes eigener Arbeit und an Gottes eigenem Handeln. Wir bearbeiten die Erde als Gottes Gartenarbeiter, Gutsverwalter, Verwalter von Gottes guter Schöpfung. (...) Arbeiten zu können ist eine göttliche Gabe.'[160]

Klara sagt ausdrücklich, dass Arbeit beitragen muss zur Formung der Schwester: Arbeit, die zur Rechtschaffenheit oder Integrität der Schwester dient. Arbeiten und Verantwortung tragen für eine Aufgabe in der Gemeinschaft sind formend für jemandes Entwicklung. Es fällt auf, dass Klara an Arbeiten nicht wie an eine Last herangeht, sondern vor allem positiv. Wenn wir Arbeit als eine Gnade sehen, liegt der Akzent nicht auf der Schwere der Arbeit: ‚Im Schweiße deines Angesichtes sollst du dein Brot essen' (Gen 3,19), sondern man kommt dichter an die ursprüngliche Bedeutung heran, nämlich dass ein Mensch am Schöpfungswerk Gottes Anteil hat: ‚Dann sprach Gott: Lasst uns Menschen machen als unser Abbild, uns ähnlich. Sie sollen herrschen über die Fische des Meeres, über die Vögel des Himmels, über das Vieh, über die ganze Erde und über alle Kriechtiere auf dem Land. Gott schuf also den Menschen als sein Abbild; als Abbild Gottes schuf er ihn. Als Mann und Frau schuf er sie. Gott segnete sie und Gott sprach zu ihnen: Seid fruchtbar und vermehrt euch, bevölkert die Erde, unterwerft sie euch und herrscht über die Fische des Meeres, über die Vögel des Himmels und über alle Tiere, die sich auf dem Land regen' (Gen 1,26–28).

---

160 Anton HOUTEPEN, *Uit aarde, naar Gods beeld*, 292.

9.4.5 Wer nicht arbeiten kann

Und wie ist es dann, wenn jemand nicht arbeiten kann? Klara ist selbst oft und langanhaltend krank gewesen und mit ihr eine große Anzahl Schwestern. Sie hat am eigenen Leib erfahren, dass zu leiblicher Anstrengung fähig zu sein wirklich Gnade ist. Durch Krankheit und Alter zieht die Gnade zu arbeiten sich allmählich zurück oder man empfängt diese Gnade überhaupt nicht mehr. Klara bringt, indem sie Arbeit eine Gnade nennt, unsere existenzielle Armut, nämlich unsere Gebrechlichkeit und Vergänglichkeit, implizit in den Blick. Bei Schwestern, die nicht mehr in der Lage sind zu arbeiten, verlagert sich der Schwerpunkt auf loslassen, übergeben, überlassen an andere, akzeptieren des Nicht-mehr-könnens – was ebenfalls manchmal ‚anstrengende Arbeit' ist. Viele Menschen erfahren es als sehr schmerzlich, nicht mehr arbeiten zu können. Worauf man sich einlassen kann, ist das, was man irgendwann einmal hat tun dürfen, dankbar zurückzugeben, indem man das Gut übergibt. Und so durch die Annahme des *Nicht-könnens* zeigen, dass ein Mensch *umsonst* sein darf, lebend im Vertrauen auf die sorgende Nähe Gottes, der sich erfahren lässt in der Sorge von Menschen. ‚Da sein zu dürfen, auch wenn wir nicht arbeiten können, ist gerade eine große Gabe, besonders für andere da sein zu dürfen, Liebe empfangen und geben zu können. Das hängt also nicht von Leistungen ab oder von berechenbaren Verdiensten. Wohl von aktivem Einsatz und Aufmerksamkeit, von liebevollem Handeln.'[161]

9.4.6 Was für Arbeit?

Klara gibt keine praktischen Richtlinien. Dieser Abschnitt ist kennzeichnend für einen offenen Text. Nur die Arbeitsbereiche werden abgesteckt. Und darin kann alles getan werden, was der Art der Arbeit entspricht: ‚die sich auf Ehrenhaftigkeit und gemeinsamen Nutzen

---

161 Anton HOUTEPEN, *Uit aarde, naar Gods beeld*, 293.

bezieht'. Das ist oft anstrengende Handarbeit, im Haus und im Garten, aber auch andere kreative und selbst künstlerische Arbeit. Klara und ihre Schwestern haben Garn gesponnen und Textilien gewebt für eigene Kleidung. Textilheimindustrie wurde von vielen in Zurückgezogenheit lebenden Frauen ausgeübt.[162] Klara machte während ihre Krankheit Korporalien und Altarleinen für die Kirchen rund um Assisi. Und dass dabei auch die Stickerei ausgeübt wurde, zeigt sich in der Dalmatik, die sie für Franziskus gemacht hat. Diese ist in der Krypta von Santa Chiara in Assisi zu bewundern.

Warum müssen die Schwestern arbeiten? Es ist ein Auftrag des Schöpfers, dass jeder Mensch, der kann, selbst den Lebensunterhalt verdienen muss. Wie der Apostel Paulus den Christen von Thessaloniki schreibt: ,Setzt eure Ehre darein, ruhig zu leben, euch um die eigenen Aufgaben zu kümmern und mit euren Händen zu arbeiten, wie wir euch aufgetragen haben. So sollt ihr vor denen, die nicht zu euch gehören, ein rechtschaffenes Leben führen und auf niemand angewiesen sein.' (1 Thess 4,11.12).

Wie müssen die Schwestern arbeiten? Indem sie aufmerksam und konzentriert arbeiten, bleibt der Geist innerlich frei für den eigenen Beitrag für die Gemeinschaft. Jemand, die ihre Arbeit mit dem Einsatz der ihr anvertrauten Talente tut, trägt bei zum Aufbau der Gemeinschaft. Man soll vermeiden, sich selbst zu überladen oder sich von anderen überfordern zu lassen. Der Ertrag der Arbeit soll nicht höher sein als das, was ausreichend ist für den Lebensunterhalt. Produktive Arbeit, um Geld oder Einkünfte zu sammeln, ist unter keiner Bedingung das Ziel. Die Gnade zu arbeiten darf nicht missbraucht werden für welche Art von Eigeninteresse oder Besitzbildung auch immer. Klara und ihre Schwestern wählten eine Ökonomie von genug und von miteinander teilen.

---

162 Vgl. ProKl I,11; Joy Prakash KUZHIPARAMBIL, *Saint Claire of Assisi: Prophetess of the Absolute*, 261–468, 464.

9.4.7 Treu und hingebungsvoll

Klara schenkt vor allem der Art und Weise Aufmerksamkeit, wie die Arbeit getan werden soll, nämlich ‚treu und hingebungsvoll'. Es geht also nicht primär um Fleiß, auch nicht darum, was jemand leistet. Indem sie zweimal den Begriff *Hingabe / hingebungsvoll* gebraucht, zeichnet sie vor allem eine Lebenshaltung, bei der nicht nur die Arbeit, sondern – so darf man wohl sagen – das ganze Leben zur Diskussion steht. *Treu* steht dem gegenüber, was geisttötend ist, was ‚den Geist heiligen Gebetes und der Hingabe' erstickt. Was könnte Klara als auslöschend und tötend gesehen haben? Ablenkende Gespräche, Unruhe erzeugendes Benehmen, trödeln, Tagträumerei, Selbstbespiegelungen, sich kein Bein ausreißen, Arbeitsstress und Arbeitsdruck? Gegenwärtig wird nicht selten durch übermäßigen Arbeitsdruck der Geist der Hingabe erstickt. Stress zieht den Menschen an die Oberfläche des Daseins und führt zum Verlust des Kontaktes mit der Quelle des Lebens.

Treu und der *Geist heiligen Gebetes* werden durch die Wiederholung von *hingebungsvoll* unmittelbar aufeinander bezogen. Es sind Kräfte oder *Tugenden*, die uns von Gott her geschenkt werden. Das heißt, dass für niemanden darin eine Ausnahme gemacht werden kann, treu zu sein und hingebungsvoll zu leben im Geist des Gebetes. Und dass wir uns darin *üben* müssen, unser Herz zu reinigen, damit die bereits genannten Kräfte uns umformen können zu Menschen Gottes. Die Arbeitsgebiete, die Klara absteckt, könnten wir als Übungsplätze sehen. Jeder Arbeit ist eine Grenze gesetzt, sowohl in der Zeit wie in der Menge. Das Kriterium ist, was die Gemeinschaft nötig hat.

9.4.8 Was ist hingebungsvoll?

Der Duden umschreibt ‚Hingabe' mit ‚rückhaltloses Sich Hingeben für / an jemanden, etwas' / hingebungsvoller Eifer, Leidenschaft'. Ich würde Hingabe etwas dynamischer umschreiben wollen und zwar als eine Kraft, die vom Personkern her den Willen oder die innere

Triebfeder in Bewegung bringt und ausrichtet. Es ist die innerliche Motivation, um das Beste und das Schönste von sich selbst zu geben. Hingabe sagt alles darüber, was dir in deinem Leben wichtig ist, wo dein Engagement liegt und wen du bedingungslos liebst. Deine Hingabe kann auf Gott gerichtet sein, auf Menschen, aber auch auf Geld, Ansehen, ein Hobby oder Bedürfnis. Deine Hingabe beeinflusst deine Auffassungen in Bezug zu Werten und Normen. Wenn die Hingabe auf Gott gerichtet ist, stimmst du dein Tun und Lassen auf Gottes Wort ab, um dich durch den Heiligen Geist umformen zu lassen. Hingabe ist also eine Lebenshaltung, die bestimmend ist für deine persönliche Lebensgestaltung. Sie ist die ungeteilte Ausrichtung auf das, was dir vom Herrn anvertraut worden ist, nämlich um im Geist des Gebetes die Gnade zu arbeiten dankbar einzusetzen.[163] Die Arbeit steht, wie auch das Gebet, im Dienst der Bewusstwerdung des anhaltenden Bekehrungsprozesses zur armen Schwester. Hingabe ist wesentlich. Darin geschieht die Umformung zur ‚Helferin Gottes' und Stütze für die ‚fallenden Glieder seines unaussprechlichen Leibes' (vgl. 3 Agn 8).

In dem Wort ‚devotio' (Hingabe, Ergebenheit, Gottesfurcht) klingt das Wort ‚votum' (Gelübde, Sehnsucht) durch. Im mittelalterlichen Latein gibt es eine Verwandtschaft zwischen beiden Worten. Es geht dann um die Hingabe an Gott oder an die Götzen. Ein ‚devota' / ‚devotus' ist eine Frau, beziehungsweise ein Mann, der durch ein Gelübde Gott geweiht ist. Auch die Schwestern haben sich durch Gelübde Gott geweiht und daher berühren die Gelübde jeden Moment ihres ganzen Wesens bei allem, was sie tun. Hingabe an Gott steht bei Klara inhaltlich nah bei Buße tun. Buße steht, wie schon gesagt, in ihren Schriften im Kontext von Gehorsam versprechen. ‚Buße tun' beinhaltet: zugekehrt, zugewandt leben, ergeben sein. An erster Stelle gilt bei ‚devotio' dann die Hinwendung an Den, der sich uns zugewandt hat, uns sucht und mit uns in gegenseitiger Ergebenheit sein will.

Die Schwestern haben ihre Gelübde abgelegt, sich Gott geweiht, um dem geweihten Leben des armen Christus nachzufolgen. Er ist ‚der Weg,

---

163   Vgl. Kees WAAIJMAN, *Handbuch der Spiritualität*, Teil II., 1.2.4.

die Wahrheit und das Leben' (Joh 14,6). Wenn diese Verbundenheit nicht da ist, wird es schwierig sein, ein Leben totaler Hingabe an Gott durchzuhalten. Diese Hingabe ist der Kern der Gelübde und darum ist es kein Zufall, dass wir der Hingabe gerade im Lebensbereich der Arbeit begegnen und da, wo es darum geht, Einkünfte und Lebensunterhalt zu verdienen. Da liegen ja die Versuchungen verborgen, untreu zu werden der Lebensweise der Armut, wie diese ‚dem Herrn versprochen ist' (X,2).

9.4.9   Mangel an Hingabe

Von Natur aus ist der Mensch sich selbst zugewandt. Bei Kindern dreht sich alles um das eigene Ich. Das ist auch gut so. Das Kind muss sich selbst entdecken als ein ‚ich', ein ‚du', ‚er' oder ‚sie'. Aber wenn ein Mensch nicht hinauswächst über diese ich-gerichtete Lebenshaltung, bleibt er in dieser unerwachsenen Haltung stecken. Er sucht dann in allem den eigenen Vorteil. Darum hat jeder Bekehrung nötig, um erwachsen zu werden. Und selbst wenn jemand erwachsen ist, kommen die edelsten Neigungen doch manchmal hervor aus Selbstsucht. Ein Mensch erweist vorzugsweise den Menschen Liebe, die Liebe zurückgeben. Auch die Liebe zu Gott kann mit der Erwartung zu tun haben, dass wir davon besser werden. Wenn wir unseren tiefsten Motiven nachgehen, entdecken wir häufig, dass sie, ungeachtet der guten Absichten, unrein sind. Aber wir brauchen den Mut nicht zu verlieren. Lebenslang bleiben wir Lehrlinge im Übungsfeld des Evangeliums Jesu Christi. Und Klara und ihre Schwestern sind uns als Spiegel und Vorbild gegeben.

9.4.10 Müßiggang, der Feind der Seele

Was bedeutet ‚Müßiggang, Muße' (otium; VII,2)? Dieses Wort hat in der mönchischen Tradition eine negative und eine positive Bedeutung. Positiv bedeutet es Ruhe, inneren Frieden. Negativ, wie es hier von Klara gebraucht wird, bedeutet es Nichtstun, Leere, Trägheit. Eine Art von *Langeweile*, die die Versuchung in sich trägt, Ablenkung zu suchen in Zerstreuung, Zersplittern der Aufmerksamkeit, oder ins Gegenteil zu flüchten von Leistungsdruck und Wichtigtuerei. Das alles ist ein Angriff auf eine aufmerksame Lebenshaltung. Das Innere wird zerbröselt und fällt auseinander. Diese Art Nichtstun ist der Feind der Seele, tötet die Seele. In der mönchischen Tradition heißt dieser Zustand auch acedia oder Lauheit.[164] Durch diese geisttötende Langeweile kann jemand in Verwirrung geraten und sich so verzweifelt fühlen, dass jemand sein Leben als Mönch / Nonne aufgeben will. In solch einem Zustand ist man stark geneigt, sich vor anderen zu verschließen und sich in eigenen Kreisen festzudrehen. Es ist also eine verhängnisvolle Gemütsverfassung, die wie eine ansteckende Krankheit die Zusammengehörigkeit und auch die kontemplative Atmosphäre einer Gemeinschaft angreift.[165]

Wichtig ist in diesem Zusammenhang, was Franziskus in der siebenundzwanzigsten Ermahnung sagt: ‚Wo Ruhe ist und Betrachtung (meditatio), da ist nicht Aufregung (sollicitudo) noch unsteter Geist (vagatio)' (Erm 27,4). ‚Quies' (Ruhe) ist ein Äquivalent von ‚otium' (positiv). Es geht nicht darum, dass man nichts in den Händen hat, sondern dass man sich Druck macht, um alles Mögliche tun zu wollen; dass man von einem zum anderen rennt und dem Wort Gottes keine

---

164 Vgl. JOHANNES CASSIANUS (um 360–430), *Von den Einrichtungen der Klöster*, IX,1; X,1-2: *Von dem Geiste der Lauheit.*

165 JOHANNES CASSIANUS, *Von den Einrichtungen der Klöster*, IX,1: ‚Im fünften Kampfe müssen wir die Stacheln der nagenden Betrübnis abstumpfen. Wenn nämlich diese Gemütsstimmung hier und da durch einzelne Angriffe und durch unsichere und mannigfaltige Zufälle Gelegenheit gefunden hat, von unserm Geiste Besitz zu nehmen, so verschließt sie uns jeden Augenblick jeglichen Einblick in die Betrachtung göttlicher Dinge, verdrängt die Seele aus jeglichem Zustande der Reinheit, schwächt sie gänzlich und drückt sie darnieder. Sie gestattet nicht, dass das Gebet die Seele mit der gewohnten inneren Heiterkeit erfülle, sie lässt nicht das Heilmittel frommer Lesung anwenden, duldet nicht, dass der Ordensmann ruhig und mild gegen seine Mitbrüder auftritt, und macht ihn bei allen pflichtschuldigen Arbeiten und religiösen Übungen ungeduldig und mürrisch. Sie vereitelt jeden heilsamen Rat, untergräbt die innere Standhaftigkeit und macht den Geist gleichsam wahnsinnig und trunken, bricht ihn und stürzt ihn in sträfliche Verzweiflung.' Vgl. 2 C 125.

Chance gibt, es in die eigene Mitte sinken zu lassen. Dann ist man nicht bei dem ‚Einen, was nötig ist': ‚Marta, Marta, du machst dir viele Sorgen (sollicita) und Mühen. Aber nur eines ist notwendig. Maria hat das Bessere gewählt, das soll ihr nicht genommen werden' (Lk 10,41–42).

Nichtstun bedeutet: nicht bei den Dingen Gottes sein. So kann man ganz hart arbeiten, doch nichts tun als allein nur umherirren. Es dreht sich bei Nichtstun immer um die Frage: durch was oder wen bin ich besetzt? Und bin ich überall und nirgends zugleich? Oder bin ich anwesend im ‚innersten Raum' (penetralia) von Gott (vgl. LebKl 36)? Und kann ich dort von Ihm gefunden werden?

9.4.11 Der Geist heiligen Gebetes und der Hingabe

Hingabe und der Geist heiligen Gebetes bilden einen festen Zusammenhang. Hingabe setzt eine Haltung von Übergabe voraus, Inständigkeit während des Betens und Ausdauer. Man lässt sich nicht zurückhalten von Anstrengung, Langweiligkeit. Man bleibt bei allem, was man tut – ob das beten, arbeiten oder entspannen ist – innerhalb des Übungsfeldes, das gekennzeichnet ist durch die Zeit und den Raum der Tagesordnung. Die Kraft oder Tugend der Hingabe öffnet den Zugang zum Heiligtum ‚des Geistes heiligen Gebetes'. Durch die Treue bleibt man selbst in der Orientierung auf den Sinn: die Reinheit des Herzens; und auf das Ziel unseres Lebens: das Kommen des Reiches Gottes oder die Kontemplation.[166]

Was oder wer ist ‚der Geist heiligen Gebetes'? Das ‚heilig' ist nicht nebensächlich. Bei Franziskus und Klara ist das immer ein Hinweis auf die göttliche Dimension. Das ‚heilig' ruft die Worte des Apostels Paulus in Erinnerung, der in seinem Brief an die Römer schreibt:

---

166 Vgl. zu *skopos* und *telos* bei JOHANNES CASSIANUS, *Vierundzwanzig Unterredungen mit den Vätern*, Unterredung I, 2.

‚So nimmt sich auch der Geist unserer Schwachheit an. Denn wir wissen nicht, worum wir in rechter Weise beten sollen; der Geist selber tritt jedoch für uns ein mit Seufzen, das wir nicht in Worte fassen können. Und Gott, der die Herzen erforscht, weiß, was die Absicht des Geistes ist: Er tritt so, wie Gott es will, für die Heiligen ein‘ (8,26-27).

Dieses Wirken des Heiligen Geistes darf nach Klara (und nach Franziskus) unter keinen Umständen behindert werden. Darum dreht sich alles. (vgl. X, 9).

9.4.12 Nicht löschen / auslöschen

‚Löscht den Geist nicht aus!‘ (1 Thess 5,19). Mit dem Wirken des Heiligen Geistes muss, wie schon gesagt, alles im Leben in Beziehung gesetzt werden. ‚Dem alle übrigen zeitlichen Dinge dienen müssen.‘ Was sind die zeitlichen Dinge? Nicht ohne Grund steht dies wie eine offene Stelle im Kontext der Arbeit. Denn immer neu wird das Gleichgewicht im ‚ora et labora‘ Aufmerksamkeit erfordern.

Klara lehrte die jungen Schwestern vor allem, ‚jeglichen Lärm aus der Herberge des Herzens zu vertreiben, damit sie den Geheimnissen Gottes allein anzuhangen vermochten‘ (LebKl 36,2). Für ‚anhangen‘ steht da ‚inhaerere‘, dasselbe wie in der Lebensform: ‚Ihr [der höchsten Armut], geliebteste Schwestern, hanget ganz und gar an, indem ihr um des Namens unseres Herrn Jesu Christi und seiner heiligsten Mutter willen auf ewig unter dem Himmel nichts anderes haben wollt‘ (VIII,6). Das Wort anhangen ist verwandt mit auf etwas bedacht sein, nachfolgen, gehorchen, wovon Hingabe der dynamische Kern ist.[167]

---

167 In ihren Briefen gebraucht Klara das Wort ‚adhaerere‘ [anhangen]. Das Wort steht im Kontext der Brautmystik in der Bedeutung von ‚anheften‘, wie ein Mann sein Herz an seine Frau hängt und umgekehrt: ‚Darum wird ein Mann seinen Vater und seine Mutter verlassen und sich an seine Frau binden, und die zwei werden eins sein‘ (Gen 2,24).

Wenn jemand so der höchsten Armut anhängt, kann der Geist heiligen Gebetes und der Hingabe sein Werk ausführen: das Herz reinigen, um eine Wohnung für Gott zu sein.

9.5 Almosen

3. Et id quod manibus suis operantur, assignare in capitulo abbatissa vel eius vicaria coram omnibus teneatur.	3. Und die Äbtissin oder ihre Vikarin sei verpflichtet, das, was sie mit ihren Händen verfertigen, beim Kapitel vor allen zu verteilen.
4. Idem fiat si aliqua eleemosyna pro sororum necessitatibus ab aliquibus mitteretur, ut in communi pro eisdem recommendatio fiat.	4. Dasselbe geschehe, wenn von Leuten irgendein Almosen für die Bedürfnisse der Schwestern geschickt wird, damit in Gemeinschaft jener gedacht werde.
5. Et haec omnia pro communi utilitate distribuantur per abbatissam, vel eius vicariam, de consilio descretarum.	5. Und dies alles werde durch die Äbtissin oder ihre Vikarin nach Beratung mit den Diskreten zum gemeinsamen Nutzen verteilt.

Die Äbtissin und die Vikarin bestimmen und verteilen die Arbeit. Sie wissen – wenn es gut ist – um die Begabung – oder mit Klaras Worten, um die Gnade einer jeden Schwester und von dem, was nützlich ist für die Gemeinschaft. Das Kapitel ist das Kommunikationsorgan, wo jeder Schwester eine bestimmte Arbeit anvertraut wird, so dass die Schwestern voneinander wissen, was sie zu tun haben. Wie schon früher (IV,22) angemerkt wurde, fördert dies die Achtung vor der Arbeit einer jeden, die Kommunikation und Einmütigkeit, die Konzentration und die Ruhe in der Gemeinschaft.

Wieder taucht da ein Wegweiser auf: ‚zum gemeinsamen Nutzen': die Almosen sind, wie die Arbeit, bestimmt für die Lebensbedürfnisse der Schwestern. Die Schwestern sollen sich allzeit bewusst bleiben, dass es nicht selbstverständlich ist, Almosen zu bekommen. Ihre Antwort auf ein Almosen bezieht Klara bei der täglichen Arbeit und der gemeinschaftlichen Verantwortung mit ein: beten für die Wohltäter. In Rücksprache mit den Ratsschwestern sollen die Almosen zum Wohl der Gemeinschaft gebraucht werden. Auch hier fällt wieder auf, wie feinfühlig Klara ihre Schwester bei allem, was das gemeinschaftliche Leben betrifft, miteinbezieht.

9.6 Pilgerweg der evangelischen Armut

‚Menschen suchen Geborgenheit. Natürlich standen unsere geistlichen Vorfahren nicht darüber. Aber das „fruchtbare Zuhause", nach dem sie sich sehnten, suchten sie nicht in einem gut gesicherten Bollwerk. Sie sahen sich selbst als Wanderer unterwegs, als „viatores", Pilger, Passanten, auf dem Weg nach ihrem bleibenden Zuhause in Gott.‘ (Theo Zweerman)[168]

Inmitten der Fragen über die täglichen Lebensbedürfnisse, wie wohnen, arbeiten um zu essen, zitiert Klara fast wörtlich unverkürzt Kapitel VI,1–7 aus der Regel der minderen Brüder von 1223, das deren Herzstück bildet.[169] Sie bringt nur einige Veränderungen an. Sie gebraucht die weibliche Form, nennt die Mutter Jesu (VIII,6) und sie verändert die Praxis des um Almosen *gehen* in *gehen lassen* (VIII,2).[170] Indem sie dieses Zitat an dieser Stelle einfügt, durchbricht sie ihren eigenen Gedankengang nicht. Der erste Vers (VIII,1) schließt sich an die Absprachen über das Land rund um das Kloster herum an, das notwendig ist für die Zurückgezogenheit. Die Schwestern dürfen nichts haben, ‚was in begründeter Weise Eigentum genannt werden kann‘ (vgl. VI,13). Das Zitat schließt auch an den Teil über die Arbeit und den Umgang mit den Almosen an (VII,1-5). Alles steht in Beziehung zur Praxis der ‚Form unserer Armut‘. Damit die Identität der armen Schwestern klar bleibt, müssen sie sich *üben* im ‚sich nichts aneignen‘ (ein Tätigkeitswort), ‚weder Haus noch Ort noch irgendeine Sache‘ (VIII,1). Bei dieser Übung stehen Jesus Christus und seine Mutter Modell. An diesen Modellen

---

168 Theo ZWEERMAN, *Wondbaar en vrijmoedig*, 134.

169 Vgl. Edith VAN DEN GOORBERGH / Theo ZWEERMAN, *Was getekend: Franciscus van Assisi*, 129–132.

170 Vgl. BR 6,2: um Almosen gehen (vadere); in KlReg VIII,3: um Almosen schicken (mittere).

können sich die Schwestern *orientieren* und sich *motivieren* lassen bei Fragen über ihre *Lebensstruktur*. Die freiwillige Entscheidung für ein Leben ohne Besitz ist, so zeigt es sich weiter, aufs engste verbunden mit der Geborgenheit der schwesterlichen Gemeinschaft.

1. Sorores nihil sibi approprient nec domum nec locum nec aliquam rem;	1. Die Schwestern sollen sich nichts aneignen, weder Haus noch Ort noch irgendeine Sache.
2. et tamquam peregrinae et advenae in hoc saeculo, in paupertate et humilitate Domino famulantes, mittant pro eleemosyna confidenter;	2. Und gleichsam als Pilgerinnen und Fremdlinge in dieser Welt, die dem Herrn in Armut und Demut dienen, mögen sie voll Vertrauen um Almosen schicken.
3. nec oportet eas verecundari, quia Dominus pro nobis se fecit pauperem in hoc mundo.	3. Und sie dürfen sich nicht schämen, weil sich der Herr für uns arm gemacht hat in dieser Welt:
4. Haec est illa celsitudo altissimae paupertatis, quae vos, carissimas sorores meas, heredes et reginas regni caelorum instituit, pauperes rebus fecit, virtutibus sublimavit.	4. Dies ist jene Erhabenheit der höchsten Armut, die euch meine liebsten Schwestern, zu Erbinnen und Königinnen des Himmelreiches eingesetzt, an Dingen arm gemacht, durch Tugenden erhöht hat.
5. Haec sit portio vestra quae perducit in terram viventium;	5. Diese sei euer Anteil, der hinführt in das Land der Lebenden.
6. cui, dilectae sorores, totaliter inhaerentes nihil aliud pro nomine Domini nostri Jesu Christi et eius sanctissimae matris in perpetuum sub caelo habere velitis.	6. Ihr, geliebteste Schwestern, hanget ganz und gar an, indem ihr um des Namens unseres Herrn Jesu Christi und seiner heiligsten Mutter willen auf ewig unter dem Himmel nichts anderes haben wollt.

9.6.1 Identität der armen Schwester

Dieser Teil beginnt mit einem interessanten Text. Die Namen ‚Pilgerinnen und Fremdlinge' verweisen auf die eschatologische Dimension der Armut, wie diese im ersten Brief des Petrus 2,11 und im Brief an die Hebräer 11,1–40 hindurch klingt. So auch in der Lebensform: die Nachfolge des Dienstes des armen und niedrigen Christus steht in der Perspektive des Einzugs in das ‚Land der Lebenden' (VIII,5).

Die Identität der armen Schwester wird hier näher umschrieben: sie sind ,Pilgerinnen und Fremdlinge in dieser Welt, die dem Herrn in Armut und Demut dienen' (VIII,2).[171] Die Unsicherheit bezüglich der Unterhaltsmittel gehört zum Leben eines Pilgers. Die tragende Kraft des Pilgers ist das Vertrauen in die Freigebigkeit der Menschen und in Gottes Vorsehung. Ohne diese Tugend oder Kraft Gottes ist ein Leben ohne irgendeine Existenzsicherheit nicht auszuhalten. Das Vertrauen wird noch verschärft: Klara schreibt um ,Almosen gehen lassen' oder ,um Almosen schicken'. Die Schwestern durften um Almosen bitten lassen, wenn die Arbeit nicht genug lieferte, um in den täglichen Bedürfnissen versorgt zu sein. Aber sie konnten selbst nicht hinaus, wenn Not war. Herumziehen und Betteln war für Frauen unangemessen.[172] Wenn sie nichts mehr zu essen hatten, waren sie abhängig von Brüdern, die bereit waren, für sie betteln zu gehen. Leben ohne feste Einkünfte war also für die Schwestern ein größeres Wagnis als für die Brüder, die wenn nötig irgendwo arbeiten gehen konnten für den täglichen Unterhalt.[173]

Dennoch bleibt eine Frage: ist es nicht befremdend, dass eine arme Schwester, die an einem festen Ort wohnt, sich identifiziert mit einem Pilger, der unterwegs ist? Die Antwort ist, dass Klaras Spiritualität durchtränkt ist von der Überzeugung, dass das Leben ein Durchgang ist auf dem Weg in das Land der Lebenden. Auf ihre Weise verlangte sie, Jesus nachzufolgen, der wie ein Pilger ,keinen Ort hatte, sein Haupt zurückzulehnen' (vgl. 1 Agn 18).

---

171 Im zwölften und dreizehnten Jahrhundert gilt für viele Büßer das unsichere Leben eines Pilgers als Modell. Vgl. Peter G.J.M. RAEDTS, *Jerusalem: Purpose of History or Gateway to Heaven?*, 31–40.
172 Joy Praskah KUZHIPARAMBIL, *Saint Claire of Assisi: Prophetess of the Absolute*, 467.
173 Jan HOEBERICHTS, *Bedelbroeders?*, in: *Franc Leven* 92 (2009), 112–118.

9.6.2 Das Leben als ein Pilgerweg

In der Lebensform beschreibt Klara die Dynamik des Pilgerwegs in der Gemeinschaft.[174] Die biblische Metapher des *Weges* symbolisiert die Beweglichkeit des menschlichen Daseins: der Lebenslauf und die Art, wie jemand sein Leben strukturiert. Diese Metapher spielt eine wichtige Rolle in Klaras Schriften.[175]

Der Pilgerweg, den Klara und ihre Schwestern gehen, bedeutet eine spannende Verbindung von geistlicher Verbundenheit zu Menschen und Leben in Abgeschlossenheit, von weg-ziehen aus einem geborgenen Dasein und zugleich innen-geführt werden in eine neue Geborgenheit, von nichts haben und fruchtbar werden. Das Leben ohne Existenzsicherheit erinnert täglich an die Pilgerschaft, also an die Auffassung von Leben als ein *Durchgang*, in dem man an allem Schein in dieser Welt vorübergeht (vgl. 3 Agn 15). Freiwillige Armut ist das Erbteil, das *führt* in das ,Land der Lebenden' (VIII,1–6).

Auffallend ist die Akzentuierung: ,Dies ist jene Erhabenheit der höchsten Armut, die euch, meine liebsten Schwestern, zu Erbinnen und Königinnen des Himmelreiches eingesetzt, an Dingen arm gemacht, durch Tugenden erhöht hat' (VIII,4). Es ist die Rede von einer Personifizierung der ,höchsten Armut': sie setzt ein und erhebt. Kann so etwas Unpersönliches wie ,höchste Armut' Menschen einsetzen zu Erbinnen und sie durch Tugenden erhöhen? Auf was oder wen verweist die ,höchste Armut'? Verweist sie hier vielleicht auf Gott, dessentwegen das alles in diesem fremden Lebensprojekt begonnen hat? Vers VIII,5 gibt einen weiteren Hinweis: ,Dies sei euer Anteil'. Dieses Zitat ist entnommen dem Psalm 142,6, in dem das Wort *Anteil / Erbteil* ebenfalls Gott selbst andeutet: ,Ich sage: Meine Zuflucht bist du, mein Anteil im Land der Lebenden.' In dieser Zuversicht gehen Klara und

---

174 Edith VAN DEN GOORBERGH / Theo ZWEERMAN, *Was getekend: Franciscus van Assisi*, 133–137.

175 Ich habe dieses Thema ausgearbeitet in: *Eile in schnellem Lauf und schau in den Spiegel. Das Bild des Weges und die Nachfolge Christ in den Schriften Klaras von Assisi*, in: *CTC, Quaderni Dell'Ufficio „Pro monialibus"* 46 (2010), 69–89.

ihre Schwestern ihren Pilgerweg in der Nachfolge der Armut und Niedrigkeit Christi, der sich in seiner Entäußerung als Diener zu erkennen gegeben hat. Dieses Leben ohne irgendeine vergängliche Sicherheit kann nur ausgehalten werden in der Sicherheit des sich *Klammerns* an den Namen Jesu Christi und seiner Mutter (VIII,6).

9.6.3 Drei Metaphern des Pilgerweges

Drei Metaphern bestimmen in diesem Teil der Lebensform (VIII,1-21) die Fortsetzung des Pilgerwegs: das Leben als eine *Wanderung*, unterwegs ein *Zuhause* schaffen füreinander, und die *Fruchtbarkeit*. Indem die Schwestern gemeinsam den Weg der Armut gehen, wird das Zuhause geschaffen. Die Erkenntnis der Bedürftigkeit der jeweils anderen wird herausfordern zur gegenseitigen Sorge. Gerade in diesem praktischen Leben der Armut kann die *Frucht* der Liebe reifen (vgl. 1 Agn 25). Die gegenseitige Sorge bereitet dann durch die empfangene Liebe die Stabilität eines *Zuhauses*: ‚ihr sollt einander aus der Liebe Christi lieben' (KlTest 59). Auch im Evangelium nach Johannes gehen Geborgenheit, unterwegs sein und Frucht tragen zusammen auf in den drei genannten Metaphern. Wo Jesus zuerst anspornt ‚bleibt *in meiner Liebe*' (Zuhause), fährt Er fort: ‚Ich habe euch erwählt und dazu bestimmt, dass ihr euch *aufmacht* und *Frucht* bringt und dass eure Frucht bleibt' (15,3-16).

9.6.4 Jesus Christus als Spiegel

Die Nachfolge der Armut und Niedrigkeit Christi bleibt nicht in schönen Worten hängen, sondern kommt zum Ausdruck in der *liebevollen* und *barmherzigen* Sorge füreinander (VIII,13). Die Qualität der gegenseitigen Sorge bildet die bindende Kraft des Lebens in Gemeinschaft. Der Sohn Gottes hat selbst arm und bedürftig in diese Welt kommen wollen und Er hat, um unsere Lasten tragen zu können, die menschliche Vergänglichkeit angenommen.[176] Das ist der Spiegel, in dem die Schwestern sich an jedem Tag spiegeln können.[177] Sie brauchen sich nicht zu schämen für ihre Armut, denn der Herr hat sich für uns arm gemacht in dieser Welt (VIII,3). Jede Schwester, die ihr Bedürfnis der anderen zeigt, kann diese göttliche Liebestat in Erinnerung rufen. Wir können hier ein Echo hören der Worte des Paulus, die den Kern einer Passage ausmachen, in der er die Christen von Korinth anspornt, die Armen zu unterstützen: ‚Denn ihr wisst, was Jesus Christus, unser Herr, in seiner Liebe getan hat: Er, der reich war, wurde euretwegen arm, um euch durch seine Armut reich zu machen' (2 Kor 8,9).

9.6.5 Briefe, Geschenke und Geld

Klara stellt die nun folgende Passage ins Zentrum des Teils, der zwischen den Bestimmungen über die Abgeschlossenheit steht (Kapitel V und VI), das ist – architektonisch gesehen – der Ort, wo das tägliche Leben sich abspielt. Dabei fällt auf, dass beim Bewahren der Armut die Sorge füreinander im Mittelpunkt steht.

7. Non liceat alicui sorori litteras mittere, vel aliquid recipere, aut extra monasterium dare, sine licentia abbatissae.	7. Keiner Schwester sei es erlaubt, Briefe fortzuschicken oder etwas anzunehmen oder aus dem Kloster wegzugeben ohne Erlaubnis der Äbtissin.
8. Nec quicquam liceat habere quod abbatissa non dederit aut permiserit.	8. Es sei auch nicht erlaubt, irgendetwas zu haben, was die Äbtissin nicht gegeben oder gestattet hat.
9. Quod si a parentibus suis, vel ab aliis ei aliquid mitteretur, abbatissa faciat illi dari.	9. Wenn einer Schwester von ihren Verwandten oder von anderen etwas geschickt wird, so lasse es die Äbtissin ihr geben.

---

176   Vgl. 1BrAg 19–20; 2BrGel 4.
177   Über die Metapher des Spiegels siehe: Edith VAN DEN GOORBERGH / Theo ZWEERMAN, *Klara von Assisi: Licht aus der Stille*, 240–243; 292–295.

10. Ipsa autem si indiget uti possit, sin autem sorori indigenti caritative communicet.

11. Si vero ei aliqua pecunia transmissa fuerit, abbatissa de consilio discretarum in his quae indiget illi faciat provideri.

12. De infirmis sororibus, tam in consiliis quam in cibariis et aliis necessariis quae earum requirit infirmitas, teneatur firmiter abbatissa sollicite per se et alias sorores inquirere,

13. et iuxta possibilitatem loci caritative et misericorditer providere.

14. Quia omnes tenentur providere et servire sororibus suis infirmis, sicut vellent sibi serviri si ab infirmitate aliqua tenerentur.

15. Secure manifestet una alteri necessitatem suam.

16. Et si mater diligit et nutrit filiam suam carnalem, quanto diligentius debet soror diligere et nutrire sororem suam spiritualem?

17. Quae infirmae in saccis cum paleis iaceant, et habeant ad caput capitalia cum pluma;

18. et quae indigent pedulis laneis et culcitris uti possint.

19. Infirmae vero praedictae, cum ab introeuntibus monasterium visitantur, possint singulae aliqua bona verba sibi loquentibus breviter respondere.

10. Jene aber soll es gebrauchen können, wenn sie dessen bedarf; wenn aber nicht, dann teile sie es liebevoll einer bedürftigen Schwester zu.

11. Wenn ihr aber etwas Geld überbracht wird, lasse sie die Äbtissin nach dem Rat der Diskreten mit dem versorgen, was sie nötig hat.

12. Hinsichtlich der kranken Schwestern sei die Äbtissin streng verpflichtet, persönlich und durch andere Schwestern sich sorgfältig nach allem zu erkundigen, was ihre Krankheit fordert, sowohl an Ratschlägen als auch an Speisen und anderen notwendigen Dingen,

13. und dies nach Möglichkeit des Ortes liebevoll und barmherzig zu besorgen.

14. Denn alle sind verpflichtet, ihre kranken Schwestern so zu versorgen und zu bedienen, wie sie selbst bedient sein möchten, wenn sie von irgendeiner Krankheit befallen sind.

15. Mit sicherem Vertrauen offenbare eine der anderen ihre Not.

16. Und wenn schon eine Mutter ihre leibliche Tochter liebt und nährt, mit wieviel größerer Liebe muss eine Schwester ihre geistliche Schwester lieben und nähren.

17. Die Kranken aber mögen auf Strohsäcken liegen und unter dem Kopf ein mit Federn gefülltes Kopfkissen haben;

18. und die es brauchen, sollen auch wollene Strümpfe und Polster benützen können.

19. Die genannten Kranken aber können, wenn sie von Leuten, die in das Kloster kommen, besucht werden und diese mit ihnen sprechen, diesen einzeln einige gute Worte in Kürze erwidern.

20. Aliae autem sorores licentiatae monasterium intrantibus loqui non audeant, nisi praesentibus et audientibus duabus discretis sororibus, per abbatissam vel eius vicariam assignatis.	20. Die anderen Schwestern jedoch, welche die Erlaubnis haben, sollen nicht wagen, mit denen zu sprechen, die das Kloster betreten, wenn nicht zwei von der Äbtissin oder ihrer Vikarin bestimmte Diskrete anwesend sind und zuhören.
21. Hanc formam loquendi teneantur pro se abbatissa et eius vicaria observare.	21. Diese Form des Sprechens zu beobachten, sollen auch die Äbtissin und ihre Vikarin für ihre Person verpflichtet sein.

Wo Franziskus seinen Text fortsetzt mit der Aufmerksamkeit füreinander als Hausgenossen (vgl. BR 6,7), ergänzt Klara, was für sie ‚Hausgenossen füreinander sein‘ bedeutet. Eine auf den ersten Blick trockene Aufeinanderfolge von Absprachen und Schwerpunkten hat, wie es sich später zeigen wird, einen besonderen Zusammenhang und Dynamik. Es erstaunt, dass Klara unmittelbar nach einer spirituellen Passage plötzlich umsteigt auf Absprachen über Briefwechsel und den Umgang mit Geschenken. Und am Ende dieses Teils bringt sie den Umgang mit Besuchern zur Sprache, hier im Kontext der Sorge für die kranken Schwestern (VIII,19-21). Diese Regelungen haben zweifellos viel zu tun mit der Wachsamkeit, die geboten ist, um die Form *unserer* Armut zu bewahren vor unerwünschtem Zustrom von Besitz. Die früher getroffenen Absprachen über die Absonderung und über die ‚Form des Redens‘ (formam loquendi) – das ist kurz und bündig ein gutes Gespräch – bleiben für die gesunden Schwestern wie auch für die Äbtissin und ihre Vikarin unverkürzt in Kraft (vgl. IV,14; V,8). Auch hier wieder eine Erinnerung, dass die Äbtissin und ihre Vikarin für die Schwestern ein ‚Beispiel und Spiegel‘ sein sollen.

9.7 Umgang mit der leiblichen Gebrechlichkeit

Die leibliche und geistliche Gebrechlichkeit der jeweils anderen kommen in einer Gemeinschaft, die in Zurückgezogenheit lebt, unvermeidlich ans Licht. Ein großer Teil des Textes innerhalb des geschlossenen

Raumes handelt dann auch von der Sorge füreinander. Klara hat die wechselseitige schwesterliche Aufmerksamkeit für die leibliche Gebrechlichkeit der anderen hier in eine sinnvolle Beziehung zueinander gesetzt. Zwischen dem Umgang mit Briefen, Geschenken und Geld (A^1) und mit Menschen von außerhalb des Klosters (A^2), steht der Teil über die Aufmerksamkeit für die Bedürftigkeit der jeweils anderen:

A^1 Verse 7–9: Kontakte mit Menschen von außerhalb des Klosters: *Briefwechsel, Geschenke* und *Geld* von Eltern und Freunden.

    B^1 Verse 10–11: *nötig* (oder *Bedürfnis*) haben (3 x indigere); *versorgen* (1 x providere); *liebevoll teilen* (1 x caritative communicet)

        C^1 Vers 12: *notwendige Dinge* (necessariis) und *sorgfältig* (sollicite)

            D Verse 13–14: *liebevoll und barmherzig* (caritative et misericorditer); *versorgen* (2 x providere); *dienen* (2 x servire)

        C^2 Verse 15–16: Not (necessitatem) und liebevolle Sorge (diligentius); *lieben und nähren* (2 x diligere et nutrire)

    B^2 Verse 17–18: *nötig* (oder *Bedürfnis*) *haben* (1 x indigere)

A^2 Verse 19–21: Kontakte mit Menschen von außen: *Besucher*.[178]

---

178 Auch aus einer numerischen Untersuchung zeigt sich der ausgewogene Aufbau dieses Teils: Verse 7–9: 41 Worte; Verse 10–11: 30 Worte, zusammen 71 Worte. Verse 19–21: 50 Worte; Verse 17–18: 23 Worte, zusammen 73 Worte. Vers 12: 26 Worte; Verse 15–16: 25 Worte. In der Mitte Vers 13 und 14: 26 Worte.

Worte, in denen sich die Gebrechlichkeit abzeichnet, springen ins Auge: nötig haben, Bedürfnis. Über die Qualität der Sorge steht da: mit Liebe teilen, sorgfältig, liebevoll, barmherzig, liebevolle Sorge, lieben, nähren.

Innerhalb der Einfassung durch die Bestimmungen über die Kontakte mit außen steht beschrieben, wie die Schwestern einander Hausgenossen sein können (VIII,10–18). Wo es die Aufmerksamkeit für die leibliche Bedürftigkeit einer jeden betrifft, wird nicht nur an die Äbtissin appelliert, sondern an alle Schwestern (VIII,12). Danach geht es vor allem um konkrete Sorge: guten Rat, Nahrung (VIII,12). Die ‚goldene Regel‘ der Sorge läuft auf das gegenseitige Dienen hinaus (VIII,15-16).[179] Eine Kranke muss ein gutes Bett, ein weiches Kopfkissen, wollene Socken, warme Decken *haben* (habere; VIII,17–18) und sie hat ein gutes Wort nötig (VIII,10; vgl. V,3). Auch beim Verzicht auf Besitz bleibt die Frage zentral: was hat jemand nötig? Nimmst du deine eigene Bedürftigkeit und die der anderen ernst? Leben ohne Eigentum muss sich hüten vor einengender Sparsamkeit. Im Gegenteil: es will gerade Form geben einem herzlichen und gastfreundlichen Haus füreinander und für Ihn, der sich für uns arm gemacht hat (VIII,3).

9.7.1   Sorge füreinander

In der Mitte (D) kommt die innere Kraft zum Vorschein, die die gegen-seitigen Beziehungen der Schwestern beseelen muss: ‚liebevoll und barmherzig‘. Hier teilt Klara die Überzeugung des Franziskus, der in seinem Testament das ‚Buße tun‘ wiedergegeben hat mit ‚Barmherzig-keit tun‘ (Test 1–2). *Liebe* und *Barmherzigkeit* geben der Qualität der schwesterlichen Beziehung Farbe. Eine Schwester wird das, was sie bekommen hat, liebevoll teilen mit einer Schwester, die es nötig hat (VIII,10). Geschenke oder Geld von Familie oder Bekannten werden in den Dienst des ‚einander Hausgenossen sein‘ gestellt. Wer etwas nötig

---

179   Edith VAN DEN GOORBERGH / Theo ZWEERMAN, *Franz von Assisi – Gelebtes Evangelium*,126–139.

hat, bekommt es und wenn eine Schwester etwas bekommt, was sie nicht nötig hat, gibt sie es einer anderen Schwester, von der sie gesehen hat, dass sie es wohl nötig hat (VIII,9–10). Auf diese Weise bittet Klara ihre Schwestern, füreinander Augen zu haben und die christliche Gerechtigkeit zu praktizieren. In derselben Linie steht problemlos der Geldgebrauch, worin Klara von der Regel von 1223 von Franziskus (BR 4,1–3; 5,3) abweicht. In der Mitte des dreizehnten Jahrhunderts war Geld ein geläufiges Zahlungsmittel geworden. Dazu kam, dass die Schwestern nicht nach draußen gingen, um irgendetwas mit Geld machen zu können. Geld wird jedoch nicht gehortet, sondern die Äbtissin überlegt mit den Ratsschwestern, wer etwas nötig hat (VIII,11). Da ist also wohl eine schwesterliche Kontrolle eingebaut. Geschenke und Geld können so keinen Anlass geben zu Neid untereinander, sondern tragen bei zur Gemeinschaftsformung. Die Praxis, die aus dem Leben der evangelischen Armut hervorkommt, läuft hinaus auf die Ökonomie des Teilens und auf das Recht der Armen.

Im sechzehnten Vers wird das Bild der Beziehung zwischen Mutter und Kind auf das Niveau der geistlichen Verwandtschaft gehoben: manchmal ist deine geistliche Schwester dein Kind und manchmal bin ich selbst das Kind meiner geistlichen Schwester. Und diese mütterliche Beziehung kommt ans Licht in der liebevollen Sorge, wenn die andere in Not ist. Wenn die Not zuschlägt, wird soweit wie möglich immer vorgesorgt. Charakteristisch sind die Verben: vorsorgen, mit Liebe teilen, sorgen, dienen, lieben und nähren. Es sind elementare Übungen, durch die die Schwestern sich eine christliche Grundhaltung zu Eigen machen, um Dienerin und Schwester zu sein. Diese Übungen läutern das Herz, um frei zu werden von jeder Form negativer Aneignung, die dem Empfangen von Gottes Kräften im Wege steht. Die Adjektive *liebevoll* und *barmherzig* geben dem Handeln die Qualität von Tugenden, die Gottes Wirken ans Licht bringen. In der täglichen Sorge füreinander kann dann ein mystischer Raum aufgehen, in dem die Schwestern zusammen den Pilgerweg ‚ins Land der Lebenden' auf sich nehmen (VIII,5). Die letztliche Ankunft realisiert sich dann im Hier und Jetzt.

9.7.2   Gemeinschaft als mystischer Raum

Das Zusammenleben in der Ungeborgenheit der Besitzlosigkeit bahnt den Weg zu einer neuen Geborgenheit in der wechselseitigen schwesterlichen Aufmerksamkeit. Diese gegenseitige Bezogenheit erhält Gestalt in einer mütterlichen Haltung der gegenseitigen Sorge. Wo das gute Leben fehlt, wecken gegenseitige Aufmerksamkeit und Fürsorge neues Leben. Der Schlüssel zum Zugang dieses Raumes ist die Art und Weise, wie Klara hier die Verwundbarkeit des Menschen anerkennt. Als sie jede Form von Besitz abwies, tat sie dies nicht, weil sie nicht ernst nahm, dass Menschen in ihrem verwundbaren Dasein Schutz und Unterstützung nötig haben. Das hat sie selbst während ihrer chronischen Krankheit mehr denn je erfahren. Nur: sie verweigerte jede Form von Schutz, der Menschen auf die Dauer voreinander abschirmt und isoliert. Klara und ihre Schwestern lebten also eine andere Weise von Zusammenleben vor. Eines, in dem die Verwundbarkeit in ihrem richtigen Wert geschätzt wird und auch in ihrer Kehrseite: als Empfänglichkeit, die ein gegenseitiges Band schafft. Ja, in der Auseinandersetzung mit der Vergänglichkeit des anderen kann man sich bewusst werden der eigenen Verwundbarkeit. Schwestern, die sich für ein Leben in der Abgeschlossenheit entschieden haben, können dem nie entkommen. In dieser gegenseitigen Erkenntnis und Annahme wird die Bereitschaft und Milde wachsen, einander mit Respekt zu tragen.[180] Das Leben eines jeden Tages ist das Übungsfeld für die liebevolle und barmherzige Verbundenheit miteinander.

Die Qualität dieses Zusammenlebens, wobei *liebevoll* und *barmherzig* den dynamischen Kern bilden, charakterisiert Klaras Spiritualität im tiefsten als beziehungsvoll und verweisend. Die Anerkennung der eigenen Bedürftigkeit und die der anderen öffnet den Raum, in dem echte Empfänglichkeit und Hingabe wachsen können. Diese gegenseitige Offenheit findet ihre Quelle in der Liebe Christi: ‚Ihr sollt einander aus der Liebe Christi lieben, und die Liebe, die ihr im Innern habt, nach

---

180   Vgl. Franziskus' Ermahnung 18.

außen im Werk zeigen, damit die Schwestern, durch solches Beispiel aufgerufen, beständig in der Liebe zu Gott und untereinander zunehmen' (KlTest 59–60).

Liebe und *Barmherzigkeit* füreinander spiegeln den Liebesaustausch zwischen Vater, Sohn und Geist im Geheimnis des Dreieinen Gottes wider. Dies ist der tiefe Sinn des Ansporns: ‚Ihr, geliebteste Schwestern, hanget ihr ganz und gar an, indem ihr um des Namens unsres Herrn Jesus Christus und seiner heiligsten Mutter willen auf ewig unter dem Himmel nichts anderes haben wollt' (VIII,6). Die Anziehungskraft und Ausstrahlung dieses Zusammenlebens als Pilger in der Fußspur des armen Christus werden Frucht tragen in seiner Kirche und in der Welt.

9.8 Umgang mit geistlicher Gebrechlichkeit

> ‚Ich will weiter mit dir leben, nicht weil ich mir Illusionen
> mache über deine Vollkommenheit, aber ich schaue auch nicht
> auf dich herunter. Wir beide sind Geschöpfe und verwickelt in
> eine Geschichte von Gut und Böse.' (Jozef Wissink)

Nachdem die Sorge für die leibliche Gebrechlichkeit voneinander besondere Aufmerksamkeit bekommen hat, – nicht Gebrechlichkeit als ein Schicksal, das unvermeidlich zuschlägt, sondern als Möglichkeit, echte Schwesternschaft zu verwirklichen –, kommt jetzt der Umgang mit der geistlichen Gebrechlichkeit voneinander zur Sprache. Alles dreht sich hier um die Frage: wann ist jemand geistlich verwundbar? Drei Gruppen erhalten Aufmerksamkeit: Schwestern, die in eine Krise kommen, indem sie gegen ihre Berufung gehandelt haben (IX,1–5); Schwestern, die aneinander geraten (IX,6–10) und die Gruppe von Schwestern, die außerhalb des Klosters Dienst tun (IX,11–18). Entscheidend ist, wie die Schwestern aufeinander bezogen bleiben: ob sie ihrer Schwester, die in geistlicher Not ist, eine Öffnung anbieten zur Umkehr, Wiedergutmachung, Vergebung und Versöhnung oder ob sie sie isolieren, abweisen und verurteilen.

9.8.1 Verstöße gegen die Profess

1. Si qua soror contra formam professionis nostrae mortaliter, inimico instigante, peccaverit, per abbatissam vel alias sorores bis vel ter admonita

1. Wenn eine Schwester auf Anreiz des Feindes tödlich gegen die Form unserer Profess gesündigt hat und von der Äbtissin oder anderen Schwestern zwei oder drei Mal ermahnt worden ist,

2. si non se emendaverit, quot diebus contumax fuerit tot in terra panem et aquam coram sororibus omnibus, in refectorio comedat;

2. sich aber nicht gebessert hat, dann soll sie so viele Tage auf dem Boden vor allen Schwestern im Refektorium Wasser und Brot essen, als sie hartnäckig ist

3. et graviori poenae subiaceat, si visum fuerit abbatissae

3. Und sie werde noch schwererer Strafe unterworfen, wenn es der Äbtissin gut erscheint.

4. Interim dum contumax fuerit, oretur ut Dominus ad poenitentiam cor eius illuminet

4. Inzwischen werde, solange sie hartnäckig ist, gebetet, dass der Herr ihr Herz zur Buße erleuchte

5. Abbatissa vero et eius sorores cavere debent, ne irascantur vel conturbentur propter peccatum alicuius; quia ira et conturbatio in se et in aliis impediunt caritatem

5. Die Äbtissin aber und ihre Schwestern müssen sich hüten, wegen der Sünder irgendeiner Schwester zornig und aufgeregt zu werden, denn Zorn und Aufregung verhindern in ihnen selbst und in den anderen die Liebe.

Hier geht es um Verstöße, die gegen ‚die Form unserer Profess' begangen wurden. Woran müssen wir da denken? Am Anfang der Lebensform ist ‚die Form unserer Profess' umschrieben als: ‚Unseres Herrn Jesu Christi heiliges Evangelium zu beobachten durch ein Leben in Gehorsam, ohne Eigentum und in Keuschheit.' Es geht also gewiss nicht um Kleinigkeiten, sondern um ein Verhalten, bei dem jemandes Berufung auf dem Spiel steht. Und das geht alle Schwestern an, denn indem die Gemeinschaft jemanden zum Gehorsam annimmt, verspricht sie auch, für ihre Berufung einzustehen. Die Qualifizierung ‚tödlich' beim Sündigen verweist darauf, dass diese Berufung angetastet wird. Auf göttliche Eingebung hin hat die Schwester mit dem Leben der Hingabe an Gott begonnen (II,1; IV,3). Sie hat diese Entscheidung mit der Hilfe von anderen geprüft und wohlüberlegt getroffen. Jetzt hat sie ‚auf Anreiz des Feindes' sich von dieser Hinwendung zu Gott abgewandt. Der Feind kann deswegen niemand anders sein als die Gegenkraft zur göttlichen Eingebung. Die Schwester wird also für äußerst verwundbar gehalten, ihre Berufung und Sendung aufs Spiel zu setzen. Der negative Einfluss, der von der betreffenden Schwester ausgeht, kann jedoch das Leben der ganzen Gemeinschaft angreifen.

9.8.2 Prozess von Vergebung und Versöhnung

Wie gehen die Schwestern mit dieser tödlichen Sünde ihrer Schwester um? Zuallererst ist da die schwesterliche Ermahnung der Äbtissin oder anderer Schwestern. Hier zeigt sich aufs Neue, dass nicht nur die Äbtissin, sondern alle Schwestern ohne Ausnahme die Qualität der Lebensweise bewahren sollen. Alle werden in den Prozess von Wiedergutmachung und Versöhnung einbezogen. ‚Ermahnen' (IX,1) will sagen, dass man aus schwesterlichem Angerührtsein heraus sich bemüht, der versagenden Schwester ihr verkehrtes Verhalten vorzuhalten, damit sie ihren Fehler einsieht und ihr Leben aufs Neue ergreifen kann. Was verkehrt ist, wird nicht vertuscht, sondern benannt. Zugleich fällt auf, dass Klara hier nicht über Schuld spricht. ‚Zwei oder drei Mal ermahnen' steht da. Dies erinnert an den evangelischen Rat bei Matthäus 18,15-17a: ‚Wenn dein Bruder sündigt, dann geh zu ihm und weise ihn unter vier Augen zurecht. Hört er auf dich, so hast du deinen Bruder zurückgewonnen. Hört er aber nicht auf dich, dann nimm einen oder zwei Männer mit, denn jede Sache muss durch die Aussage von zwei oder drei Zeugen entschieden werden. Hört er auch auf sie nicht, dann sag es der Gemeinde.'

Sowohl von der Äbtissin wie von den anderen Schwestern wird nach diesem evangelischen Rat schwesterliche Nähe in Mitleid gefordert. Ausschlaggebend in diesem Versöhnungsprozess ist die Weise, wie man auf die Schwester schaut, die gesündigt hat. Für Klara und ihre Schwestern ist sie im Griff des tödlichen Feindes. Ihr wahres Leben ist in Gefahr. Diese Schwester erfordert dieselbe schwesterliche Sorge wie eine todkranke Schwester. Aber wenn sie halsstarrig bleibt, wird es schon eine schwere Aufgabe für die Gemeinschaft. Die Versuchung ist groß, aufzugeben und sie ihrem Schicksal zu überlassen oder aus der Gemeinschaft auszustoßen. Was können die Schwestern noch tun, um ihr zu helfen?

9.8.3 Raum der Versöhnung

Was Klara danach empfiehlt, kommt etwas widerborstig über: ‚auf dem Boden vor allen Schwestern im Refektorium (Speisesaal) Wasser und Brot essen'. Aber damals war diese Strafmaßnahme milder als Körperstrafen oder Isolierung in einem Klostergefängnis. Der Schwester wird eine Form von Fasten auferlegt mit der Absicht, sie zur Einkehr zu bringen, und sie wird in der Gemeinschaft gehalten, auch wenn das für die betreffende Schwester und für die Gemeinschaft alles andere als angenehm ist. Nur die Äbtissin darf schwerere Strafen auferlegen, wenn das ihrer Ansicht nach besser ist. Was diese Strafen beinhalten, wird nicht erwähnt. ‚Einsicht' oder ‚gut erscheint' (visum) hat hier die Bedeutung von der guten Unterscheidung, denn Strafen können manchmal als Genugtuung angenommen werden, sich aber auch nachteilig auswirken.

Die verwundbare Schwester wird ‚so viele Tage als sie widerspenstig ist' von ihren Schwestern barmherzig umgeben werden. Auf dem Boden, in Anwesenheit aller Schwestern, bekommt sie Wasser und Brot zu essen. Wie wir es auch wenden und drehen, dies bleibt hart und erniedrigend. Und dennoch: ‚auf dem Boden' (in terra) in Kontakt mit der Erde kann sie sich bewusst werden, dass sie irdisch ist, endlich und sterblich. Und das Bewusstsein, dass ihre Schwestern ihr betend beistehen, kann die Sehnsucht und den Willen wecken, umzukehren und die eigene Gebrochenheit anzunehmen. Aus der Kraft des Gebetes ihrer Schwestern darf sie Vertrauen schöpfen, um die Sünde gegen die Profess zu korrigieren.

Dass die Wiedergutmachung des Fehltritts in der Gemeinschaft ‚vor allen Schwestern' einen Ort bekommt, ist wichtig. Wenn das verkehrte Verhalten einer Person in einer geschlossenen Gemeinschaft bekannt geworden ist, hat dies seine Rückwirkung auf die ganze Gemeinschaft. Aus diesen Gründen kann der Schaden oder Angriff nur in der Gemeinschaft korrigiert werden. Von der Gemeinschaft wird ebenfalls viel verlangt, wenn im Speisesaal, wo alle Schwestern täglich zusammenkommen, eine Schwester auf dem Boden sitzt und allein Wasser und Brot zu essen bekommt. Das ist sowohl für die betreffende Schwester wie für die Gemeinschaft konfrontierend. Die Schwester, die gegen ihre Profess gefehlt hat, wird auf diese Weise für ihre Schwestern zu einem Spiegel: auch mir kann so etwas passieren. So bleibt für niemanden die eigene menschliche Zerbrechlichkeit fremd.

9.8.4   Umgeben von Gebet

An die Gemeinschaft wird ein dringender Appell gerichtet, um der Schwester, die gesündigt hat, einen Raum der Barmherzigkeit und Versöhnung anzubieten. ‚So viele Tage' – ‚inzwischen': die Gemeinschaft wird sie während dieser Zeit betend umringen im Vertrauen, dass nur Gottes Gnade Bekehrung und Versöhnung bewirken kann, eingedenk des Wortes Jesu aus dem Evangelium: ‚Weiter sage ich euch: Alles, was zwei von euch auf Erden gemeinsam erbitten, werden sie von meinem himmlischen Vater erhalten. Denn wo zwei oder drei in meinem Namen versammelt sind, da bin ich mitten unter ihnen' (Mt 18,19-20).

Jesus Christus selbst bewirkt für uns die Versöhnung. Die Schwestern müssen beten, ‚dass der Herr ihr Herz zur Buße erleuchte'. Bei ‚Buße' liegt hier deutlich die Betonung auf ‚Umkehr'. Klara gebraucht hier dieselbe Umschreibung wie bei ihrer eigenen Bekehrung (VI,1): ‚durch seine Gnade mein Herz zu erleuchten'. Die Schwestern müssen vom Herrn eine zweite Bekehrung für ihre Schwester erflehen. Der feindliche Anstifter kann nur durch das erleuchtende Wirken von Gottes Geist ausgetrieben werden und sie aufs Neue zur Treue zu ihrer Profess aufwecken. Für die Gemeinschaft ist diese Bewusstwerdung des Wirkens des Heiligen Geistes in der Schwester, die umkehrt, von Bedeutung. Vergebung und Bekehrung ist kein Menschenwerk, sondern ist Gnade von Gott her. Wenn die betreffende Schwester sich gebessert hat – sich geöffnet hat für Gottes Wirken – wer wird ihr dann noch etwas nachsagen? Sie darf mit Gottes Kraft aufs Neue weiter in der Gemeinschaft leben. Vorbei ist dann wirklich vorbei.

9.8.5   Auswirkung des Betens für den anderen

Das Beten um Selbstbesinnung der anderen stärkt auch das Herz der Beterin selbst. Auch sie muss wachsam bleiben. Denn indem sie böse wird oder sich aufregt, landet sie selbst in dem Zirkel des Bösen. Dass Klara diese Gefahr erkennt, zeigt sich aus der Warnung in IX,5: ‚Die Äbtissin aber und ihre Schwestern müssen sich hüten, wegen der Sünde irgendeiner Schwester zornig und aufgeregt zu werden, denn Zorn und Aufregung verhindern in ihnen selbst und in den anderen die Liebe.' Hier klingt das Bewusstsein der eigenen Gebrechlichkeit und der der ganzen Gemeinschaft mit. Franziskus sagt in der siebenundzwanzigsten Ermahnung: ‚Wo Geduld ist und Demut, da ist nicht Zorn noch Verwirrung'. Nur Geduld und Demut schaffen einen Raum, in dem Genesung und Versöhnung geschehen können. Darin wird Jesu Versprechen Wirklichkeit: ‚Amen, ich sage euch: Alles, was ihr auf Erden binden werdet, das wird auch im Himmel gebunden sein und alles, was ihr auf Erden lösen werdet, das wird auch im Himmel gelöst sein' (Mt 18,18). In diesem Raum der Vergebung sollen die Schwestern ihre Schwester aufs Neue vom Herrn zurückerhalten (vgl. Mt 18,15).

9.8.6   Konflikte

6. Si contingeret, quod absit, inter sororem et sororem verbo vel signo occasionem turbationis vel scandali aliquando suboriri,	6. Wenn es vorkommen sollte, was ferne sei, dass einmal zwischen zwei Schwestern durch Wort oder Zeichen Anlass zu Aufregung oder Ärgernis entstünde,

7. quae turbationis causam dederit, statim, antequam offerat munus orationis suae coram Domino non solum humiliter prosternat se ad pedes alterius, veniam petens,	7. so soll diejenige, die Ursache zur Aufregung gegeben hat, sofort, noch ehe sie vor dem Herrn die Gabe ihres Gebetes darbringt, sich nicht nur demütig der anderen zu Füßen werfen und um Verzeihung bitten,
8. verum etiam simpliciter roget, ut pro se intercedat ad Dominum quod sibi indulgeat.	8. sondern sie auch schlicht bitten, sie möge für sie beim Herrn eintreten, dass er mit ihr Nachsicht habe.
9. Illa vero memor illius verbi Domini: Nisi ex corde dimiseritis, nec Pater vester caelestis dimittet vobis,	9. Jene aber soll eingedenk jenes Herrenwortes: „Wenn ihr nicht von Herzen verzeiht, so wird euch auch euer himmlischer Vater nicht verzeihen",
10. liberaliter sorori suae omnium iniuriam sibi illatam remittat.	10. großzügig ihrer Schwester alles Unrecht vergeben, das sie ihr zugefügt hat.

Wo Menschen zusammenleben, sind Irritationen und Zusammenstöße unvermeidlich. Zweifellos haben auch Klara und ihre Schwestern dies erfahren. Diese menschliche Schwäche ist, vorausgesetzt man geht gut damit um, kein Problem. Wenn eine Kleinigkeit jedoch hinausläuft auf einen heftigen Streit, oder schlimmer noch, weiterwuchert zu einem tief gehenden Konflikt, verlangt dies besondere Aufmerksamkeit. Ein Konflikt kann die Schwestern untereinander spalten und dann die Gemeinschaft verseuchen. Klara mahnt dann auch dringend, drohende Konflikte im Keim zu ersticken: ‚Wenn es vorkommen sollte, was ferne sei'. Diese einleitenden Worte geben den Ernst der Situation wieder: die Integrität einer Schwester und der Gemeinschaft stehen auf dem Spiel.

Wie tritt Klara dieser Problematik entgegen? Sie hält in diesem Abschnitt aufs Neue einen Spiegel vor aus dem Evangelium nach Matthäus. Klara schreibt: ‚durch Wort oder Zeichen'. Der Abschnitt aus der Bergpredigt über die negative Wirkung eines beleidigenden Wortes klingt hier mit: ‚Ich aber sage euch: Jeder, der seinem Bruder auch nur zürnt, soll dem Gericht verfallen sein; und wer zu seinem Bruder sagt: Du Dummkopf!, soll dem Spruch des Hohen Rates verfallen sein; wer aber zu ihm sagt: Du (gottloser) Narr!, soll dem Feuer der Hölle verfallen sein' (Mt 5,22).

In einer Gemeinschaft, wo Schwestern dicht beieinander leben, kann ein verbaler Konflikt zwischen zwei Schwestern sich wie ein Ölfleck ausbreiten. Außerdem hat in einer Gemeinschaft, wo wenig gesprochen wird, die nonverbale Kommunikation (Zeichen) eine starke Überzeugungskraft im Umgang miteinander. Ein Gesichtsausdruck, Blick, eine distanzierte Haltung, ein *Zeichen* können tiefer verwunden als ein Wort. Klaras Ermahnung kennt zwei starke Momente:

- ‚sofort': einem beleidigenden Wort oder Zeichen keine Chance geben, zu Groll oder Hass auszuwachsen;
- bei einem Zusammenstoß geht es sowohl um die Verletzende wie die Verletzte. Sie müssen sofort miteinander in die Konfrontation gehen ohne jemand anderes mit hineinzuziehen. Wir würden heute sagen: ‚macht es sofort miteinander aus'.

Die Schwestern sollen sich den evangelischen Rat aus der Bergpredigt Jesu zu Herzen nehmen: ‚bevor die Schwester die Gabe ihres Gebetes dem Herrn darbietet' (vgl. Mt 5,23). Die Schwester, die die andere verletzt hat, darf nicht nur um Vergebung bitten mit einem Zeichen, das in der damaligen Zeit gebräuchlich war: ‚sich demütig der anderen zu Füßen werfen' (IX,7), sondern auch diejenige, die sie verletzt hat, bitten, für sie zu beten. Diese Bitte ums Gebet ist nicht nur schwierig für die, die Verzeihung erbittet, sondern ebenso für die, die schmerzlich angerührt ist. Auch sie kann bei einem Konflikt mit ihrer Ohnmacht konfrontiert werden, ihr Herz der anderen barmherzig zu öffnen. Mit der Übung des Gebetes treten die Schwestern gemeinsam ganz bewusst in den Raum von Gottes Vergebung. Die eine gibt hiermit ihren Willen zu erkennen, das getane Unrecht wiedergutzumachen; die andere ihr Verlangen, ihren Schmerz loszulassen und aus dem Bewusstsein der eigenen Gebrechlichkeit heraus die andere in ihrer Verwundbarkeit zu sehen. Vergebung schenken ist eine Gabe Gottes. Das Wort aus dem Evangelium: ‚Wenn ihr nicht von Herzen vergebt, dann wird euch euer himmlischer Vater auch nicht vergeben' (vgl. Mt 6,15) gilt hier für diejenige, der Unrecht getan worden ist. Die Widerspiegelung des lateinischen Wortes ‚dimittere' (IX,9; vgl. Mt 6,15) und ‚remittere' (IX,10; vgl. Mt 18,35) gibt durch den Unterschied in der Vorsilbe ‚di' und ‚re' die geheimnisvolle Wirkung des Vergebens wieder.[181] Gott kann Sünden vergeben oder jemanden *befreien* (dimittere). Ein Mensch als Bild des Vergebenden, kann seinerseits diese Vergebung widerspiegeln, indem er, selbst befreit, den Schmerz des Unrechts *loslässt* (remittere), um dem anderen großzügig von Herzen Verzeihung zu schenken. Diese Übung im Vergeben beinhaltet: den Umformungsprozess, den der Heilige Geist bewirken will, nicht behindern, sondern ihn ineinander zulassen und dankbar annehmen. In der Erfahrung der menschlichen Gebrechlichkeit des jeweils anderen Gott geschehen lassen.

9.8.7 Verwundbarkeit von Schwestern, die nach draußen gehen

Jetzt kommt die besondere Verwundbarkeit der Schwestern, die nach draußen gehen, in den Blick. Auch hier zeigt es sich, dass diese Schwestern einen Teil der Gemeinschaft ausmachen. Sie haben keinen separaten Wohnbereich. Es ist nirgends die Rede von einem Standesunterschied und bei ihrem Eintritt bekommen sie dieselbe Formung wie die Schwestern innerhalb des Klosters (vgl. II,21). Wie vorher (VIII,12-19), wo es um die kranken Schwestern geht, ist der Text auch hier konkret.

11. Sorores servientes extra monasterium longam moram non faciant, nisi causa manifestae necessitatis requirat.	11. Die außerhalb des Klosters dienenden Schwestern sollen nicht lange ausbleiben, wenn nicht eine offenbare Notwendigkeit es erfordert.
12. Et honeste debeant ambulare et parum loqui, ut aedificari semper valeant intuentes.	12. Und sie müssen ehrbar einhergehen und wenig reden, auf dass sie diejenigen, die sie sehen, immer zu erbauen vermögen.
13. Et firmiter caveant ne habeant suspecta consortia vel consilia aliquorum.	13. Und sie sollen sich streng hüten, verdächtige Beziehungen oder Beratungen mit irgendjemandem zu haben.

---

181   Vgl. das Gleichnis über den König und seinen undankbaren Diener (Mt 18,21–35).

14. Nec fiant commatres virorum vel mulierum, ne hac occasione murmuratio vel turbatio oriatur.	14. Auch sollen sie nicht Patinnen von Männern oder Frauen werden, damit nicht bei solcher Gelegenheit Gerede oder Verwirrung entstehe.
15. Nec praesumant rumores de saeculo referre in monasterio.	15. Sie sollen sich auch nicht herausnehmen, Gerüchte aus der Welt im Kloster zu erzählen.
16. Et firmiter teneantur, de his quae intus dicuntur vel aguntur, extra monasterium aliquid non referre, quod posset aliquod scandalum generare.	16. Auch seien sie streng verpflichtet, nichts von dem, was innerhalb [des Klosters] gesprochen oder getan wird und irgendein Ärgernis erwecken könnte, außerhalb des Klosters zu berichten.
17. Quod si aliqua simpliciter in his duobus offenderit, sit in prudentia abbatissae misericorditer poenitentiam sibi iniungere.	17. Wenn eine [Schwester] unbedacht in diesen zwei Stücken gefehlt hat, so sei es dem fürsorglichen Ermessen der Äbtissin anheimgestellt, ihr mit Erbarmen eine Buße aufzuerlegen.
18. Si autem ex consuetudine vitiosa haberet, iuxta qualitatem culpae abbatissa de consilio discretarum illi poenitentiam iniungat.	18. Wenn sie es aber aus lasterhafter Gewohnheit so hielte, dann lege ihr die Äbtissin nach dem Rat der Diskreten je nach der Beschaffenheit der Schuld eine Buße auf.

Wenn die Schwestern nach draußen gehen, gilt unverkürzt die Vereinbarung, wie diese früher für alle Schwestern gemacht ist: ‚Hernach sei ihr ohne nützlichen, vernünftigen, offenbaren und glaubwürdigen Grund nicht erlaubt, aus dem Kloster hinauszugehen' (II,12). Sie müssen ihre Aufgabe erledigen und dann sofort ins Kloster zurückgehen. Manchmal ist es notwendig, länger wegzubleiben. Was das ist, kann nur mit dem gesunden Menschenverstand ausgemacht werden. Aber auch hier: Not kennt kein Gebot. Wieder wird nicht erwähnt, was diese Schwestern außerhalb des Klosterbereichs tun. Die Selbstverständlichkeit, mit der die Schwestern, die nach draußen gehen, in der Lebensform wiederholt genannt werden, weckt die Vermutung, dass sie unter anderem eine kommunikative Funktion erfüllen zwischen der Kommunität drinnen und der Welt draußen (IX,15-16). So gesehen haben sie – wie die Ratsschwestern im Sprechzimmer (vgl. V,7) – eine Vertrauensfunktion, die auch darauf gerichtet ist, die Abgeschiedenheit der Gemeinschaft zu bewahren. Diese Aufgabe ist dann ein wenig zu vergleichen mit der der ‚Mütter' in der Regel des Franziskus für Einsiedeleien: ‚Jene Brüder, die Mütter sind, seien bestrebt, von jedermann fernzubleiben; (...) sollen sie ihre Söhne vor jedermann behüten, damit niemand mit ihnen sprechen kann' (REins 8).

9.8.8 Ratschläge

Jetzt folgen einige positive Anregungen. Außerhalb des Klosters müssen die Schwestern sich ehrbar verhalten, damit sie für die Menschen in der Welt ein Spiegel und Beispiel sind (vgl. KlTest 20). Was hier nicht steht, aber was wir von Schwester Angeluccia von Angeleio von Spoleto wissen, ist, dass, wenn Klara ‚die Schwestern, die außerhalb des Klosters Dienst hatten, losschickte, sie sie daran erinnert habe, wenn sie schöne Bäume, Blüten und Blätter sähen, Gott zu loben. Und genauso wenn sie Menschen oder andere Geschöpfe sähen, immer sollten sie für alle Dinge und in allen Dingen Gott loben' (ProKl XIV,9). Indem sie wenig sprechen, bewahren sie die innere Stille, um für Gott und die Menschen, denen sie begegnen, offen zu sein. So bezeugen die Schwestern, dass sie gerufen sind, damit sie ‚Gott ganz besonders preisen und loben und im Herrn noch mehr an Tugendkraft zunehmen, um Gutes zu tun' (KlTest 22).

Nach dieser positiven Anregung folgen einige Warnungen. Klara hat die Risiken, denen die Schwestern außerhalb des Klosters ausgesetzt sind, gut erkannt. Was kann da geschehen?

- Mit jemandem einen verdächtigen Umgang und verdächtige Beziehungen zu unterhalten;
- mit jemandem eine vertrauliche Beziehung beginnen, wie Pate eines Täuflings oder Firmlings zu sein. Die Versuchung ist groß, derartige religiöse Verantwortungen auf sich zu nehmen, denn von einem Paten wurde erwartet, mitzuhelfen in der christlichen Erziehung des Täuflings. Aber diese geistlichen Verwandtschaftsbindungen

können später Verpflichtungen mit sich bringen, denen man nicht nachkommen kann, was Unruhe verursachen kann;[182]

- kein Geschwätz und keine Gerüchte von draußen den Schwestern drinnen weitererzählen und auch nichts über die Gemeinschaft den Menschen draußen erzählen.

Alles praktische Vereinbarungen, die die Schwestern sich persönlich zu Herzen nehmen müssen und die den Raum der Stille für alle beschützen sollen. Es geht hier wieder um die entscheidende Frage: wie halten wir alle zusammen die Lebensweise gesund?

9.8.9 Korrektur

Es kann immer etwas missglücken. In den zwei letzten Versen kommt die Korrektur zur Sprache. Dies ist zuallererst eine Aufgabe für die Äbtissin. Die Tugenden oder Kräfte ‚Ermessen' (prudentia) und ‚Erbarmen' sollen sie leiten. Fehlen aus Arglosigkeit (simpliciter) verlangt eine andere Korrektur als eine schlechte Gewohnheit zu haben. Hier steht wieder ‚habere' (IX,18); dieses Mal mit einer negativen Bedeutung: aus Gewohnheit schlechte Dinge *haben*. Wenn eine Schwester unüberlegt aus Arglosigkeit gehandelt hat, soll die Buße oder die Wiedergutmachung auf ihre Bewusstwerdung und geistliches Wachsen gerichtet sein. Sie muss unterscheiden lernen, was sie sagen kann und was nicht. Eine schlechte Gewohnheit entwickelt sich aus einer schwachen Seite, die man wissentlich, auch nachdem man mehrmals darauf hingewiesen worden ist, nicht versucht zu verbessern. Diese Halsstarrigkeit bei einem tadelnswerten Verhalten verlangt notwendig eine strengere Korrektur. Ein derartiges Verhalten nennt Klara auch Schuld. Die Äbtissin soll dann in Rücksprache mit ihren Ratsschwestern

---

182 Es geht hier um eine kirchenrechtliche Bestimmung für Mönche und Nonnen. Das Wort ‚commater' deutet eine besondere Beziehung der Tauf- oder Firmpaten mit den Eltern, die häufig aus dem Freundeskreis gewählt werden. Siehe Fußnote 37 in: Franziskus-Quellen, 101; zu Patenschaft siehe auch: *Codex*, art. 855; 872–875. Da steht nichts mehr über Mönche und Nonnen.

auf die betreffende Schwester zugehen, um sie zu korrigieren. Denn die betreffende Schwester beschädigt nicht nur ihren guten Namen, sondern das tadelnswerte Verhalten einer Schwester kann auch den guten Namen der Gemeinschaften angreifen. Auch dann bleibt die auferlegte Buße auf Genesung, Befreiung und Wiedergutmachung der Integrität der Person gerichtet.

9.9 Beziehung zwischen Äbtissin und Schwestern

> ,Dienen, damit andere auch dienend die werden können, die sie sind. Darauf kommt es an. (...) Dienst ist so gesehen Ausdruck der Ehrerbietung, die sowohl dem Leben desjenigen, der dient, Würde verleiht wie auch dem Leben desjenigen, dem er zu Dienste steht' (Theo Zweerman).

Der jetzt folgende Abschnitt schließt sich nahtlos an das Vorhergehende an, worin die Äbtissin eine zentrale Rolle einnimmt beim Umgang mit der geistlichen Gebrechlichkeit einer jeden Schwester persönlich und mit der der Kommunität. Kurz und bündig wird die Kommunikation zwischen Äbtissin und Schwestern skizziert. Der erste Vers umschließt mit den Versen 4 und 5, wo es um die Äbtissin geht, die Mitte, die von den Schwestern handelt (X,2-3). Das Verb ,gehorchen' (obedire) steht in der Mitte. Ein etwas rätselhafter Parallelismus weckt die Aufmerksamkeit: ,was gegen ihre Seele und die Form unserer Profess wäre' (X,1) und ,was nicht der Seele und unserer Profess zuwider ist' (X,3). Dieser Teil ist auch eine Ergänzung zu dem, was über die Äbtissin beim Aufbau der Gemeinschaft gesagt ist (vgl. IV,8-13).

1. Abbatissa moneat et visitet sorores suas, et humiliter et caritative corrigat eas, non praecipiens aliquid eis quod sit contra animam suam et nostrae professionis formam.	1. Die Äbtissin soll ihre Schwestern ermahnen, aufsuchen und demütig und liebevoll zurechtweisen, ohne ihnen etwas zu befehlen, was gegen ihre Seele und die Form unserer Profess wäre.

2. Sorores vero subditae recordentur quod propter Deum abnegaverunt proprias voluntates.	2. Die untergebenen Schwestern aber mögen sich ins Gedächtnis rufen, dass sie Gottes wegen dem eigenen Willen entsagt haben.
3. Unde firmiter suis abbatissis obedire teneantur in omnibus quae observare Domino promiserunt, et non sunt animae contraria et nostrae professioni.	3. Daher seien sie streng verpflichtet, ihren Äbtissinnen in allem zu gehorchen, was sie dem Herrn zu beobachten versprochen haben und was nicht der Seele und unserer Profess zuwider ist.
4. Abbatissa vero tantam familiaritatem habeat circa ipsas, ut dicere possint ei et facere sicut dominae ancillae suae.	4. Die Äbtissin aber soll sie mit so großer Herzlichkeit umfangen, dass sie mit ihr reden und tun können wie Herrinnen mit ihrer Dienerin.
5. Nam ita debet esse quod abbatissa sit omnium sororum ancilla.	5. Denn so muss es sein, dass die Äbtissin die Dienerin aller Schwestern sei.

9.9.1 Aufgabe der Äbtissin

Drei Verben springen hervor: 'ermahnen', 'aufsuchen' und ‚zurechtweisen'. Was bedeutet diese Dreizahl?

* *Ermahnen, in Erinnerung bringen* (monere): dem sind wir schon begegnet, als es um die Sorge für eine Schwester ging, die gegen ihre Profess sündigt (IX,1). Ermahnen beinhaltet immer ein behütendes Moment. Wie vorher (IX,1) und später (X,6) muss die Äbtissin immer wieder neu die Lebensentscheidung in Erinnerung bringen. Es gehört zu ihrer Aufgabe, die Erinnerung an den Ursprung der Berufung lebendig zu halten, damit ‚die Form unserer Profess' intakt bleibt. Das hat Klara selbst auch getan in dieser Lebensform (VI,10) und in ihrem zweiten Brief an Agnes von Prag (2 Agn 11). Das Geschenk der Berufung, dass der ‚Vater der Erbarmungen' als ein kostbares Talent anvertraut hat, sollen die Schwestern dankbar dem Herrn zurückgeben (vgl. KlTest 2-3).
* Die Äbtissin soll ihre Schwestern *aufsuchen* (visitare). Man kann auch sagen: *sie schaut nach* ihnen und sie hat von Zeit zu Zeit ein Gespräch mit jeder persönlich. Die Aktivitäten von besuchen, nach jemandem schauen, Verständnis zeigen, Aufmerksamkeit schenken

und etwas ans Licht bringen, kommen aus einer Verbundenheit von innen heraus. Die Äbtissin hat eine pastorale Aufgabe. Es darf ihr nicht gleichgültig sein, wenn eine Schwester versagt, in eine Krise kommt oder bei geistlicher und leiblicher Askese einen übertriebenen Eifer an den Tag legt. Wir sahen es schon: in der Lebensform richtet Klara wiederholt einen Appell an die Äbtissin, gut hinzuschauen (videre) und zu unterscheiden (discernere), damit sie rein erfühlen kann, ob eine Schwester wahrhaftig aus ihrer Berufung lebt.[183] In dieser aufmerksamen Sorge für ihre Schwestern ist sie ein Spiegel für ihre Schwestern und ihre Nachfolgerinnen.

- *Zurechtweisen* oder *geradestellen* (corrigere): die Äbtissin darf ihre Augen auch nicht verschließen vor dem, was der Lebensform als ganzer schadet und der darauf abgelegten Profess. Sie darf nicht alles gut finden und zulassen. Was falsch läuft, muss sie in die richtige Richtung führen. Wenn die Äbtissin ihre Schwestern nicht auf ihre Berufung anzusprechen wagt, nimmt sie ihre Schwestern nicht ernst. Faktisch zeigt sie dann, dass sie nicht an ihre Berufung glaubt. Dann ist kein Gespräch möglich, denn wenn die Äbtissin über ihre eigene Überzeugung schweigt, behält sie etwas für sich selbst, was sie verpflichtet ist zu teilen um des Wohles ihrer Schwestern willen, die das Recht haben auf Verständnis und Korrektur.

Die drei Verben – als Übung für die Äbtissin – hängen eng zusammen. Sie deuten auf einen Prozess von Wachsamkeit, der auf Wiedergutmachung gerichtet ist. Das *Erinnern* an die ursprüngliche Bekehrung verlangt auch, *aufmerksam zu bleiben* und *ans Licht zu bringen*, wenn da in der Gemeinschaft oder bei einer Schwester persönlich etwas *zurechtgesetzt* werden muss. Die Äbtissin darf dabei auf Gottes Kraft vertrauen: sie wird dies *demütig* und *liebevoll* tun. Diese Tugenden ergänzen einander. Aus dem Bewusstsein der eigenen Gebrechlichkeit heraus liebevoll auf die andere bezogen sein, wird als authentisch erfahren. Eine aufrechte Lebenshaltung weckt Vertrauen. Ihr Beispiel wird ihre Schwestern ermutigen zur täglichen Treue und Hingabe. So

---

183   Vgl. Edith VAN DEN GOORBERGH, *Met open ogen* …, 73.

und nicht anders ist *ermahnen, aufsuchen* und *zurechtweisen* der Dienst
schlechthin der Äbtissin an ihren Schwestern. Im Kapitel X,4–5 kommt
Klara auf diesen Dienst zurück: ein Dienst von unten nach oben wie
eine umgekehrte Hierarchie: ,Der Größte von euch soll euer Diener
sein' (Mt 23,11).

9.9.2 Die Rollen umkehren

Obwohl Klara den Titel der Äbtissin beibehalten hat, entscheidet sie
sich deutlich für den evangelischen Inhalt, den Franziskus dem Amt
des Ministers gegeben hat. (Das Wort ,Minister' hatte damals die Bedeutung von ,Diener'). Und sie nimmt ein Element aus dem kulturellen
Bedeutungsfeld des feudalen Milieus auf, wie sie das von zuhause her
gekannt hat. Da steht: ,Herzlichkeit (Vertrautheit) haben' (familiaritatem
habere). Was ist dessen eigentliche Bedeutung? In adeligen Milieus
deutete dieser Ausdruck auf eine Familienpflicht hin. Es war eine
Adelspflicht des Herrn oder der Dame des Hauses, gut für das Dienst-
personal zu sorgen und es bestand – wenn es gut war – eine gegenseitige Vertrautheit. Aber es blieb dennoch ein hierarchisches Verhältnis.
Klara kehrt hier die Rollen um. Sie appelliert an die Schwestern, wie
die Dame des Hauses vertraut mit ihr umzugehen und sie nimmt dabei
selbst die Rolle der Dienerin auf sich. Eine Dienerin (ancilla) war eine
Dienstbotin, die zweite im Rang (nach der ,famula', der ersten Dienerin) des Dienstpersonals. Neben deren geringerer Position klingt hier
ebenfalls etwas Stolz durch: der Herr (Gott) selbst hat uns in seinen
Dienst genommen. Wie dies im Lobgesang Mariens klingt: ,denn Er
hat auf die Niedrigkeit seiner Magd (Dienerin) geschaut. Von nun an
preisen mich selig alle Geschlechter' (Lk 1,48). Die Form der Profess
(X,1) ist der Raum, dem Dienst Jesu und seiner Mutter nachzufolgen
(vgl. II,24; VIII,6). Maria, die lauschend geöffnet war für Gottes Wort,
in reiner Hingabe: ,Ich bin die Magd (ancilla – Dienerin) des Herrn,

mir geschehe, wie du gesagt hast' (Lk 1,38). Und mit der Verfügbarkeit Jesu, der den Dienst der Fußwaschung erwählt hat (vgl. Joh 13,2-17).[184]

Eine Gemeinschaft von Schwestern zu leiten, das läuft auf den Mut hinaus, das Amt der Äbtissin von unten anzunehmen, um so die anderen wie eine Mutter zu tragen, hochzuhalten und liebzuhaben. Und zugleich nicht einer Form von Scheindienstbereitschaft zu verfallen, die sich hinter einer Maske eine höher gestellte Position aneignet, wenn eine Schwester Unterstützung nötig hat. Einander tragen gilt für jede Schwester, ebenso für die Äbtissin: manchmal als Mutter tragen, manchmal auch als Kind getragen werden. Wir sahen dies schon früher im Kontext der Sorge füreinander, wobei alle Schwestern einbezogen wurden, und nicht nur die Äbtissin (vgl. VIII,12-16; IX,1). Auf diese Mitverantwortung aller darf die Äbtissin sich ihrerseits stützen.

9.9.3 ‚Was gegen ihre Seele ist'

Der oben wahrgenommene Parallelismus verlangt hier Aufmerksamkeit: ‚was gegen ihre Seele ist' (X,1) und ‚was nicht der Seele zuwider ist' (X,3). In der Lebensform kommt ‚Seele' noch zweimal vor: ‚die sich auf (...) Seelenheil beziehen' (III,13), ‚der Feind der Seele' (VII,2).

Klara spricht ziemlich unbefangen über die Seele.[185] Können wir noch so über die Seele sprechen, auch auf die Gefahr hin, nicht mehr zeitgemäß zu sein? Man denke nur an den Ausdruck ‚Seelen fangen'. Hinter diesem umstrittenen Ausdruck steckt eine ganze Geschichte des Denkens. Im Wort ‚Seele' klang häufig ein Gegensatz, eine Trennung zwischen dem geistlichen und dem leiblichen Teil des Menschen durch. Und dann klang da nota bene eine gewisse Verachtung des Leibes mit.

In der Antike und im Frühmittelalter und auch noch in Klaras Zeit wurden ‚Seele' und ‚Geist' als der innere Formaspekt des Leibes betrachtet. Der innere Formaspekt ist das, was von innen her der Er-

---

184 Vgl. Edith van den Goorbergh / Theo Zweerman, *Klara von Assisi: Licht aus der Stille*, 61–63.

185 In Klaras Schriften kommt ‚Seele' insgesamt elf Mal vor.

scheinungsform Ausdruck verleiht. Der Leib wurde nicht betrachtet als absolut entgegengesetzt zum Geist / zur Seele, sondern es bestand mehr oder weniger eine Wertehierarchie von Geist, Seele und Leib. Der Leib, von Gott geschaffen, stand im Dienst der Seele und des Geistes. Auch bei Klara finden wir Spuren von dieser Auffassung. Sie warnt Agnes von Prag, beim Fasten Maß zu halten um des Lobpreises Gottes willen (3 Agn 38–41). Und früher schreibt sie: ‚so [wie Maria] kannst auch du, indem du ihren Spuren, besonders ihrer Demut und Armut folgst, ihn immerfort geistlich in deinem keuschen und jungfräulichen Schoß tragen; daran gibt es keinen Zweifel' (3 Agn 25). Hier ist nicht die Rede von einer leibfeindlichen Haltung, die im Übrigen der christlichen asketischen Tradition nicht fremd war.[186]

Die Auffassung, dass die Seele als physiologisch nicht nachweisbare Wirklichkeit auch nicht existent sein kann, hat lange Zeit das Denken über die geistliche Dimension des Menschen negativ beeinflusst. Das Dasein der Seele wurde geleugnet.[187] Philosophen und Theologen versuchten und versuchen immer wieder aufs Neue eine Umschreibung: die ‚Seele' ist die ‚forma' des Leibes, wodurch es gerade dieser einmalige Leib ist. Die Seele strukturiert die Erscheinungsform des lebenden Leibes. Darum ist ‚der menschliche Leib das beste Bild der

---

186 Das frühe Mönchtum hat mit seinem starken Akzent auf Vergeistlichung und Askese zweifellos dazu beigetragen, das Materielle und damit die geschaffene Welt auf den zweiten Platz zu bringen. Augustinus hat den Dualismus von Leib und Seele in das christliche Denken hineingebracht (Neoplatonismus): die Seele als Prinzip des ewigen Lebens sitzt gefangen im sterblichen Leib und muss durch Askese daraus befreit werden. Vgl. Anton HOUTEPEN, *Uit aarde, naar Gods beeld*, 292, Fußnote 517. Vor allem die Katharer hatten eine dualistische Auffassung: die ‚stoffliche Welt' betrachteten sie als eine Scheinwelt, unrein, wie die dunkle Welt des Satans. Nur die ‚Welt des Geistes' war wahr und rein durch den guten Gott geschaffen. Aus diesen Gründen leugneten sie die Menschwerdung vom Sohn Gottes. In den Schriften des Franziskus sind Reaktionen auf diese Bewegung zu finden. Vgl. Kajetan ESSER, *Franziskus von Assisi und die Katharer seiner Zeit*, in: AFH 51 (1950), 225-264.

187 Vgl. Edith BRUGMANS (ed.), *Lof van de ziel*, in: De ziel in de literatuur, 11–12; Pieter Anton VAN GENNIP, *Het hart boven zichzelf uit*, in: De ziel in de literatuur, 258 u.a.

menschlichen Seele'.[188] Die Seele und die Sorge für sie geraten wieder in die Aufmerksamkeit. Die Seele wird nicht gelöst oder im Gegensatz zum Leib gesehen, sondern in Verbundenheit mit dem Leib. Wir leben in einem beseelten Leib, der in Beziehung treten kann mit Mitmenschen und bewegt werden kann durch ihre Freude und ihren Kummer.[189]

Wie spricht Klara über die Seele? Für sie ist die Seele die Erscheinungsform der tiefsten Würde eines Menschen. Sie ist das tiefste Innere eines Menschen, das von Gott unaufhörlich zum Leben geweckt wird. Die Seele ist die Trägerin der Fähigkeit des Menschen, die nach Gott suchen kann und darin entdeckt, dass sie schon ‚von Anbeginn' gesucht ist durch Ihn (vgl. 3 Agn 14). Die Seele ist das Ureigenste der ganzen Person. In der Seele findet die Unterscheidung statt zwischen Gut und Böse. Da spricht Gott den Menschen in seinem Gewissen an. Darum darf die Äbtissin nie etwas verlangen, ‚was gegen ihre Seele ist' (X,1) und ‚was zuwider ist der Seele' (X,3) der Schwestern. Das ‚Seelenheil' hat immer Priorität (III,13).

Mit der Seele kann ein Mensch auch mit einer anderen – selbst auf Entfernung – ein geistliches Band, eine Seelenverwandtschaft pflegen: ‚Der Hälfte ihrer Seele (...) der Herrin Agnes (...) wenn ich dir nicht so häufig geschrieben habe, wie deine Seele und gleichermaßen die meine es gewünscht und ersehnt haben', so schreibt Klara in ihrem Abschiedsbrief (4 Agn 1; 4). ‚Meine und deine Seele': sie empfindet die Seele wie eine andere und doch eigene Wirklichkeit. In ihrem dritten Brief schreibt sie: 'Stelle dein Denken (Geist) vor den Spiegel der Ewigkeit, stelle deine Seele in den Abglanz der Herrlichkeit, stelle dein Herz vor das Bild der göttlichen Wesenheit, und forme deine ganze Person durch die Beschauung in das Bild seiner Gottheit um' (12-13). Mit dem Parallelismus ‚Denken / Geist' (mens), ‚Seele' (anima) und ‚Herz' (cor) wird hier die ganze Person angedeutet, die in ihrem göttlichen Ursprung verankert sein darf. Die Seele ist der Personkern, wo ein Mensch von Gott angerührt werden kann und er sie dann in

---

188 Ludwig Wittgenstein, zitiert in: Herman DE DIJN, *De herontdekking van de ziel. Voor een volwaardige kwaliteitszorg.* Nijmegen 1999, 69.

189 Vgl. Reneé VAN RIESSEN, *Lof van de ziel*, in: *De ziel in de literatuur*, 267–281.

den Raum seiner Liebe ziehen wird (vgl. 4 Agn 31-32). Auch wählt der Dreieine Gott die Seele des Gläubigen als Wohnung und Sitz ‚und dies allein durch die Liebe' (3 Agn 21-22). Weil der Herr allein auf diese Weise mit uns ist, legt Klara in ihrem Segen allen Schwestern ans Herz: ‚Seid immer Liebhaberinnen Gottes, eurer eigenen Seele und aller eurer Schwestern' (KlSeg 14). Die Seele ist für Klara das Lebensprinzip, der innere Kern, wo der Atem Gottes eingeht in den Menschen und seine Seele bei seinem Sterben wegfließt. In der Betrachtung des sterbenden Jesus am Kreuz enthüllt Klara ihre Erfahrung der Einheit mit Ihm: ‚Stets werde ich dessen eingedenk sein und meine Seele wird dahinschwinden in mir' (4 Agn 26).[190]

Die Seele kann mit Gott in Dialog treten oder, anders gesagt, zu Ihm beten. Der Mensch kann auch mit der eigenen Seele in einen Dialog treten.[191] Das tut Klara nämlich auf ihrem Sterbelager: 'Geh sicher in Frieden, denn du wirst ein gutes Geleit haben. Denn der, der dich erschaffen hat,...' (ProKl III,72; XI,15). Als Sr. Anastasia sie fragt, zu wem sie spricht, lautet Klaras Antwort: ‚Ich spreche mit meiner gesegneten Seele' (ProKl III,22; XI,3). In Klaras Auffassung ist die Seele empfängliche Offenheit für ihren Schöpfer, in Ihm hat sie ihren Ursprung, durch Ihn wird sie geführt und geheiligt und sie darf in Ihm ihre Bestimmung und Vollendung erreichen.

9.9.4 Was bedeutet: ‚die Form unserer Profess'?

Zwei Mal steht in diesem Abschnitt bei den Kriterien des Gehorsams: ‚die Form unserer Profess' (X,1) und ‚unsere Profess' (X,3). In der Lebensform kommt insgesamt sechs Mal der Ausdruck ‚die Form unserer Profess' vor und zwar in entscheidenden Momenten: bei der Formung von Neulingen und ihrer Aufnahme in die Kommunität (II,20; 23);

---

190 Auch in unserer Zeit betrachtet man – vielleicht unbewusst – die Seele als Lebensprinzip. Wir sprechen bei einem Herzstillstand über ‚reanimieren', ein Versuch, die Seele (anima) als Lebensprinzip zurückzuholen.
191 Vgl. Ps 42,6 und 12; 116,7, wo der Psalmist zu seiner Seele spricht.

wo es um Brüche mit der Lebensform geht (IX,1). Zum Schluss steht es bei der Aufgabe des Visitators, ein Minderbruder, der helfen soll, diese einzigartige Lebensform zu bewahren (XII,3). Die Profess ist unmittelbar bezogen auf die ‚Form unserer Armut'. In den Absprachen bei der Wahl der Äbtissin steht ausdrücklich, dass die Äbtissin Profess abgelegt haben muss auf 'die Form unserer Armut', ansonsten darf man ihr nicht gehorchen (vgl. IV,5).

Was macht die ‚Form unserer Profess' (mit der Betonung auf unserer) so einzigartig? Wie wir schon sahen, spricht Klara auch über *unsere* Armut. Hiermit betont sie den Schwerpunkt der Lebensform. *Unsere Armut* beinhaltet: sowohl persönlich wie gemeinschaftlich keinen Besitz empfangen oder etwas haben, was nur irgendwie Eigentum genannt werden kann (VI,2). Und dies nur um der Nachfolge Jesu Christi willen, der sich für uns arm gemacht hat (VIII,1-3). Der Verzicht auf feste Einkünfte war in ihrer Zeit neu und unerhört für eine geschlossene Gemeinschaft. Dennoch hatte Franziskus gerade diese Form der Armut als evangelisches Lebensprojekt hinterlassen (vgl. VI,3–4; 7-9). Um diese Armut auszuhalten, war auch das Band zu den Minderbrüdern wichtig. *Unsere Profess* bedeutet, dass Klara zusammen mit ihren Schwestern Franziskus Gehorsam versprochen hat und dass die Äbtissinnen und die Schwestern, die nach ihr kommen, dies gegenüber seinen Nachfolgern tun werden. So siedelt sie ihre Gemeinschaft schon im ersten Kapitel der Lebensform innerhalb des Ordens des Franziskus an. ‚Unser' geht auch zurück auf die Verbundenheit der armen Schwestern untereinander und mit den minderen Brüdern. Die Schwestern und Brüder bilden zusammen einen Orden aufgrund derselben Profess, verwurzelt im Charisma des Franziskus.

9.9.5 Spannung zwischen der ‚Seele' und der ‚Form unserer Profess'

Wie verhalten sich die ‚Seele' und die ‚Form unserer Profess'? Wie gesagt, hatte Klara eine hohe Wertschätzung für die Seele. Sie nennt die

Seele selbst vor der Form unserer Profess (X,1; 3). Drückt sie hiermit eine Wertehierarchie aus? Ja und nein. Sie erkennt zurecht die Spannung zwischen der Seele mit ihrer eigenen Lebensgeschichte, ihrem Charisma und Grenzen und der vorgegebenen Lebensform, auf die die Schwestern freiwillig Profess abgelegt haben. Sie mischt die Dinge nicht durcheinander. Sowohl die Seele wie die Lebensform haben einen eigenen unersetzlichen Wert. Bei einem persönlichen Verlangen oder einer Bitte ist die Seele die Perspektive: ihr Wachstum, ihre Genesung, Freiheit, kurzum ihr Heil steht zuerst. Denn in und durch die Fähigkeiten der Seele, angerührt durch die Liebe, geschieht die Umformung zur ‚Tochter und Dienerin des Vaters' in bräutlicher Verbundenheit mit dem Heiligen Geist, und zur Ähnlichkeit mit dem armen Christus (vgl. VI,3). Die Seele ist bestimmt, sich in der Anschauung Gottes zu verankern (vgl. 3 Agn 12–13).

Wenn es um die Form unserer Profess geht, ist die Lebensform der Ausgangspunkt, von wo aus die Gemeinschaft zu einer Einsicht oder Entscheidung kommt. Dann geht es um das Bewahren des Raumes, wie dieser Form erhalten hat durch die Architektur von bindenden Absprachen und Maßnahmen auf der Basis der gemeinschaftlichen evangelischen Inspiration. Ein Raum, in dem die Gemeinschaft ihre gemeinsame Motivation im Gange hält und in dem sie sich weiterhin orientieren kann auf das ‚eine Notwendige' hin: dass Gott sich in ihrer Mitte ereignet und dass sie umgeformt werden zum Leib Christi (vgl. XII,3). Ein Raum auch, in dem jede persönlich ihren geistlichen Weg zur Vollendung gehen kann.

9.9.6 Gehorchen

Das Verb ‚gehorchen' – also eine Übung – steht, wie gesagt, mitten im Teil über die Beziehung zwischen Äbtissin und Schwestern: ‚Die untergebenen Schwestern aber mögen sich ins Gedächtnis rufen, dass sie Gottes wegen dem eigenen Willen entsagt haben. Daher seien sie streng verpflichtet, ihren Äbtissinnen in allem zu gehorchen, was sie dem Herrn zu beobachten versprochen haben und was nicht der Seele und unserer Profess zuwider ist' (X,2–3). In gedrängter Form setzt Klara die Gegenseitigkeit in der Beziehung zwischen Äbtissin und Schwestern dicht nebeneinander.

Das ‚ermahnen' oder in Erinnerung bringen durch die Äbtissin beantwortet die Schwester mit ‚sich ins Gedächtnis rufen' (recordare), dass sie um Gottes willen ihren eigenen Willen losgelassen hat. Bei der Profess hat sie als symbolische Geste der Hingabe ihre Hände in die Hände der Äbtissin gelegt. Damals hat sie sich *freiwillig* zur Untergebenen gemacht. Daraus folgt, dass sie dem zustimmt, in allem zu gehorchen, was sie ‚dem Herrn zu beobachten versprochen' hat. Klara erinnert hier an ihre ursprüngliche Sehnsucht, nämlich, zu lauschen und Gott Gehör zu schenken, indem sie sich jeden Tag neu Ihm zuwendet und ihr Leben mit seinem liebevollen Willen in Einklang bringt. Nicht die Äbtissin ist zuallererst diejenige, der sie gehorcht, sondern Gott.

Der Ausdruck ‚unsere Profess' gilt auch für die Äbtissin. Sie hat dieselbe Form des Gehorsams versprochen (vgl. IV,5). Gemeinsam wollen sie auf die göttliche Eingebung lauschen, auf den Geist und sein heiliges Wirken. Sowohl die Äbtissin wie die Schwester muss sich an die Grenzen des Gehorsams halten: nichts tun oder tun lassen, ‚was der Seele oder unserer Profess zuwider ist'. Gehorchen ist ein Akt der Treue zu sich selbst. Darum kann gehorchen nur lebensnah sein, wenn der eigene freie Wille dabei die Regie hat. Alles, was Klara auch an anderer Stelle darüber anmerkt, geht vom befreiten Willen aus (vgl. KlTest 28). Das ist der Wille, der Gottes Absichten zustimmt. Genau diese Zustimmung macht innerlich frei. Der Mensch, der innerlich frei im Leben steht, nimmt selbstbewusst und stolz die eigene Verantwortung auf sich vor Gottes Aufforderung, in der häufig eine Bitte des anderen enthalten ist. Gott ruft jede bei ihrem Namen und verlangt eine persönliche Antwort. Darum darf ein Auftrag nie auf Kosten von jemandes innerer Freiheit gehen. Selbst die Lebensform oder Bestimmungen aus den Konstitutionen stehen nicht an erster Stelle, sondern zuallererst geht es darum, dass die Äbtissin und die Schwestern gemeinsam hören, ob der Heilige Geist sie bewegt oder nicht. Die vorgegebene Lebensform bleibt der Übungsplatz schlechthin im Loslassen des eigenen Willens, um sich den gehorsamen Dienst Jesu Christi anzueignen (vgl. Ord 46).

Leben im Raum des Gehorsams (vgl. II,13) als Schwestern, die verlangen frei zu werden, um zu dienen, erfordert eine fortwährende Einübung. Vor allem in einer Gemeinschaft, die ohne feste Einkünfte lebt und darin eine Alternative für den herrschenden Götzendienst des Mammons zu verwirklichen versucht. Denn in einer derartigen Gemeinschaft wird oft konkret selbstlose Verfügbarkeit in Anspruch genommen. Aufeinander hören ist und bleibt ein fortwährender Lernprozess. Dies kann nur mit der Unterstützung des gemeinsamen Gebetes und einer guten Gemeinschaft gelingen, in der primär Aufmerksamkeit und Ehrfurcht voreinander geübt wird. Und indem immer wieder neu gemeinsam gelauscht wird auf das Wort Gottes und auf das, was der Geist einer jeden eingibt.

9.10 Ermahnung und Ansporn

Der Text verändert bei X,6–13 die Perspektive. Von der dritten Person: ‚die Äbtissin', die ‚Schwestern', ‚sie', geht Klara über zur ersten Person: ‚Ich mahne aber und ermutige'. Obwohl sie als geistliche Leiterin teils die Worte von Franziskus in den Mund nimmt, spricht sie doch ihre Schwestern aus ihrer eigenen Position heraus an: als ‚Dienerin' der Schwestern (X,5). Sie fügt hinzu und verändert, was nicht direkt für ihre Schwestern nützlich ist. Dass sie mit ihrem letzten Aufruf so nah bei Franziskus bleibt, ist vielsagend. Klara spricht aus dem Bewusstsein heraus, dass sie sein Charisma teilt. Nach seinem Tod hat sie zusammen mit ihren Schwestern dieses Charisma behütet und in der Kirche fruchtbar werden lassen. Sie fasst energisch und stolz zusammen, was zum Kern der evangelischen Lebensweise gehört und was Franziskus und seine Brüder und Klara zusammen mit ihren Schwestern als Berufung und Sendung empfangen haben. Wie der geschlossene Raum geöffnet wurde mit einem persönlichen Zeugnis Klaras über ihre Bekehrung (VI,1), so schließt sie diesen Raum ab mit einer persönlichen Ermutigung, bis zum Ende auszuhalten.

6. Moneo vero et exhortor in Domino Jesu Christo, ut caveant sorores ab omni superbia, vana gloria, invidia, avaritia, cura et sollicitudine huius saeculi, detractione et murmuratione, dissessione et divisione.	6. Ich mahne aber und ermutige im Herrn Jesus Christus, dass die Schwestern sich hüten mögen vor allem Stolz, eitler Ruhmsucht, Neid, Habsucht, Sorge und Aufregung dieser Welt, Verleumdung und Murren, Zwietracht und Spaltung.
7. Sint vero sollicitae semper invicem servare mutuae dilectionis unitatem, quae est vinculum perfectionis.	7. Sie seien dagegen immer eifrig besorgt, untereinander die Einheit gegenseitiger Liebe zu wahren, die das Band der Vollkommenheit ist.
8. Et nescientes litteras non curent litteras discere,	8. Und die nicht lesen können, sollen sich nicht sorgen, lesen zu lernen,
9. sed attendant quod super omnia desiderare debent habere spiritum Domini et sanctam eius operationem,	9. sondern mögen vielmehr darauf achten, dass sie über alles ersehnen müssen, den Geist des Herrn zu haben und sein heiliges Wirken:
10. orare semper ad eum puro corde et habere humilitatem, patientiam in tribulatione et infirmitate,	10. immer zu Ihm zu beten mit reinem Herzen und Demut zu haben, Geduld in Bedrängnis und Krankheit
11. et diligere eos qui nos persequuntur, reprehendunt et arguunt;	11. und jene zu lieben, die uns verfolgen, tadeln und beschuldigen,
12. quia dicit Dominus: Beati qui persecutionem patiuntur propter iustitiam, quoniam ipsorum est regnum caelorum.	12. weil der Herr sagt: 'Selig, die Verfolgung leiden um der Gerechtigkeit willen, denn ihrer ist das Himmelreich.'
13. Qui autem perseveraverit usque in finem hic salvus erit.	13. 'Wer aber ausharrt bis ans Ende, der wird gerettet werden.'

9.10.1 Ein eigener Akzent

Neben der weiblichen Anrede ‚Schwestern' anstelle von ‚Brüdern' setzt Klara an zwei Stellen andere Akzente als Franziskus. Sie fügt hinzu und sie lässt weg. Der Untugend ‚Stolz' fügt sie dessen Folgen hinzu: ‚Zwietracht und Spaltung' (X,6). Aus Erfahrung kennt sie die negative Wirkung dieser Kräfte in einer Gemeinschaft. Wir sahen schon, dass sie immer wieder zurückkommt auf die positive Kraft der Einmütigkeit (II,1; IV,22). So auch hier. Sie fügt hinzu: ‚Sie seien dagegen immer eifrig besorgt, untereinander die Einheit gegenseitiger Liebe zu wahren, die das Band der Vollkommenheit ist' (X,7; vgl. Kol 3,14). Die Einheit der gegenseitigen Liebe verbindet die Gemeinschaft und macht sie zu einem ,Spiegel und Beispiel', das ansteckend wirkt in der ganzen Gemeinschaft der Gläubigen (vgl. KlTest 19-20).

Im zehnten Vers verändert sie ,Verfolgung' in ,Bedrängnis'. Damit werden die Worte aus dem Evangelium, die darauf folgen (X,12), konkreter. Die Schwestern waren weniger verwundbar durch Verfolgung als die Brüder, die 1253 schon über einen großen Teil der damaligen Welt verstreut waren. Viele Brüder hatten unterwegs und in Konfrontation mit anderen Völkern und Kulturen Verfolgung erfahren. Doch haben auch die Schwestern spannungsvolle Momente mitgemacht. 1240 wurde das Kloster durch die Sarazenen überfallen und 1241 lag Assisi wieder im Krieg mit dem Kaiser (ProKl II,20; III,17). Diese Geschehnisse haben zweifellos Angst, Kummer und Mangel mit hervorgebracht. Außerdem hatte das Leben ohne feste Einkünfte und das Wohnen miteinander auf einer kleinen Fläche ,Bedrängnisse' mit sich gebracht. Mit dem Wort Bedrängnis (tribulatio) erinnert Klara ihre Schwestern an die Nachfolge des leidenden Christus. In ihrem zweiten Brief an Agnes schreibt sie über Jesu Bedrängnisse am Kreuz (in cruce tribulationis; Vers 21). Franziskus bezieht sich in diesem Zusammenhang auf Matthäus 5,44: ,Liebt eure Feinde und betet für die, die euch verfolgen,' (vgl. BR 10,10), aber Klara übernimmt das nicht (X,11). Wohl die Seligpreisungen aus der Bergpredigt (Mt 5,10). Genau wie Franziskus in Kapitel 10,12 schließt auch Klara mit dem Versprechen des Herrn: ,Wer aber ausharrt bis ans Ende, der wird gerettet werden' (X,13; Mt 10,22). Hiermit erhält dieser letzte Aufruf eine eschatologische Dimension: die letztendliche Rettung wird dir von Gott her geschenkt. Der Ausdruck ,im Herrn Jesus Christus' (X,6) bildet mit ,weil der Herr sagt' (X,12) einen Rahmen. Die Worte für ihre Schwestern wurden Klara durch Jesus Christus und seinen Nachfolger Franziskus geschenkt (vgl. KlTest 5).

9.10.2 Wie spricht Klara?

Klara spricht die Schwestern an als eine geistliche Leiterin, wie geistliche Leitung in der Mönchstradition verstanden wurde. ‚Ich mahne aber und ermutige im Herrn Jesus Christus' sind nämlich Worte von jemandem, der sich bewusst ist, dass er nicht im eigenen Namen spricht, sondern durch den Heiligen Geist bewegt wird. Sie hat die Worte selbst vom Herrn empfangen, diese Worte erwogen und mit Gottes Gnade auch selbst durchlebt. Als Trägerin des Geistes kann sie aus dieser Erfahrung heraus sprechen.

Zwei gleichlaufende Bewegungen im Text (X,6-13) ziehen die Aufmerksamkeit auf sich:

- der sechste Vers ist ein Ansporn, *sich abzuwenden*, und der siebte, *sich zuzuwenden*;
- im achten Vers ist aufs Neue der Ansporn, *sich abzuwenden* und in den Versen 9–11, *sich zuzuwenden*.

Der Ansporn wird abgeschlossen mit zwei Texten aus dem Evangelium nach Matthäus: eine Seligpreisung (X,12) aus dem Prolog der Bergpredigt (Mt 10,22) und ein Versprechen (X,13) aus der Sendungsrede nach Matthäus 10,22.

9.10.3 Erste Bewegung

Die zwei gleichlaufenden Bewegungen zeigen wichtige Momente der Dynamik im Umformungsprozess:

1. Abwendung

Die Anregung, sich abzuwenden von einer negativen Ausrichtung: sich hüten vor allem Stolz (X,6). Die ersten vier schlechten Neigungen stören die Beziehung zu den Mitmenschen: ‚Stolz, eitle Ruhmsucht, Neid, Habsucht'. Die ‚Sorge und Aufregung dieser Welt' – in der Mitte – blockieren vor allem die Möglichkeit, für Gottes Wirken Raum zu schaffen. Die letzten vier sind ‚Verleumdung und Murren', die die gute

Atmosphäre in einer Gemeinschaft verderben, wodurch dann ‚Zwietracht und Spaltung' freie Hand bekommen. Dieser Katalog von zehn negativen Kräften zeigt eine sich steigernde Bewegung zum Bösen hin: eine gestörte Beziehung mit den Mitmenschen behindert das Wirken der Gnade und kann zu einem Auseinanderfallen der Gemeinschaft führen. Ausreichend Stoff zum Nachdenken, und ausreichend Anstrengung ist nötig, um sich davon abzuwenden. Wie macht man das?

2. Hinwendung

Indem jemand sich von diesen negativen Kräften abwendet, geschieht die Ausrichtung hin zum Guten. Diese Hinwendung wird konkret in der Übung, sich positiv zu *sorgen*: ‚Sie seien dagegen immer eifrig besorgt, untereinander die Einheit gegenseitiger Liebe zu wahren, die das Band der Vollkommenheit ist' (X,7). ‚Dagegen' gibt hier eine Wendung an. Der Kontrast zwischen dem verkehrten und dem guten Sorgen hält die Anstrengung in der Argumentation im Gang: worauf bist du gerichtet? Bei der Übung des guten Sorgens ist ‚die Einheit gegenseitiger Liebe' die Perspektive. Klara gibt hier keinen Katalog von Tugenden, um die negativen Kräfte eine nach der anderen zu bekämpfen, sondern sie verlangt, alle Kräfte auf die Übung des einen zu richten: die gegenseitige Liebe. Hier erklingt ein Echo des Gebotes Jesu: ‚Das ist mein Gebot: Liebt einander, so wie ich euch geliebt habe' (Joh 15,12). Und ein Echo aus dem Brief an die Kolosser: ‚Ihr seid von Gott geliebt, seid seine auserwählten Heiligen. Darum bekleidet euch mit aufrichtigem Erbarmen, mit Güte, Demut, Milde, Geduld. Ertragt euch gegenseitig und vergebt einander, wenn einer dem anderen etwas vorzuwerfen hat. Wie der Herr euch vergeben hat, so vergebt auch ihr! Vor allem aber liebt einander, denn die Liebe ist das Band das alles zusammenhält und vollkommen macht. In eurem Herzen herrsche der Friede Christi; dazu seid ihr berufen als Glieder des einen Leibes. Seid dankbar!' (Kol 3,12–15). Diese Liebe, die das Band der *Vollkommenheit* ist, verbindet die Schwestern, um sich gemeinsam auf die *Vollkommenheit* des Evangeliums einzulassen (VI,3). Die Ausrichtung auf ‚die Liebe Christi, die ihr in euch habt und mit der ihr einander liebt' (vgl. KlTest 59) öffnet den Raum für die wirkende Gegenwart der Liebe selbst in der Gemeinschaft. So baut die Liebe eine Wohnung, einen kontemplativen Raum, in dem jede Schwestern ihren persönlichen Weg gehen kann zum Wohl aller. Diese erste Bewegung von Abwendung zu Hinwendung bewirkt vor allem die Umformung der Gemeinschaft.

9.10.4 Zweite Bewegung

In den Versen 8 und 9–11 konzentriert sich die Aufmerksamkeit mehr auf die Umformung des persönlichen Innenraumes einer jeden.

1. Abwendung

Die *Abwendung* läuft hinaus auf ‚sich nicht sorgen‘ (X,8) um nebensächliche Dinge. Dieses Verb spiegelt die ‚Sorge und Aufregung dieser Welt‘ aus dem sechsten Vers wider. Nicht von der Sorge für die gute Entwicklung von Dingen im täglichen Leben ist hier die Rede, sondern von der Art Sorge, die jemandes Unruhe und Unstetigkeit steigert, unter anderem das Streben ‚lesen zu lernen‘.[192]

Wird hier die Anregung zur Abwendung verengt zu einem Verbot oder zur Ablehnung jeglicher intellektuellen Formung? Das würde quer stehen zu dem, was über Klara selbst in der Lebensbeschreibung erzählt wird, nämlich dass sie gern gelehrte Predigten hörte. Sie war nicht gegen eine gediegene Anfangs- und Weiterbildung. Im Gegenteil, diese lag ihr selbst sehr am Herzen. Sie lehrte die in der Formation befindlichen Schwestern zu meditieren und ein Gleichgewicht zu finden zwischen beten und arbeiten. Sie versuchte, gute Prediger zu finden, die ihren Schwestern die nötige geistliche Nahrung geben konnten. Und sie verweigerte sogar die materielle Unterstützung der Brüder, als Papst Gregor IX. die geistliche Sorge der Brüder wegnehmen wollte. (LebKl 36–37).

---

192 Wörtlich steht da: ‚Buchstaben sagen‘. In Klaras Zeit las man meistens laut.

Jedwede *Sorge* kann dann aber auch eine Behinderung sein, um wachsam und empfänglich zu bleiben für das Kommen Gottes. Vor allem wenn diese Sorge aus dem Eifer für die Dinge Gottes zu kommen scheint, wie lesen lernen, um die Psalmen beten zu können (vgl. III,3) oder geistliche Lektüre vorlesen zu können. Wenn eine Schwester sich darum sorgt, sich unnötig geistlich zu bereichern, lässt sie sich bestricken durch die dem Ego schmeichelnde Neigung der Neugier und Sucht nach Wertschätzung durch andere. Das behindert das Wirken des Heiligen Geistes (X,9). Eine ähnliche auf das Ego gerichtete Neigung hat Klara schon bloßgelegt, wo es um die Art und Weise zu arbeiten ging. Der ‚Geist des Gebetes und der Hingabe‘ darf nicht ausgelöscht werden durch Sucht nach Leistung oder Wertschätzung (VII,2). Für Studium oder andere intellektuelle Arbeit gilt dasselbe. Sich in Studien zu engagieren mit der Intention, bei anderen Wertschätzung zu ernten, ist verdächtig. Streben nach Erkenntnis kann jemanden dann so in Beschlag nehmen, dass die Beziehung zu Gott in den Hintergrund rückt. Studium kann zu einer Form geistlicher Habsucht abgleiten. Franziskus spricht davon in seiner siebten Ermahnung: ‚Der Apostel sagt: „Der Buchstabe tötet, der Geist aber macht lebendig.“ Jene sind vom Buchstaben getötet, die nur die Worte allein zu wissen trachten, damit sie unter den anderen für weiser gehalten werden und große Reichtümer erwerben können, die sie dann Verwandten und Freunden schenken‘ (Erm 7,1-2). Kenntnis erwerben – auch theologische Kenntnis – kann die Kontemplation behindern, aber sie kann ebenso gut das Wachstum eines intensiveren kontemplativen Lebens fördern. Bei welchen Studien dann auch immer, es geht darum ‚den Geist heiligen Gebetes und der Hingabe an Gott nicht auszulöschen‘ (vgl. Ant 2)

Wenn Klara in unserer Zeit gelebt hätte, hätte sie zweifellos die Bedeutung vom Lesen-lernen erkannt. Lesen und schreiben zu können ist solch ein Gemeingut in unserer Kultur, dass jemand, der nicht lesen oder schreiben kann, von aller schriftlichen Kommunikation ausgeschlossen ist. Es würde bedeuten, dass für manche Schwestern die geistlichen Übungen wie Schriftlesung und das Lesen von geistlicher Lektüre, um das kontemplative Leben zu vertiefen, nicht möglich wäre. In unserer

Zeit ist eine derartige Formung im religiösen Leben unmöglich, ohne lesen und schreiben zu können und ohne gediegene Studien, die dem kontemplativen Leben weitere Entfaltung bieten.

2. Hinwendung

‚Sondern': der Text macht eine Wendung. Weg von der Abwendung hin zur Hinwendung. ‚Sie mögen darauf achten' (attendant): eine Anregung, die Aufmerksamkeit auf das Innere zu richten, sich zu konzentrieren auf das Wesentliche: den Gottesdienst für den Innewohnenden (vgl. 3 Agn 22).

Drei Verben zeigen eine Bewegung der Umformung: von *ersehnen* nach *beten* und *lieben*. Das Sehnen kommt zuerst: ‚über alles'. Im Leben einer armen Schwester geht es zuerst und vor allem darum, die Beziehung zu Gott lebendig zu halten. ‚Dem du dich als heiliges und wohlgefälliges Opfer dargebracht hast', schreibt Klara an anderer Stelle (2 Agn 10). Bei dieser Hingabe ist die Sehnsucht – als affektive Antriebskraft – die Richtung gebende Bewegung: zu Ihm hin und nicht zum Ego.

Wie hält man diese gute Bewegung im Gange? Durch ‚immer zu Ihm zu beten' (X,10; vgl. 1 Thess 5,17). ‚Immer beten mit einem reinen Herzen' läuft hinaus auf eine Haltung des Verlangens mit offenen Händen im Bewusstsein, ein Bettler zu sein. Die Worte ‚beten' und ‚betteln' sind miteinander verwandt. Betteln ist eigentlich: wiederholte Male verlangen, fortwährend die Hand aufhalten, weil man nichts aus sich selbst hat oder kann. ‚Immer' ist dann auch verbunden mit ‚beten' weil, nach Klara, ein Mensch alles, was er nötig hat, von Gott erwarten darf. So mit offenen Händen bitten, um beten zu können, danken, dass wir danken dürfen, und loben, weil wir loben dürfen, kann eine Lebenshaltung werden. Vielleicht dürfen wir die Geste der geöffneten Hände auch sehen als Ausdruck der Sehnsucht nach einem reinen Herzen. Ein Herz, das leer ist von sich selbst und von den Sorgen um alles Mögliche. Reinheit des Herzens beinhaltet ja: ungeteilt gerichtet sein auf den Einen und auf das Gute für die Mitmenschen. ‚Im Gebet werden wir immer den wahren Quell unserer Achtsamkeit entdecken

und darin die Reinheit unserer Liebe prüfen können' (Eloi Leclerc).[193]
Die Übung des fortwährenden Gebetes verlangt das Einlassen auf innere
Stille, um das Seufzen des Geistes in der Tiefe des Herzen gewahr zu
werden, und Einlassen auf die tägliche Treue und Hingabe (vgl. VII,1).

Das dritte Verb ‚lieben' ist die Übung äußerster Selbstlosigkeit der
Liebe, wie Jesus selbst das am Kreuz vorgelebt hat. Auch bei diesem
Lieben sind wir aus uns selbst machtlos. Wie können wir diejenigen
lieben, die uns benachteiligen, abweisen oder in ein schlechtes Licht
stellen? Die Neigung, mit derselben Münze zurückzuzahlen, liegt nahe.
Und dennoch: nur indem man sich der Bewegung der Liebe übergibt,
mit dieser empfangenen Liebe zu lieben, wird es möglich, das Gebot
Jesu zu leben: ‚Dies trage ich euch auf: liebt einander' (Joh 15,17). Ohne
immer zu beten, geht dies über unsere eigene Kraft.

9.10.5 Gottes Kräfte empfangen

Das dritte Moment in der Umformung wird gekennzeichnet durch
das Wort ‚haben' (habere; X,9 und 10). Wir begegneten dem schon
früher bei den praktischen Maßnahmen. Aber hier geht es um mehr:
um die Gaben, die Zurüstung von Gott her, auch Tugenden genannt,
empfangen zu dürfen. Diese Empfänglichkeit kann man einüben, was
auch die Übung der Tugend genannt wird. Diese Übung besteht darin,
den Widerstand des Ego loszulassen und sich dem Wirken von Gottes
Kräften zu überlassen.

Zuallererst ist da die Gabe oder Kraft schlechthin: ‚der Geist und
sein heiliges Wirken' (X,9). Hier greift Klara zurück auf die ‚göttliche
Eingebung' die jemanden bewogen hat, sich auf die Berufung zur ar-

---

193 Vgl. Malachias Huijink ocso, *Met Cassianus op weg naar het zuivere hart*, in:
De Kovel. Monastiek tijdschrift voor Vlaanderen en Nederland 1 (2008) 5, 16–22;
Toespraak, 21 juni 2007, in: *Geroepen, gegrepen, gezonden. Benedictus XVI over
Paulus. Overwegingen van paus Benedictus XVI ter gelegenheid van het Paulusjaar
28 juni 2008-29 juni 2009.* (Red. M.A.J.M. Bronzwaer), Kerkelijke documentatie.
Utrecht 2009, 63.

men Schwester einzulassen (II,1). Mit ‚göttlicher Eingebung' wird das Wirken des Heiligen Geistes angedeutet. Tief in uns ist diese Kraft des Geistes und sein heiliges Wirken immer anwesend (vgl. Gal 4,6). Der Heilige Geist wird die Begierde und den Willen umformen, um allzeit das Gute zu ersehnen und Gott anzuhangen. Wir dürfen diese Kraft *haben*, anders gesagt *besitzen*, von ihr *besetzt* sein und das so, dass Er selbst als die große Sehnsucht in uns nach unserer Bestimmung verlangt: die Gleichförmigkeit mit dem armen Christus. Dieser göttlichen Ausrüstung sollen alle kleinen Sehnsüchte untergeordnet werden, so dass sie das Wirken des Geistes nicht blockieren, sondern mit dieser Lebensbewegung sich mitbewegen. Der Geist formt mit seinem heiligen Wirken die Sehnsucht und den Willen um zu der Fähigkeit, in Freiheit zu lieben. Der Geist bleibt die tragende Unterströmung. Er ist auch das Reisegeleit. Klara selbst hat in dem Bewusstsein gelebt, dass sie immer getragen wurde durch die Kraft des Geistes.

Im zehnten Vers wird das Wirken des Geistes konkretisiert in den Kräften der ‚Demut und Geduld'. Warum diese zwei als Tugendpaar und nicht ‚Demut und Armut'? Dies ist die einzige Stelle, wo Klara dieses Tugendpaar gebraucht. Hier steht sie – mit Franziskus, dessen Text sie hier wörtlich übernimmt – in der monastischen Tradition, in der man mit dem Tugendpaar Demut und Geduld die Nachfolge des ganzen Weges Jesu kennzeichnete. Der Weg seiner äußersten Selbsthingabe: Er hat seine Feinde geliebt und hängend am Kreuz hat Er in seinen letzten Stunden für sie gebetet. Demut / Niedrigkeit ist die Lebenshaltung, die Jesus vorgelebt hat, indem er gehorsam geworden ist bis zum Tod am Kreuz (vgl. Phil 2,8). Und Geduld ist die Kraft, es auszuhalten, zu warten (vgl. Jak 5,10–11).[194] Demut und Geduld verweisen hier

---

194 Vgl. Johannes Cassianus, *Von den Einrichtungen der Klöster*, XII,33: ‚Sind wir in einer solchen Verfassung, so wird ohne Zweifel jener wahrhaft ruhige und unwandelbare Zustand der Demut bald folgen. Er besteht aber darin, dass wir uns geringer achten als Alle, dass wir Alles, was man uns zufügt, sei es auch beleidigend, unangenehm und schädlich, gleichsam von unsern Vorgesetzten uns angetan mit der größten Geduld ertragen. Doch dies werden wir nicht nur ganz leicht ertragen, sondern auch für gering erachten, wenn wir stets mit frommer Verehrung der Leiden unseres Herrn und aller Heiligen gedenken'. Vgl. für ‚Demut

vermutlich auf die Tragkraft Jesu Christi in seinem Leiden. In einem bündigen Zusammenhang steht hier der Kern der ‚Vollkommenheit des heiligen Evangeliums‘ (VI,3) beieinander:

X,10: Demut und	Geduld haben in Bedrängnis und Schwachheit
X,11-12: Jene zu lieben, die uns verfolgen, tadeln und beschuldigen, weil der Herr sagt: ‚Selig, die Verfolgung leiden um der Gerechtigkeit willen, denn ihrer ist das Himmelreich‘ (Mt 5,10)	
X,13: ‚Wer aber ausharrt bis ans Ende	der wird gerettet werden‘ (Mt 10,22)

Demut / Niedrigkeit ist die innewohnende Kraft, die die menschliche Wirklichkeit vollständig annimmt und die letztliche *Rettung* von woanders her erwartet. ‚Anderen hat er geholfen, sich selbst kann Er nicht helfen‘ (Mt 27.42). *Geduld* ist die Ausrüstung von Gott her, um *auszuharren* und zu warten. Ausharren in Demut und Geduld ist keine Tat mehr, die man selbst will, sondern es ist die totale Entäußerung der Armut, in der jemand manchmal auch der letzten Glaubensperspektive beraubt wird. Jesus betete in äußerster Todesnot am Kreuz: ‚Mein Gott, mein Gott, warum hast Du mich verlassen?‘ (Mt 27,46).

Die Tugenden *Demut* und *Geduld* (X,10) bilden mit *ausharren* und *gerettet* werden (X,13) ein Kreuz. Sie umschließen im Herzen dieses Kreuzes die äußerste Konsequenz der Nachfolge Jesu (X,11), in der ein Echo der Bergpredigt erklingt: ‚Ich aber sage euch: Liebt eure Feinde und betet für die, die euch verfolgen, damit ihr Söhne eures Vaters im Himmel werdet‘ (Mt 5,44–45). Die Verheißung des Reiches der Himmel ist die Perspektive. Diese Schlussworte des Ansporns stehen im Spannungsfeld von ‚jetzt schon‘ und ‚noch nicht‘, von der Nachfolge und der wachsenden Einswerdung mit dem armen Christus.

---

und Geduld‘ auch *Von den Einrichtungen der Klöster* IX,4–8 die auffallenden Ähnlichkeiten in den Ermahnungen 10,13,15 und GrTug von Franziskus.

10 Um des Evangelium Jesu Christi willen

,Vertrau auf den Herrn und tu das Gute,
bleib wohnen im Land und bewahre Treue' (Psalm 37,3)

Nachdem das tägliche Leben der Schwestern innerhalb der Zurückge-zogenheit beschrieben ist, kommt erneut die Verbundenheit mit dem Orden der Minderbrüder (XII,1-11) und der Kirche (XII,12-13) zur Sprache, wie am Beginn der Lebensform (vgl. I,4 und I,3). Und dies alles in der Perspektive des Lebens nach dem heiligen Evangelium (XII,13; vgl. I,2). Am Schluss der Lebensform wird nichts dem Zufall oder dem Wohlwollen der Brüder und der kirchlichen Amtsträger überlassen, sondern die Erwartungen und notwendigen Maßnahmen stehen bündig zusammen. Der ganze Text steht in der ersten Person Plural: ,wir', ,unser'. Gemeinsam sind die Schwestern verantwortlich für die Lebensform. Gemeinsam wenden die Schwestern sich an die Brüder. Es kann nicht deutlicher formuliert sein, wenn Vereinbarun-gen getroffen werden müssen über das gegenseitige Band mit ihnen. Hier steht wieder das Wörtchen ,haben' (habere) (XII,6 und 12): was muss man notwendigerweise *haben*, um der Verbundenheit mit den Brüdern Hand und Fuß zu geben? Dazu gehört ein Visitator (XII,1–4) und Brüder für die geistliche und materielle Sorge (XII,5–11). Die Lebensform schließt mit einem Aufruf an die kirchlichen Amtsträ-ger, dafür zu sorgen, dass die Schwestern immer ihrem Versprechen treu bleiben können, Jesus Christus und seiner Mutter nachzufolgen (XII,12–13). Vielleicht werden manche zurecht anmerken, dass hier wieder Absprachen gemacht werden, die aus der Zurückgezogenheit resultieren. Diese Absprachen haben gleichwohl auch zu tun mit Zuständigkeiten, die zu einer bestimmten Aufgabe gehören.

10.1   Verbundenheit mit den Minderbrüdern

10.1.1 Visitator

1. Visitator noster sit semper de Ordine Fratrum Minorum secundum voluntatem et mandatum nostri cardinalis.	1. Unser Visitator soll immer vom Orden der Minderen Brüder sein gemäß dem Willen und der Anordnung unseres Kardinals.
2. Et sit talis de cuius honestate et moribus plena notitia habeatur.	2. Und er sei jemand, über dessen Ehrenhaftigkeit und Sitten man volle Kenntnis haben möge.
3. Cuius officium erit, tam in capite quam in membris, corrigere excessus commissos contra formam professionis nostrae.	3. Sein Amt wird es sein, die gegen die Form unserer Profess begangenen Verstöße sowohl an Haupt wie an Gliedern zu bessern.
4. Qui stans in loco publico, ut videri ab aliis possit, cum pluribus et singulis loqui liceat quae ad visitationis officium pertinent, secundum quod melius viderit expedire.	4. Ihm sei erlaubt, an einem öffentlichen Ort, wo er von den anderen gesehen werden kann, mit mehreren oder einzelnen Schwestern das zu besprechen, was sich auf das Amt der Visitation bezieht, so wie es am besten zu nützen scheint.

Schon von Anfang an kennt die Gemeinschaft von San Damiano die Funktion eines Visitators. Das ist jemand, der von Zeit zu Zeit die Gemeinschaft besucht, dem die Schwestern ihre Fragen stellen können und der darauf achten muss, dass die Gemeinschaft in der guten Spur bleibt. Unser Visitator muss ein minderer Bruder sein, der vom Kardinal delegiert ist. Der Kardinal hat die Befugnis, im Namen des Papstes aufzutreten. Da steht ‚gemäß dem Willen und der Anordnung unseres Kardinals‘. Aus dem zwölften Vers wird deutlich, dass es derselbe Kardinal ist wie für die minderen Brüder. Das Band mit den Brüdern will Klara auch bekräftigt sehen durch das kirchliche Amt. Klara sagt ausdrücklich, dass der Visitator immer ein Minderbruder sein muss. Diese Umschreibung zeigt, dass es nicht immer selbstverständlich gewesen ist, dass die Sorge für die Schwestern von San Damiano – die sogenannte *cura monialium* – einem minderen Bruder anvertraut war (vgl. LebKl 37).[195]

Nachdem die Position festgelegt ist, folgt eine kurze Profilskizze des Visitators. Er muss bekannt sein als jemand mit einem ehrenwerten Lebenswandel. Das Wort ‚honestas‘, dem wir in der Lebensform schon häufiger begegnet sind (acht Mal), deutet auf die Integrität der Person oder auf die der Gemeinschaft. Der Visitator soll gut verstehen, worum es im Leben der armen Schwestern geht, nämlich um die Nachfolge des armen Christus. Die Praxis dieser Nachfolge kann nicht endgültig festgelegt werden. Veränderungen und Entwicklungen in Zeit und Ort verlangen immer eine Neubesinnung auf die Anpassung der Lebensform des Ordens der armen Schwestern.

Die Aufgabe des Visitators beinhaltet: die Gemeinschaft besuchen und auf die Observanz achten, um falls nötig Abweichungen von der Lebensform zu korrigieren und neue Entwicklungen zu unterstützen. Auch soll er im Stande sein, seinen guten Rat zu geben bei wichtigen Entscheidungen. Das Kriterium ist immer: die Form unserer Profess gesund halten. Hier kommt neu ans Licht, was das Band mit dem Orden der Minderbrüder beinhaltet. Um die Form unserer Profess zu bewahren, ist es nötig, eine Struktur zu haben, bei der eine periodische Reflexion über die Lebensform einen festen Ort hat. Innerhalb der bindenden Absprachen können die Schwestern zusammen mit ihrem Bruder Visitator auf den Geist lauschen, um sich auf das eigene Charisma ihrer Berufung und Sendung in der Kirche zu besinnen. Dass die Nachfolge des armen und demütigen Jesus Christus dessen Kern bildet, klingt durch im Gebrauch der Metapher des Leibes: Haupt und Glieder. Die Gemeinschaft hat eine kritische Funktion innerhalb der Kirche, denn sie soll eine Spiegelung sein des mystischen Leibes Christi, ‚der arm in die Krippe gelegt wurde, arm in dieser Welt lebte und nackt am Marterholz verblieb‘ (KlTest 45). Als eine solche ist sie ein Spiegel für die Kirche und für die Menschen, ‚die in der Welt leben‘ (KlTest 19-20). Um dieses Auftrags willen muss der Visitator ohne

---

195 Vgl. *Federazione*, Bd. III, 478.

Ansehen von Person oder Amt – sowohl an Haupt wie an den Gliedern (XII,3) – seine Aufgabe ausführen.

Bei der Ausführung seiner Aufgabe muss der Visitator sich an die Absprachen bezüglich des Ortes halten, wo er den Schwestern begegnen kann. Zwar kann er selbst beurteilen, ob er mit einigen Schwestern gleichzeitig sprechen will oder mit einer Schwester separat. Befugnis und Verantwortung bilden ein Gleichgewicht. Die Aufgabenumschreibung ist deutlich und soll keinen Anlass zu Konfliktsituationen geben.

10.1.2 Geistliche und materielle Sorge der Minderbrüder

5. Capellanum etiam cum uno socio clerico bonae famae, discretionis providae, et duos fratres laicos sanctae conversationis et honestatis amatores,	5. Auch einen Kaplan mit einem Kleriker von gutem Ruf und umsichtiger Klugheit als Gefährten sowie zwei Laienbrüder, Liebhaber von heiligem Wandel und Ehrbarkeit
6. in subsidium paupertatis nostrae, sicut misericorditer a praedicto Ordine Fratrum Minorum semper habuimus,	6. zur Unterstützung in unserer Armut, wie wir sie vom genannten Orden der Minderen Brüder stets barmherzig erhalten haben,
7. intuitu pietatis Dei et beati Francisci, ab eodem Ordine de oratia postulamus.	7. erbitten wir mit Blick auf das gütige Erbarmen Gottes und des seligen Franziskus vom selben Orden als gnädige Gabe.
8. Non liceat capellano sine socio monasterium ingredi.	8. Dem Kaplan sei es nicht erlaubt, ohne den Gefährten in das Kloster hineinzugehen.
9. Et intrantes in loco sint publico, ut se possint alterutrum semper et ab aliis intueri.	9. Wenn sie hineingehen, sollen sie sich an einem öffentlichen Ort aufhalten, damit sie sich stets gegenseitig sehen und von den anderen gesehen werden können.
10. Pro confessione infirmarum quae ad locutorium ire non possent, pro communicandis eisdem, pro extrema unctione, pro animae commendatione, liceat eisdem intrare.	10. Für die Beichte der Kranken, die nicht zur Sprechöffnung gehen können, für ihre Kommunion, für die Letzte Ölung und für die Sterbegebete sei ihnen erlaubt hineinzugehen.

11. Pro exequiis vero et missarum sollemniis defunctorum, et ad fodiendam vel aperiendam sepulturam, seu etiam coaptandam, possint sufficientes et idonei de abbatissae providentia introire.	11. Für die Begräbnisriten aber, die feierlichen Messen für die Verstorbenen, das Ausheben, Öffnen oder auch das Ausbessern von Gräbern sollen nach dem fürsorglichen Ermessen der Äbtissin die notwendigen und geeigneten Leute hineingehen können.

Wieder eine klare Aufgabenumschreibung, in der die erforderlichen Eigenschaften (XII,5), der Inhalt der Aufgabe (XII,6; 10–11) und die Art und Weise, wie diese ausgeführt werden soll (XII,8–9;11), formuliert sind. Es gibt Brüder, denen die geistliche Versorgung anvertraut ist. Sie müssen behutsam und verständig sein, um gut unterscheiden zu können, was das Leben der Schwestern beinhaltet. Ihre Sorge betrifft die Spendung der Sakramente, geistliche Begleitung (vgl. III,12–15), die Seelsorge für die Kranken (VIII,19), Sterbebegleitung und das Sorgen für die Beerdigung (XII,10–11a).

Von den Laienbrüdern wird verlangt, dass sie der Lebensentscheidung der Schwestern und ihrer eigenen gut gesonnen sind. Diese Brüder sind gebeten zur ‚Unterstützung unserer Armut'. Ein Leben ohne feste Einkünfte kann es nötig machen, um Almosen bitten zu lassen (VIII,2). Es gehört also unter anderem zur Aufgabe dieser Brüder, für die Schwestern betteln zu gehen. Das ist kein anziehender „Job".[196] Wenn dies nicht freiwillig und mit Liebe getan wird, kann dies nicht nur Spannungen zwischen den Brüdern und Schwestern wachrufen, sondern auch die Menschen, die Almosen geben, könnten am geistlichen Wert ihrer Almosen zweifeln.

Franziskus hat das Bitten um Almosen immer verstanden als eine Tat mit einer mystischen Dimension: niemand braucht sich dafür zu schämen, weil Jesus selbst sich arm gemacht hat (BR 6,3). Er nannte dies: ‚Zuflucht nehmen zum Tisch des Herrn' (Test 22). Die Schwestern dürfen also in Notsituationen die Brüder in Anspruch nehmen. Denn wenn die Not zuschlägt, muss alles getan werden, um diese zu lindern. Die Schwestern können das nicht immer selbst. Das Wunder mit dem

---

196 Jan HOEBERICHTS, *Bedelbroeders?*, in: *Franc Leven* 92 (2009), 112–118.

Öl ist dafür ein treffendes Beispiel. Es war kein Öl mehr da, um für die Kranken Essen zuzubereiten. Als Bruder Bentevenga den Krug holen kam, fühlte er sich auf den Arm genommen, weil der Krug schon voll war (ProKl I,15; II,14; LebKl 16). Die Brüder werden wohl auch andere Arbeiten verrichtet haben, die für Frauen zu schwer sind, wie ein Grab ausheben (XII,11). Es gibt auch eine Geschichte über das Unglück mit einer schweren Tür, unter die Klara gefallen war. Es mussten drei Brüder herbeikommen, um die Tür aufzuheben. Danach werden sie die Scharniere wohl sofort repariert haben (vgl. ProKl V,5; XIV,6). Aus den Versen XII,8-11 zeigt sich, dass die Bestimmungen bezüglich der Zurückgezogenheit zwar ernst genommen wurden, aber dass sie nicht absolut waren. Klara hat, wie Franziskus in seiner Regel (BR 9,1–2), die nötige Vorsicht eingebaut. Die Brüder müssen Erlaubnis haben, um herein und nicht allein zu kommen. Sie müssen in einem öffentlichen Raum bleiben, so dass sie immer gesehen werden können (XII,8–9). Es konnten Ausnahmen gemacht werden nach dem verständigen Urteil der Äbtissin.

10.1.3 Verbundenheit mit den Minderbrüdern

Nach Meinung von Klara und ihren Schwestern gehören die geistliche und die materielle Sorge der Brüder für die Schwestern zusammen. Das hat Klara auch dem Papst deutlich gemacht, als er die geistliche Sorge für die Schwestern den Minderbrüdern entziehen wollte. Aus Protest verweigerten die Schwestern auch die materielle Sorge. Das bedeutete, dass sie eines Tages unvermeidlich in eine Notsituation geraten würden. Ein derartiges Risiko wollte der Papst nicht eingehen. Er nahm seine Entscheidung zurück (LebKl 37). Die brüderliche Sorge, die die Schwestern in der Lebensform festgelegt haben, geht hervor aus dem Versprechen des Franziskus (VI,4–5). Außerdem haben sie diese Gunst ,vom genannten Orden der Minderen Brüder stets barmherzig erhalten'. Es ist eine brüderliche Verpflichtung, enthalten in dem Gehorsamsversprechen, das die Schwestern Franziskus und seinen Nachfolgern gegeben haben (I,4–5). Darum kann auch das höchste kirchliche Amt nicht an den Absprachen bezüglich dieser Sorge vorbeigehen.

Die Mitte bildet, als die tragende Grundströmung des ganzen Textes über die Regelungen mit den Brüdern, das Motiv der Bitte. Der Text gelangt da auf ein anderes Sprachniveau: von einer nüchternen Aufgabenumschreibung auf eine mystische Ebene: ‚zur Unterstützung in *unserer Armut*, wie wir sie vom genannten Orden der Minderen Brüder stets *barmherzig* erhalten haben, erbitten wir *mit Blick auf das gütige Erbarmen Gottes und des seligen Franziskus* vom selben Orden als gnädige Gabe'. Ein klarer Hinweis auf eine mystische Dimension:

- *Unsere Armut* ist die gemeinsame Lebensentscheidung der armen Schwestern und der minderen Brüder, um der Armut und Demut Jesu Christi und seiner Mutter zu folgen. Diese Entscheidung bildet das Band wechselseitiger Bezogenheit.

- *Barmherzigkeit* gibt die göttliche Qualität an, mit der die brüderliche Sorge erfüllt sein soll (vgl. VIII,13).

- Das *gütige Erbarmen Gottes* (pietatis Dei) und *des seligen Franziskus* verweist auf die Treue eines Vaters für sein Kind. Franziskus war durch diese Bruderliebe bewegt, als er seine Lebensform für die Schwestern aufschrieb (KlReg VI,2). Das lateinischen Wort ‚pietas' hat die Bedeutungen von ‚Treue', ‚Hingabe' und ‚Ehrfurcht'. Das hat Klara in der Zusage des Franziskus vermutlich durchklingen gehört. Sie erinnert hier also an diese geistliche Familienverwandtschaft der Brüder mit den Schwestern. Es ist Gott selbst, der sie zu Schwestern und Brüder gemacht hat. Gottes Treue ist der Quell, aus dem dieses Familienband entsprungen ist. In der konkreten Sorge füreinander dürfen die Brüder und Schwestern weiterhin aus diesem Brunnen schöpfen, den Franziskus selbst gebohrt hat.

- *Mit Blick auf* (intuitu). Wo Klara das Wort ‚intueri' gebraucht, spricht sie für gewöhnlich über ein inneres Schauen, ein Sehen mit dem Herzen, das sich hat anrühren lassen.[197] Dieses Sehen von innen

---

197 In KlReg XII, 9 setzt das Wort ‚intueri' Wachsamkeit aus dem Herzen heraus voraus und nicht einen neugierigen oder kontrollierenden Blick. Zum inneren Schauen, vgl. *Klara van Assisi: Licht aus der Stille*, 151; 263.

heraus wirft Licht auf die mystische Dimension von Klaras Bitte um Brüder. Als die Bitte um Sorge gestellt wird aus der Erkenntnis der eigenen Armut heraus – die die Widerspiegelung der Armut des Mensch gewordenen Gottes Sohnes ist – wird die geschenkte Sorge auch ein Gottesdienst der ‚höchsten Armut' (vgl. VIII,4).

10.2 In der Kirche um des Evangeliums Jesu Christi willen

‚Überdies' (ad haec): reimt sich mit dem Anfang. ‚Die Lebensform des Ordens der Armen Schwestern ist diese (haec est): Unseres Herrn Jesu Christi heiliges Evangelium zu beobachten' (I,1). Und da klingt ein Echo von VIII,4: ‚Dies ist jene Erhabenheit der höchsten Armut'. ‚Überdies' (ad haec) hat also Bezug zum Inhalt der ganzen Lebensform, wie sie im letzten Vers noch einmal knapp ins Wort gefasst ist. Das letzte Wort ist ‚Amen': eine Zustimmung aus ganzem Herzen zum Lebensprojekt, kurz dargestellt am Anfang (I,1–2).[198]

12. Ad haec sorores firmiter teneantur semper habere illum de sanctae romanae Ecclesiae cardinalibus pro nostro gubernatore, protectore et correctore, qui fuerit a domino papa Fratribus Minoribus deputatus,	12. Überdies seien die Schwestern streng verpflichtet, immer jenen Kardinal der Heiligen Römischen Kirche als unseren Lenker, Schutzherrn und Verbesserer zu haben, der vom Herrn Papst für die Minderen Brüder bestimmt sein wird,
13. ut semper subditae et subiectae pedibus eiusdem sanctae ecclesiae, stabiles in fide catholica, paupertatem et humilitatem Domini nostri Jesu Christi et eius sanctissimae matris et sanctum evangelium, quod firmiter promisimus, in perpetuum observemus. Amen.	13. auf dass wir, immer den Füßen dieser heiligen Kirche untertan und unterworfen, feststehend im katholischen Glauben, die Armut und Demut unseres Herrn Jesus Christus und seiner heiligsten Mutter sowie das heilige Evangelium, das wir fest versprochen haben, auf ewig beobachten. Amen.

---

198   In BR steht dieses ‚Amen' nicht. Vgl. KlTest 78; 4 BrAgn 40.

In diesem Abschnitt, mit Blick auf das kirchliche Amt, wird die persönliche Pluralform 'wir' einmal unterbrochen durch die eher distanzierte dritte Person: ‚die Schwestern'. Klara hält hier eine ehrfürchtige Distanz ein. Im Weiteren geht sie wieder zur ‚wir'-Form über. Der Ausdruck ‚den Füßen untertan und unterworfen' unterschreibt diese Ehrfurcht noch einmal. Dieser Ausdruck ist keine Form sich selbst klein zu machen, sondern sie drückt Achtung aus vor den kirchlichen Amtsträgern, die das Evangelium Jesu Christi in seiner Kirche bewahren müssen. Freimütig und ehrfürchtig betont Klara – sie schreibt ‚streng verpflichtet' –, dass es für die Schwestern notwendig ist, den Kardinalprotektor zu haben, der auch für die minderen Brüder eingesetzt ist. Das Wort *haben* (habere) weist hier auch auf eine notwendige Maßnahme hin. Der Kardinal hat im Namen der Kirche dieselbe Aufgabe wie bei den Brüdern, nämlich zu lenken, zu beschützen und zurechtzuweisen. Hiermit gibt Klara aufs Neue zu erkennen, dass sie vom Ursprung her zu demselben Orden gehören, der innerhalb der Kirche ein und dieselbe Berufung hat. Die Treue zur Kirche wird noch einmal bezeugt in dem Versprechen, ‚feststehend im katholischen Glauben, die Armut und Demut unseres Herrn Jesus Christus und seiner heiligsten Mutter sowie das heilige Evangelium, das wir fest versprochen haben, auf ewig (in perpetuum) zu beobachten'. Klara fügt ‚in perpetuum' hinzu. Dies ist ein Signal, dass es 1253 nicht mehr selbstverständlich war, an der ursprünglichen Absicht von Franziskus festzuhalten (vgl. BR 12,4).

Die Verben *versprechen* und beobachten (XII,13) stehen in umgekehrter Reihenfolge wie am Beginn der Lebensform: *beobachten* (I,2) *versprechen* (I,3–4). Sie umschließen die Lebensform, die der Raum ist, um sich die ‚Vollkommenheit des heiligen Evangeliums' (VI,3) zu eigen zu machen. Diese Vollkommenheit haben Jesus Christus und seine Mutter durch ihr Leben in Armut und Demut vorgelebt. Maria ist die erste Frau gewesen, die diesen Weg mit ihrem Sohn gegangen ist. Sie ist nach Ihm das Beispiel schlechthin im Umformungsprozess zur armen Schwester. Beide Spiegel, so haben die Schwestern fest versprochen, wollen sie auf ewig beobachten.

11 Die Lebensform als Umformungsmodell

'Innenseite – malt Außenseite –
Pinsel, der ohne Hand –
Sein Bild bekannt macht – wie ein
Inneres Kennzeichen – gebrannt.' (Emily Dickinson)[199]

In der Lebensform ist das Leben Klaras und ihrer Schwestern in eine schriftlich abgesteckte Form gegossen. Eine Form, nicht wie eine inzwischen geronnene Lebensweise, sondern als Ausdruck einer innerlichen Bewegtheit, die Menschen angesteckt hat und noch ansteckt, um in den Fußspuren von Franziskus und Klara das Evangelium Jesu Christi radikal als Lebensentwurf zu wählen. Klara hat, vermutlich im Gespräch mit ihren Schwestern, die ursprüngliche und durch das Leben erprobte Berufung aufgeschrieben für alle, die noch kommen würden. Also ist die Lebensform eine Widerspiegelung der ersten vierzig Jahre des alltäglichen Lebens der armen Schwestern in San Damiano. Die Lebensform trägt Spuren eines durchgehaltenen Einsatzes dieser Gruppe Frauen, die, häufig gegen die gängigen Auffassungen kirchlicher Amtsträger, dennoch eine kirchliche Anerkennung für ihre neue Form religiösen Lebens bekommen haben.

In der Lebensform wird konkret ein Lebensmodell nach dem Evangelium Jesu Christi dargelegt: ein vorgelebtes Modell zur Umformung. Ein Modell, das man sich innerlich aneignen kann durch Einübung unter der Einwirkung von Gottes Gnade. Um es im Geist Klaras zu sagen: durch Spiegelung und Widerspiegelung darf man wachsen zur Gleichförmigkeit mit dem armen und demütigen Christus.

In diesem letzten Gang durch den Text werde ich versuchen, die Lebensform als Umformungsmodell zu erschließen. Was ist die Kraft dieser Lebensgestaltung oder dieses Lebensstils? Wie wirkt die Armut

---

199 Aus: *The Outer – from the Inner*, in: Emily Dickinson, *Gedichten I*. Vertaald en van commentaar voorzien door Peter Verstegen. Amsterdam 2005, 234–235: ‚Binnenkant – schildert Buitenkant – / Penseel die zonder Hand – / Zijn Beeld bekend maakt – als een / Innerlijk Merk – gebrand'.

in ihrer Unterschiedlichkeit darin als eine umformende Kraft? Zum Schluss die Frage: welches Bild von Jesus Christus lässt sich in der Lebensform erkennen?

11.1 Lebensgestaltung als spirituelle Form

Das Evangelium Jesu Christi ist die Grundform eines jeden christlichen religiösen Lebens. Die Art und Weise, wie eine religiöse Lebensform gestaltet ist, lässt die eigenen Akzente einer bestimmten Spiritualität erkennen. Bei der Erkundung der Lebensform des Ordens der armen Schwestern haben wir deren Struktur erschlossen. Die Art und Weise, wie die Grundvoraussetzungen in der Lebensform geordnet sind, gab Einblick in die architektonischen Linien der unserer klarianischen Spiritualität.[200]

Die Lebensform ist wie ein Haus, das durch Menschen bewohnt werden muss. Ihre Architektur bietet eine räumliche Struktur für das alltägliche Leben der Schwestern. Alle Handlungen und Ereignisse werden auf eine ausgewogene Weise miteinander verbunden. Kein einziger Aspekt übertönt oder nimmt übertrieben Raum ein. Innerhalb der gemeinschaftlichen Tagesordnung ist Zeit für Beten und Arbeiten, für Essen, für Fasten und Feste, für Entspannung, für Beratung und Begegnung, für Schlafen und Wachen. Die Frage ist jetzt: Kann die Textarchitektur der Lebensform auch die wichtigsten Kennzeichen der Spiritualität der armen Schwestern vermitteln? Inwiefern verweist die Architektur der Lebensform auf eine geistliche Wirklichkeit, die die Motivation des Lebenselans der Gemeinschaft und einer jeden Schwester persönlich in Gang hält?[201]

---

200 Siehe Kapitel 3: Erkundung der Lebensform des Ordens der armen Schwestern.
201 Vgl. Kees WAAIJMAN, *Der mystische Raum der Karmel. Eine Erklärung der Karmelregel.* Mainz 1998.

11.1.1 Architektonische Linien

Durch die Art, wie die Lebensform aufgebaut ist, kommt deren archi-
tektonischer Grundriss in den Blick. Klara hat die Lebensform konzen-
trisch strukturiert.[202] In Kapitel 1 wird verwiesen auf drei Räume des
Gehorsams: der Raum der Kirche, der des Ordens der Minderbrüder
und der Raum der eigenen Gemeinschaft. In Kapitel 12 wird darauf
zurückverwiesen. In den Kapiteln 2 bis einschließlich 4 stehen Bestimmungen, die zur Architektur eines jeden religiösen Lebens gehören,
wie Aufnahme, Probezeit, Profess, Kleidung, das liturgische Gebet und
Fasten, und über die Wahl der Leitung der Gemeinschaft. Auf diese
Bestimmungen fällt allerdings das Licht der eigenen Spiritualität.
Zwischen den Kapiteln 5 und 11 ist der Raum für das tägliche Leben
der Schwestern gesetzt. Genau in der Mitte der Lebensform bieten
die beiden Schriften, die Franziskus den Schwestern hinterlassen hat,
Orientierung und Perspektive (VI,3–4;7–9).

In diesem Aufbau sind die folgenden ‚Tragmauern' oder ‚Stützbalken'
zu sehen, die wir nicht wegnehmen können, ohne der Lebensform zu
schaden.

11.1.2 Die Bezogenheit zur Kirche

Die Lebensform ist entstanden in dem häufig mühsamen Dialog mit
der Kirche. Klara hat dem Papst Gehorsam versprochen (I,3). Das
liturgische Gebet ist abgestimmt auf das kirchliche Stundengebet (III,1;
vgl. BR 3,2). An die kirchlichen Amtsträger wird der Appell gerichtet,
zu helfen, die Lebensweise zu bewahren (XII,1;12). Das Leben der
armen Schwestern ist als religiöse Lebensform durch das kirchliche
Amt angenommen (Bulle Papst Innozenz IV.). Bis heute ist der Orden
innerhalb der Kirche positioniert. Mit dieser Verortung macht Klara
deutlich, was der Ruf der armen Schwestern beinhaltet. Indem sie das

---

202 Zu dem „Grundriss" siehe am Ende des Bandes.

Evangelium Jesu Christi auf authentische Weise leben, tragen sie bei zur Wiederherstellung und zum Aufbau der Kirche. Die Schwestern tun dies, indem sie ihr Leben in Gebet und Kontemplation begründen.

11.1.3 Die Verbundenheit mit den Minderbrüdern

In der ersten Zeile der Lebensform steht, dass Franziskus die Lebensform ,begründet' (instituit; I,1) hat. Er ist der Gründer. Er hat sein Charisma, nämlich der Armut und Demut Jesu Christi nachfolgen, durch sein ,Wort und Beispiel' (KlTest 5) den Schwestern ,übergeben' (tradere; KlReg I,5), damit sie diesem auf ihre eigene Weise Form geben.

Das Gehorsamsversprechen an Franziskus und seine Nachfolger verbindet die Schwestern mit dem Orden der minderen Brüder (I,4–5). Die Schwestern haben einen Minderbruder als Visitator und denselben Kardinalprotektor (XII,1.12). Zu einem großen Teil übernimmt Klara den Inhalt der Regel des Ordens der Minderbrüder (1223), besonders die Stellen, wo es um das Leben der evangelischen Armut geht.[203] Indem sie die zuerst gegebene Lebensform, die ,forma vivendi' des Franziskus (VI, 3–4) und seinen ,Letzten Willen' (VI, 7–9) in die Mitte stellt, betont Klara nochmal, dass er die Lebensform begründet und weitergegeben hat und sie erinnert die Brüder an sein Versprechen, allezeit, sowohl geistlich wie materiell für die Schwestern weiterhin zu sorgen (XII, 1–7). Die Schwestern und Brüder brauchen einander, um das Charisma des Franziskus lebendig zu halten.

11.1.4 Leben in Abgeschlossenheit

Das Charisma, das Franziskus weitergegeben hat, übersteigt alle Formen von Lebensgestaltung. Anders als die Minderbrüder führen Klara und ihre Schwestern kein herumziehendes Leben, sondern sie wohnen, wie paradox es auch erscheinen mag, als ,Pilger' in Abgeschlossen-

---

203 Siehe Beilage 1.

heit an einem festen Ort. Sie entscheiden sich für eine kontemplative Lebensform. Dies will sagen, dass ihre Tageseinteilung ausgerichtet und konzentriert ist rund um das gemeinschaftliche und persönliche Gebet. Der Lebensstil der Schwestern zeigt etwas Ähnlichkeit mit dem der Brüder in Einsiedeleien. Doch bleibt da ein wesentlicher Unterschied. Die Brüder ziehen sich an einsame Orte zurück. Das tun die Schwestern nicht. Sie wohnen gewöhnlich nahe bei Wohnzentren, mit Vorliebe da, wo arme Menschen wohnen. Mit dieser Wahl geben sie zu erkennen, dass sie zu den Armen Kontakt halten wollen, dass sie an ihrer Verwundbarkeit teilhaben wollen. Denn genau so wie die Armen sind die Schwestern für den notwendigen Lebensunterhalt teilweise angewiesen auf die Freigebigkeit von reicheren Menschen.[204]

Die Abgeschlossenheit ermöglicht, in aller Freiheit das Leben so einzurichten, dass die Stille, die nötig ist für ein Leben des Gebetes, bewahrt werden kann. Die Lebensentscheidung der Schwestern war und ist ja nicht selbstverständlich für die Welt draußen. Auch in unserer Zeit haben Menschen häufig überhaupt keine Idee von einem klösterlichen Lebensstil, der quer steht zu dem, was in der Gesellschaft gängig ist.

Die Abgeschlossenheit und Zurückgezogenheit sind in der Lebensform aber relativ. Es gibt Schwestern, die außerhalb des Klosters Dienst tun (II,20; IX,11). Wenn es nötig ist, dürfen die Schwestern den Klosterbereich verlassen (II,12). Es gibt Kommunikation zwischen innen und außen zugunsten der Seelsorge (III,12–15; V,13.17; VIII,19; XI,9) und heute auch für die beständige Bildung der Schwestern. Es gibt Beratung mit den minderen Brüder und kirchlichen Amtsträgern, es bestehen Kontakte mit anderen religiösen Gemeinschaften im In- und Ausland. Zu Klaras Zeit waren das vor allem Klöster, hervorgegangen aus religiösen Erneuerungsbewegungen von Frauen. Heutzutage kommen auch Gäste zur Einkehr, Menschen für geistliche Begleitung und

---

204 Zu Klaras Zeit wohnten an den Rändern der Städte und außerhalb der Stadtmauern die ärmsten Menschen, innerhalb der Tore wohnten die Kaufleute und im Zentrum der reiche Adel. Für die Schwestern war es, genau wie für die Armen, notwendig, nicht zu weit von der Stadt entfernt zu wohnen, weil sie auf die Almosen der reichen Bürger und des Adels in der Stadt angewiesen waren.

täglich bitten Menschen ums Gebet. Es kommen Menschen herein, die im Kloster Arbeiten verrichten. Auch gibt es Frauen und Männer, die freiwillig ihre Dienste anbieten zur Unterstützung der Schwestern.

Das Leben in Abgeschlossenheit ist für die Schwestern ein Mittel, um die Aufmerksamkeit auf den Einen zu üben. Ihr Wohnort heißt in der Lebensform ‚monasterium'. Das ist ein Ort, wo Mönche oder Nonnen wohnen. Nonnen sind Frauen, die ihr ganzes Leben ausgerichtet haben auf den Einen, um mit ungeteiltem Herzen in heiliger Einheit Ihm anzuhangen. In ihrer Lebensform gebraucht Klara den Ausdruck *monasterium* immer sowohl für das Kloster wie für die Gemeinschaft. In ihrem ersten Brief an Agnes stellt sie ihre Gemeinschaft vor als ‚Frauen, die im Kloster San Damiano in verborgener Zurückgezogenheit leben' (1 Agn 2). In der Zurückgezogenheit dürfen die Schwestern heranwachsen zu Menschen, die Gott geweiht sind.

11.1.5 Leben in Gemeinschaft

Das Leben in Gemeinschaft schlägt sich in vielerlei sprachlichen Äußerungen nieder: wir, uns, Schwestern (passim); zusammen mit ihr / meine Schwestern (I,4; IV,20; VI,1; VI,10); Einmütigkeit (IV,3); Zustimmung (II,1; IV,19; IV,22); gemeinschaftliches Wohlergehen / Nutzen / Leben (IV,3.7; VII,1.5; IV,13); die Einheit gegenseitiger Liebe und Frieden als gemeinschaftliches Gut (IV,22; X,7); unsere Armut / unsere Profess / unsere Lebensform (II,6.13.20.23; IV,5.23; IX,1; X,1; X,3; XII,3.6). Wo es um eine einzelne Schwester geht, wird die Gemeinschaft mit einbezogen (VIII,12-14; IX,1-5). Dass das Gemeinschaftsleben wichtig ist, zeigt sich aus allem, was die Schwestern gemeinsam tun. Ich nenne hier die wichtigsten Kennzeichen:

- *Im Gehorsam leben.* Für die Aufnahme einer neuen Schwester müssen alle Schwestern ihre Zustimmung geben (II,1). Nach der Probezeit wird die Schwester ‚zum Gehorsam angenommen' (II,13). Gemeinsam haben die ersten Schwestern Franziskus freiwillig Gehorsam versprochen (VI,1). In Kapitel 4 sahen wir schon, dass die drei

Räume in der Lebensform durch den Gehorsam markiert werden. Im Raum der Gemeinschaft hören die Schwestern gemeinsam auf den Anspruch Gottes und aufeinander. Auf diese Weise bauen sie zusammen eine Gemeinschaft auf mit Lebensgewohnheiten, die eine Stütze sein können, um die ursprüngliche Sehnsucht einer jeden persönlich wach zu halten. Der Gehorsam ist auch der Raum, in dem jeder Sorge trägt für die gemeinschaftliche Berufung und in dem die Äbtissin eine dienende Rolle erfüllt. Im Gehorsam ist es der Heilige Geist, der inspiriert und den Willen bewegt. Diese Wirkung wird als eine umformende Kraft anerkannt (II,1; VI,13; VII,2; X,9). Die Übung der Tugend des Gehorsams steht in der Lebensform im Zusammenhang mit dem, was jede Schwester persönlich verlangt und was sie innerlich bewegt. Aus diesen Gründen lässt Klara ihre Schwestern auf ihre eigene Seele achten (X,1). Sie respektiert bei der Übung des Gehorsams das eigene Gewissen ihrer Schwestern. Aus dem Vertrauen auf das Wirken des Heiligen Geistes in ihren Schwestern verlangt sie von ihnen, Verantwortung für sich selbst und für die gemeinsame Lebensweise zu tragen (X,3; IV,14-18).

- *Gemeinsam beten die Schwestern.* Die Gemeinschaft versammelt sich in der Kirche, um das Stundengebet zu beten und die Eucharistie zu feiern. Da hören die Schwestern auf Gottes Wort und versuchen, dem in ihrem täglichen Leben Gehör zu geben. Während des Tages gibt es feste Zeiten für geistliche Lesung, Meditation oder persönliches Gebet. Die Schwestern essen gemeinsam im Refektorium (V,2; IX,2). Zusammen treffen sie Absprachen über die Art, wie gefastet wird (III,1–15), und zusammen bewahren sie die Stille (V,1–4).

- *Die Arbeit wird verteilt zum Dienste der Gemeinschaft.* Die meisten Schwestern arbeiten innerhalb des Klosterterrains. Es gibt Schwestern, die ,außerhalb des Klosters Dienst tun' (II,20; IX,11). Bei den Bestimmungen über die Arbeit werden sie jedoch nicht besonders genannt. Die Aufgaben werden in der Gemeinschaft verteilt (IV,22–24) und abgestimmt auf die Möglichkeiten einer jeden, damit die Arbeit im Geist des Gebetes und der Hingabe getan werden kann (VII,1-3). Almosen und Geschenke werden ausgeteilt nach dem

Bedürfnis einer jeden und die Schwestern beten gemeinsam für ihre Wohltäter (VII,4–5; VIII,9–11).

- *Gemeinsam wählen die Schwestern die Äbtissin und die Ratsschwestern.* Jede Professschwester hat ein aktives und passives Stimmrecht (IV,1–14). Die Äbtissin und ihre Vikarin müssen in allem das gemeinschaftliche Leben beachten (VI,13–14). Das gemeinschaftliche Leben der armen Schwestern kennt eine eigene Amtsstruktur. Manchmal nennt man diese zwar demokratisch, aber in der Beziehung zwischen Äbtissin und Schwestern kann man eher eine umgekehrte Hierarchie erkennen: die Äbtissin ist die Dienerin der Schwestern (X,4). Also ist die Macht von unten her strukturiert und eingebettet in die Gemeinschaft: die Äbtissin ist Schwester mit ihren Schwestern im Geist Jesu Christi, der als Bruder ganz unser menschliches Dasein geteilt hat (IV,13–14).

- *Gemeinsame Überlegung im Kapitel.* Mindestens einmal pro Woche muss die Äbtissin die Schwestern zusammenrufen, um gemeinsam Angelegenheiten der Lebensgestaltung zu bedenken. Lebenswichtige Entscheidungen werden erst nach dem Beitrag aller Schwestern im Kapitel getroffen. Denn es geht bei dieser Überlegung zuerst und vor allem darum, gemeinsam zu unterscheiden, was in Übereinstimmung mit dem Evangelium ist, und bei Entscheidungen zur Einmütigkeit zu kommen. Auch der Beitrag der jüngsten Schwester wird gewürdigt, weil der Geist häufig ihr offenbart, was das Beste ist (IV,15–18). Kapitelsgespräche über die Lebensgestaltung sind Übungen in der Unterscheidung. Sie helfen ebenfalls, zu einer ausgewogenen Selbstrelativierung (welches ,ich' spricht hier?) und Selbstbeziehung (ich lebe in einem größeren Verband der Gemeinschaft, der Kirche, des Gott-mit-uns) zu wachsen.

Das Kapitel ist auch der Ort, um Erfahrungen auszutauschen. Wenn man einander als Schwestern im Geist entdecken kann, entsteht dort Raum für Glaubensgespräche, in denen jede ihre tiefe Sehnsucht nach einem authentischen Leben zum Ausdruck bringen kann. Durch Einüben von Glaubensgesprächen baut man an einer Gemeinschaft von Schwestern, die aufeinander von Herzen hören und Feinfühligkeit entwickeln für

,den Geist des Herrn und sein heiliges Wirken' (X,9) in einer jeden. In solchen Gesprächen entsteht auch Raum für Versöhnung. Durch aufrechte schwesterliche Verbundenheit vergeht die Angst davor, vorgefasste Meinungen, Schwachstellen und feste Gewohnheiten in die Mitte zu legen und auch Irritationen aneinander auszusprechen. Glaubensgespräche laufen nicht nur darauf hinaus, schöne Erfahrungen auszutauschen. Sondern um ,einander die Einheit gegenseitiger Liebe zu bewahren' (X,7), ist es manchmal nötig, wie Klara und ihre Schwestern es taten, ein Versöhnungsmoment in das Kapitel aufzunehmen (vgl. IV,16), auch wenn dies dann in unserer Zeit andere Formen erfordert.

- *Die Sorge füreinander bildet die Achse des gemeinschaftlichen Lebens.* Es besteht Aufmerksamkeit für das persönliche Wohlergehen einer jeden Schwester, für die leibliche und geistliche Gebrechlichkeit einer jeden, sowie für die Bedürftigkeit einer jeden (VIII,10–19). Eine Schwester, die gegen die Lebensform gesündigt hat, wird nicht aus der Gemeinschaft ausgestoßen, sondern ihre Schwestern umgeben sie weiterhin und beten für sie (IX,1–6). Auch lässt man nicht die besondere Verwundbarkeit von Schwestern außer Acht, die außerhalb des Klosters Dienst tun (IX,11–18). Diese Aufmerksamkeit füreinander aufgrund der Erkenntnis der eigenen Bedürftigkeit und Verwundbarkeit und der Nachfolge Jesu Christi, der um unseretwillen unsere menschliche Gebrechlichkeit getragen hat, hebt das alltägliche Gemeinschaftsleben über sich selbst hinaus. Die „Einheit der gegenseitigen Liebe, die das Band der Vollkommenheit ist" (X,7) hält das Gebäude der Gemeinschaft zusammen und formt sie um zu einer Gemeinschaft Gottes. Die Gemeinschaft ist dazu gerufen, durch ihre heilige Lebensweise Gott zu verherrlichen (vgl. KlTest 14).

11.1.6 Leben in der höchsten Armut

Das Leben in der höchsten Armut ohne irgendeine Form von persönlichen und gemeinschaftlichen Einkünften – in der Lebensform ausgedrückt durch *die Form unserer Armut* – durchzieht alle Bestimmungen der Lebensgestaltung. Die Grundlage dazu bildet das Privileg der Armut von 1228. „Wie es sich klar zeigt, wünscht ihr euch dem Herrn allein hinzugeben und habt daher dem Verlangen nach zeitlichen Dingen entsagt. Nachdem ihr deswegen alles verkauft und an die Armen verteilt habt, nehmt ihr euch nun vor, überhaupt kein Eigentum und keinen Besitz mehr zu haben, um euch in allem an die Spuren dessen zu heften, der für uns arm geworden ist, Weg, Wahrheit und Leben" (2 Priv 2–3). Während der langen Zeit, da die Lebensweise der Schwestern keine Anerkennung von der kirchlichen Leitung bekam, ist dieser Lebensentwurf ihre Richtlinie und Grundlage gewesen. Die Lebensform des Ordens der armen Schwestern wurde schließlich dessen konkrete Formgebung.

Insgesamt kommt das Wort „Armut" (paupertas) zwölf Mal in der Lebensform vor und „arm" (pauper) viermal. „Armut" steht vor allem da, wo es um die Grundeinrichtungen des täglichen Lebens der Schwestern geht, von Kapitel VI bis einschließlich Kapitel XI. In diesem Teil steht acht Mal „Armut": VI,2; VI,6; VI,7; VI,8; VI,10; VI,11; VIII,2; VIII,4 und zweimal „arm": VIII,3 und VIII,4. In den vorhergehenden Kapiteln zweimal „Armut" (II,13 und IV;5I und zweimal „arm" (I,1; II,24). In den Kapiteln danach noch zweimal „Armut" (XII,6; XII,13). Doch haben die Worte „Armut" und „arm" nicht überall dieselbe Bedeutung. Ich werde später noch ausführlicher darauf eingehen. Aber es ist deutlich, dass die Armut aufs Engste zusammenhängt mit der Formgebung des gemeinschaftlichen Lebens. In der Gemeinschaft, wo das Leben der armen Schwestern täglich Gestalt bekommt, geht es um:

- die primären Lebensbedürfnisse: Kleidung, ein Dach über dem Kopf und Essen. Kleidung und Schuhwerk (II,11; 15–16; 22); nicht mehr Land als für die Abgeschiedenheit nötig ist und um Nahrungsmittel für den eigenen Gebrauch anzubauen (VI,14–15); Arbeit, die nicht auf Besitzbildung gerichtet ist, sondern darauf, der Gemeinschaft zu dienen (VII,1–3); an einem festen Wohnort und da als Pilgerinnen und Fremdlinge in Unsicherheit angesichts des morgigen Tags und vertrauend auf Gottes Sorge zu leben (VIII,1-2); wenn es notwendig ist, um Almosen bitten lassen (VIII,2) und diese so verteilen, dass jede bekommt, was sie braucht (VII,4–5); die Kranken brauchen Matratzen, Kopfkissen und wollene Socken (VIII,17–18).

* die Erhabenheit der höchsten Armut (VIII,1–6).

Es ist charakteristisch für Klara, dass sie in dem Teil unmittelbar vor der Stelle, wo es um den Umgang mit leiblicher und geistlicher Gebrechlichkeit geht (VIII,12–19), Jesus Christus, der sich um unseretwillen arm gemacht hat, wie einen Spiegel vorhält (VIII,3–6). Sein Vorbild kann die Schwestern ermutigen, so zu handeln, wie Er es getan hat: liebevoll und barmherzig einander zu dienen und zu vergeben. Auf diese Weise bekommt die geheimnisvolle Anwesenheit der „höchsten Armut" (VIII,4) im Leben der Schwestern Gestalt. Da öffnet sich ein mystischer Raum.

Die Lebensform ist durch die genannten Merkmale der Spiritualität der armen Schwestern ein geistliches Umformungsmodell für sie. Die Struktur des liturgischen Lebens, das Fasten und die Feste, die Amtsstruktur und die Beratung der Gemeinschaft, die Zeiten und Orte von Stille und Reden, die Arbeit und der Umgang miteinander bieten Formen zum Einüben an, um sich die geistlichen Werte anzueignen: die Reinheit des Herzens, die Empfänglichkeit für das Wirken des Heiligen Geistes, die Nachfolge der Armut, Niedrigkeit und Gehorsam Jesu Christi im Blick darauf, sich ganz für die intime Verbindung mit dem Dreieinen Gott zu öffnen.

Die Entscheidung Klaras *zusammen* mit ihren Schwestern für die freiwillige Armut, wie sie dies im Herzstück der Lebensform beschreibt, hat sie nicht gesetzlich definiert, sondern spirituell unterbaut mit einem Hinweis auf die „heiligste Armut" Jesu Christi (VI,6–7). Klara erzählt, wie sie selbst von Gott angerührt und dadurch in Bewegung gekommen ist (VI,1–2). Sie glaubt auch, dass jede Schwester von dieser göttlichen Eingebung angerührt wird (II,1). Diese mystische Berührung durchwirkt die alltägliche Wirklichkeit, was auf die Konsequenzen der Entscheidung für die Armut (VI,2; 10-15) hinausläuft. Leben ohne Eigentum um der Nachfolge Jesu Christi willen reinigt das Verlangen danach, seine Entäußerung mit ihm zu teilen, wie Er es, angefangen mit seinem Kommen in diese Welt bis zu seinem Sterben am Kreuz, vorgelebt hat.

11.2 Armut als umformende Kraft

> *„Dieser kleine Kern von ‚nicht-sein‘, von ‚vollzogener Armut‘ ist die reine Glorie Gottes in uns. Es ist sozusagen sein Name, der in uns geschrieben steht als unsere Armut, unsere Bedürftigkeit, unsere Abhängigkeit, unsere Kindschaft."* (Thomas Merton)

Dass freiwillige Armut – das ist nicht die notgedrungene Armut, sondern die Entscheidung, ohne Besitz zu leben – der Weg ist, der zur Gleichförmigkeit mit Christus führt, war Klaras feste Überzeugung. Ihre Schriften sind durchwebt mit dem Begriff *Armut* oder Hinweisen darauf. Die Armut durchdringt und umfasst nach Klara das ganze Leben. Sie lässt uns gleichsam durch ein Kaleidoskop der Armut schauen, damit wir die Armut in ihrer Vielfarbigkeit und Tiefe erfahren können.

Dass in Klaras Schriften immer wieder das Thema der Armut auftaucht, kann den Eindruck erwecken, dass Armut Klaras Lebensprojekt gewesen ist. Aus denselben Schriften zeigt sich jedoch, dass Armut wohl das Fundament ihres Glaubenslebens ist, aber ihre Perspektive ist Christusformung geworden. In der freiwilligen Armut steht zentral die Beziehung zu Christus: Ich tue dies „um der Liebe jenes Gottes willen, der arm in die Krippe gelegt wurde, arm in dieser Welt lebte und nackt am Marterholz verblieb" (KlTest 45).

Bei der Erhellung der Vielfarbigkeit der Armut und ihrer umformenden Kraft gehe ich von der Lebensform aus, aber ich werde auch ihre anderen Schriften miteinbeziehen. In ihren Briefen schimmert vor allem das Geheimnis der Armut durch. Diese mystische Dimension kann auf das fremd anmutende Lebensprojekt Licht werfen, wie dies in der Lebensform präsentiert wird.

11.2.1 Materielle Armut

Materielle Armut bedeutet Mangel in den lebensnotwendigen Bedürfnissen. Sie ist die Ursache von Elend, häufig von Verbrechen und Krieg. Im Mangel am Notwendigen kommen die menschliche Verwundbarkeit und Gebrechlichkeit in aller Schärfe ans Licht. Armut als Mangel gibt es in der Gesellschaft immer. Es gibt Menschen, die viel zu viel besitzen, und Menschen, die selbst das Lebensnotwendigste entbehren müssen. Heute leben Ordensleute, die die Armut freiwillig in ihr Lebensprojekt aufgenommen haben, gewöhnlich in ziemlichem Wohlstand im Vergleich mit vielen Menschen, die etwa in den Slums der Großstädte wohnen, die von einer Sozialhilfe leben müssen, oder die in Flüchtlingslagern zu überleben suchen.

Wenn in einem Kloster die Not zuschlägt, wird alles getan, soweit möglich, um sie zu mildern. Die Lebensform bringt dem viel Aufmerksamkeit entgegen (VIII,12; 17-18). Wir haben gesehen, dass das Wort „necessitas" (was nötig ist, Bedürfnis) wie ein Wegweiser fungiert. Die Vereinbarungen über die Lebensstruktur *unserer Armut* sind Notsituationen untergeordnet. Auf das Bedürfnis einer jeden richtet sich die Aufmerksamkeit. Nirgends kommt eine Verherrlichung der Armut als Mangel nach vorn, sondern die Lebensform wählt eher ihre Bekämpfung: wie kann man selbstlos auf die Bedürftigkeit anderer eingehen und gut mit der eigenen Bedürftigkeit umgehen? (VIII,10; 15–16).

Obwohl es in der Lebensform nicht um die Armut als Mangel geht, wird die materielle Armut damit aufs engste verbunden. Wenn jemand auf göttliche Eingebung das Leben als arme Schwester führen will, wird ihr gesagt, „dass sie hingehe, all das Ihrige verkaufe und danach trachte, es unter die Armen zu verteilen" (II,7-8). Mit diesem radikalen Verzicht auf jegliches Eigentum macht man sich selbst materiell arm. Man entscheidet sich für ein Leben ohne irgendeine Existenzsicherheit, wie arme Menschen das notgedrungen erfahren. Und zwar aus dem Verlangen heraus, „sich dem Herrn allein hinzugeben" (2 Priv 2). Es ist der erste Schritt auf dem Weg der Nachfolge der Armut Jesu Christi.

In der Lebensform begegneten wir einer Reihe Ausdrücke, die kennzeichnend sind für materielle Armut: Armut, Mühsal, Verachtung der Welt, Unbedeutendheit, Qual (VI,2). In den Erfahrungen hiermit haben die ersten Schwestern einen tieferen Sinn entdeckt. Sie sind nicht in das Kloster gegangen, um der materiellen Armut zu entfliehen. Sie fühlten sich ganz hingezogen zu einem einfachen und armen Leben. Arme Menschen waren für sie ein Spiegel (ProKl I,3; XVII,1; XVIII,3; XIX,3). In der Begegnung mit ihnen durchdrang es die Schwestern, wie weit die Liebe des Gottessohnes gegangen war, der sich selbst um unseretwillen arm gemacht hat. Die Nachfolge dieser Liebestat ist also wesentlich etwas anderes als Verherrlichung von Elend und ihre Frage war: wie übersetzt man das Leben armer Menschen in die Lebensform?

11.2.2 Armut als Lebensform

Die Armut ist von Anfang bis Ende in der Lebensform präsent: Kapitel I,1 „arme Schwestern" und am Ende „die Armut und Niedrigkeit Jesu Christi (...) zu beachten" (XII,13). Wir sind dem schon häufig begegnet: leben ohne Eigentum, die Form unserer Armut (I,2; II,13; IV,5; vgl. KlTest 52). Das Leben wird entsprechend *unserer Armut* strukturiert und organisiert. Da werden Vereinbarungen getroffen über die Grundversorgung und Grundbesitz (II,11–18; VI,12–15; vgl. KlTest 52–55). Aber die Spannung zwischen den festgelegten Vereinbarungen in der Lebensform und dem alltäglichen Leben wird immer bestehen bleiben. Es ist darum notwendig, die Absprachen über die Versorgung im Licht des Evangeliums, der Zeichen der Zeit und der kulturellen Umgebung immer wieder neu zu evaluieren.

Wir sahen schon, dass Armut wesentlich im Leben der armen Schwestern ist. Als Form erzeugt sie eine umformende Kraft. In dieser Lebensform treffen zwei Bewegungen aufeinander: Gottes totale Selbsthingabe aus Liebe berührt die Schwester im Kern ihres Wesens und sie beantwortet diese Berührung mit einem totalen Engagement in Liebe. Unsere Armut ist ein Bund mit dem „armen Christus" (2 Agn 18) für das

Leben. Armut hat auch die Kraft, Menschen als Schwestern und Brüder in gegenseitiger Abhängigkeit, Ansprechbarkeit und Dienstbarkeit miteinander zu verbinden. Wir sehen dies unter anderem, wo in der Lebensform das Gemeinschaftsleben der Schwestern und Verbundenheit mit den Brüdern zur Sprache kommen (VI,4; XII,1–7). Nimmt man diese Verbundenheit weg, dann ist da keine Rede mehr von *unserer Armut.*[205] Es ist gerade die Beziehungsdimension der evangelischen Armut als *Lebensform*, die jemand *freiwillig* wählt, um sich zur Gleichförmigkeit mit Christus, der sich in seiner Menschwerdung mit uns verbunden hat, umformen zu lassen. Dann kann zur Vollendung kommen, was Franziskus den Schwestern als Orientierung und Perspektive gegeben hat: „Da ihr euch auf göttliche Eingebung hin zu Töchtern und Mägden des erhabensten, höchsten Königs, des himmlischen Vaters, gemacht und euch dem Heiligen Geist verlobt habt, indem ihr erwähltet, nach der Vollkommenheit des heiligen Evangeliums zu leben" (VI,3).

11.2.3 Armut als geistliche Einübung

Die Lebensform muss mich leben lehren, es mir von innen her zu eigen machen. Es geht nämlich beim Einüben um die spirituelle Aneignung der Armut, die mich umformt zur armen Schwester.[206] Darum muss

---

205 Das geschah dann auch, als Papst Urban IV. 1263 die „Regel der Schwestern der heiligen Klara" erließ. Darin ist die *Form unserer Armut* – das ist nicht allein leben ohne persönlichen Besitz, sondern auch als Gemeinschaft kein Eigentum sammeln – verschwunden.

206 Der Begriff „aneignen" (appropriare) hat bei Franziskus die negative Bedeutung von etwas nehmen, was nicht von mir selbst ist, also stehlen. Klara übernimmt dies in ihrer Lebensform VIII,1. Gegenwärtig wird dieser Begriff hingegen immer mehr gebraucht in der Bedeutung des Aneignens spiritueller Werte. Vgl. den niederländischen Historiker Willem Frijhoff, der den Begriff Aneignung wie folgt definiert: „Aneignung ist der Prozess von Sinngebung, womit Gruppen oder einzelne Personen die Bedeutungsträger, die durch andere angeboten, auferlegt oder vorgeschrieben werden, mit einer eigenen Bedeutung anfüllen und sie so für sich selbst annehmbar, lebbar, tragbar oder menschenwürdig machen." Zitiert von Gerard Rouwhorst, *Liturgie en de constructie van het verleden*, in: *Tijdschrift voor Liturgie* (2008), 298–311, 303–304.

man in die Lebensform eingeführt werden (II,7–8;19–20). Es gibt eine Probezeit, eine Übungszeit gehört dazu, eine Art Lernweg, den man in Phasen durchläuft und immer wieder durchlaufen muss. Aneignen ist ein Verb: man muss die Armut einüben. Wie geht das: leben ohne Eigentum? Und wie fühlt man sich dabei? Wie geht man mit der „heiligen Armut" um? Wie kann man seine materiellen und geistlichen Bedürfnisse den Freigebigen anvertrauen, was in der Praxis darauf hinausläuft, sich den Schwestern anvertrauen zu wagen, die einem gegeben sind? Mir etwas zu eigen machen, bedeutet nicht, mich selbst anpassen, sondern mich innerlich umformen lassen, innerlich verändern. Mich selbst dem anpassen, was mir angeboten wird, ist nicht dasselbe wie sich etwas spirituell aneignen. Sich selbst an etwas anpassen, bricht mich unwiderruflich, denn das führt zu Verkrampfung. Das Ziel des Einübens ist immer, geistlich zu wachsen. Wenn die Armut mein eigen wird, beginnt sie etwas mit mir zu tun: sie macht mich innerlich frei.

Nicht jede kann die Armut auf dieselbe Weise einüben, denn jede läuft in ihrem eigenen Tempo auf dem Lebensweg. Jede Schwester hat ihre eigene Lebensgeschichte und ihr eigenes Entwicklungstempo. Dazu kommt noch, dass die spirituelle Aneignung durch die Gemeinschaft selten parallel läuft mit dem Weg einer jeden einzelnen. Der Umgang mit dieser Verschiedenheit ist in sich schon ein Lernprozess in Armut. Die Armut bleibt für jede persönlich ein Leben lang eine spirituelle Einübung, denn es liegt nicht in der Art des Menschen, sich selbst „nichts anzueignen, weder Haus noch Ort noch irgendeine Sache" (VIII,1). Und wenn man sich mit der nötigen Einübung die Form der Armut angeeignet hat, lehrt dieselbe Armut, ihre Form wieder loszulassen, so dass sie Raum schaffen kann für die Begegnung mit Gott.

11.2.4 Armut als Weg, um in eine kontemplative Lebenshaltung hineinzuwachsen

Die Armut in all ihren Aspekten entfaltet sich in der Lebensform als ein Weg, um in der Empfänglichkeit für Gottes Geheimnis zu wachsen. Klara spricht dann auch über „heilige Armut" und über die „Vollkommenheit des heiligen Evangeliums" als Nachfolge Christi (VI,3). Arm werden ist eine geistliche Reise im immer neuen Loslassen und Anvertrauen bis hin zum äußersten Akt der Entäußerung im Sterben seiner selbst, um an der heiligsten Armut Jesu Christi Anteil zu haben. In ihrem Testament schreibt Klara: „Der Sohn Gottes ist uns Weg geworden" (KlTest 5). Der Sohn Gottes und Franziskus sind nie von diesem Weg abgewichen und sie verlangt dies auch von ihren Schwestern (VI,6).[207] Die „heilige Armut" selbst ist der Weg, der zur Kontemplation führt (vgl. 2 Agn 18-20).

Wie kann man der Armut, die hineinführt in die Kontemplation, trotz des Alltagstrottes treu bleiben? Dass es um das alltägliche Erleben der Armut geht und nicht um schöne Worte, lesen wir im Rundbrief zum Tod Klaras: „Wenn sie bisweilen bemerkte, dass es den mittellosen Schwestern an Kleidern fehlte, den hungernden an Speisen oder den dürstenden an Getränken, eilte sie hilfreich in ihre Mitte und munterte sie mit gütigem Ratschlag auf."

Vielbedeutend in diesem Zusammenhang sind ihre im selben Brief wörtlich zitierten Worte: „Ertragt mit Heiterkeit, ertragt die Lasten der Armut mit Geduld, die Bürde der Bedürftigkeit mit Demut! Ausdauer in all diesem wird mit Blick auf Gott gewonnen und sie bringt den Leidenden die Freuden des Paradieses, verschafft ihnen den Reichtum ewigen Lohnes."[208]

Man beachte das Sprachspiel von der langen Dauer in diesem Text, wie auch in Klaras Schriften: *tragen, geduld(ig), bringen, ertragen.*[209] Den Weg der Armut gehen ist ein fortschreitendes Fallen und Aufstehen. Und Aushalten, auch wenn alles ungünstig zu sein scheint. Nur indem man das aushält, trägt und festhält am Verzicht auf alle kleinen Wünsche und Eigeninteressen, kann eine kontemplative Lebenshaltung wachsen, eine Haltung tiefer Empfänglichkeit für den Freigebigen.

---

207 Im Testament sieben Mal „[nicht] abweichen", KlTest 34;35;36;39;43;74;76.
208 Rundschreiben zum Tod der hl. Klara, 20–22.
209 Vgl. X,10; Theo ZWEERMAN, *Geduld: kracht om te wachten*, in: *Franciscaans Leven* 87 (2004) 5, 214-223.

Der Weg der Armut erfordert Sorgfalt und Gewissenhaftigkeit (II,3;6;20; VI,4-5; VIII,12), Unterscheidung und gesunden Verstand (II,10;16;19; IV,23; V,3; VIII,11; IX,17;23; XI,1; XII,5) und die Einübung von Wachsamkeit und Aufmerksamkeit (II,3;16;19; III,10; VI,9-10; VIII,11;13-14). Und das alles um der Kontemplation willen. „Sicher, freudig und munter schreite achtsam voran auf dem Weg der Seligkeit" (2 Agn 13). An jeder Kreuzung des Lebensweges ist die Entscheidung für die Armut eine eigenartige Entscheidung für das Nichts: „um des Namens unseres Herrn Jesu Christi willen ... nichts anderes haben wollen" (VIII,6). Arme Schwestern sind gerufen und gesandt, seinen Namen durch ein authentisches Leben nach „der Vollkommenheit des heiligen Evangeliums" (VI,3) in der Welt zu verherrlichen (KlTest 14).

11.2.5 Existentielle Armut

Existentielle Armut ist das Bewusstsein, dass man vom ersten Moment des Daseins an und danach immer wieder alles von Gott empfangen hat. Es ist eine wesentliche Erkenntnis, dass ich Geschöpf bin. Man anerkennt Gott als den Schöpfer, „wodurch alles aus dem Nichts erschaffen ist" und „von dem du und alles gehalten wird" (3 Agn 7;26). Maurice Zundel, ein Schweizer Theologe (1897–1975), sagt in einer seiner Meditationen über dieses Mysterium der Schöpfung: „Die Schöpfung verbirgt ihr tiefstes Geheimnis in der radikalen Armut, in der Gott fortwährend auf sich selbst verzichtet, in der Er nicht aufhört, sich selbst zu entäußern und wegzuschenken, um Vollendung der Liebe zu sein. (...) Die Schöpfung ist das Werk eines Gottes, der wirklich Vater ist."

Klaras Entscheidung für ein Leben ohne Eigentum (I,2) können wir nie begreifen, wenn wir nicht einsehen, dass sie sowohl ihre Abhängigkeit als Geschöpf und ihre grundsätzliche Gebrechlichkeit wie Gottes freigebige Liebe und Sorge ernstgenommen hat. Dieses Bewusstsein klingt am Beginn des Testamentes durch, wo sie dem freigebigen Vater dankt für alle Wohltaten, die wir empfangen haben und noch täglich empfangen" (2). Und in ihrem zweiten Brief an Agnes von Prag: „Ich sage Dank dem Spender der Gnade, von dem, wie unser Glaube sagt, jede gute Gabe und jedes vollkommene Geschenk fließt" (3). Es war der Vater aller Barmherzigkeit, der ihr Herz erleuchtet hat, um zu beginnen, in Buße zu leben (VI,1; KlTest 24). Dieses Bewusstsein war bei Klara lebendig bis zum letzten Augenblick. Als sie einige Tage vor ihrem Tod auf ihr Leben zurückschaute, sprach sie zu ihrer Seele: „Geh sicher in Frieden, denn du wirst ein gutes Geleit haben. Denn der, der dich erschaffen hat, hat dich zuvor geheiligt. Und nachdem er dich erschaffen hat, hat er den Heiligen Geist in dich hineingegeben. Und immer hat er dich beschützt, wie eine Mutter ihr Kind, das sie liebt. (...) Du, Herr, sei gepriesen, der du mich erschaffen hast" (ProKl III,72–74; vgl. ProKl XI,15). Worte des Vertrauens, des Bewusstseins von Gottes bleibender Gegenwart, des Bewusstseins, Geschöpf zu sein, durch Ihn geheiligt, behütet und geliebt.

Um zu einem derartigen Bewusstsein von wesentlicher Armut zu kommen, ist ein Umformungsprozess notwendig. Und dass man in Kontakt kommt mit der eigenen Zerbrechlichkeit, Bedürftigkeit und Endlichkeit. Dies ist meistens eine negative Erfahrung, doch sie kann zu einem positiven Bewusstsein führen: ich werde in jedem Moment des Daseins durch Gottes erschaffende Liebe gerufen. Mein Leben, alle meine Begabungen werden mir immer wieder „umsonst" anvertraut und zwar so, dass ich dafür auch verantwortlich bin. Alles, auch die Fähigkeit, arbeiten zu können, ist Gnade (VII,1). Das beinhaltet auch, dass ich mit den mir geschenkten Gaben mein Leben nicht nach eigener Willkür gestalten kann. Sondern dass ich dies alles annehmen und einsetzen kann zum Dienst an der Gemeinschaft. Dieses Bewusstsein existentieller Armut formt mich um zu einem innerlich freien Menschen – frei von Eigenwilligkeit und von Aneignungskrämpfen –, zu einem frohen Menschen, der im Vertrauen auf den freigebigen Gott lebt (vgl. Mt 6,9-34). Die Frucht dieser existentiellen Armut ist Dankbarkeit (vgl. KlTest 2-3).

11.2.6 Armut als göttliche Eigenschaft

Jesus Christus hat sich in der Menschwerdung gezeigt als Offenbarung der Armut Gottes. An Ihm können wir sehen, was Armut beinhaltet. „Der Herr hat sich für uns arm gemacht" (VIII,3). Armut ist die enteignende Kraft Gottes, die im Menschen als Tugend (virtus) aufscheint. Die göttliche Tugend der Armut wirkt umformend, so dass ein Mensch fähig wird, in Gott zu bleiben und mit Ihm und aus Ihm zu leben. Die Kraft dieser göttlichen Armut mobilisiert die Fähigkeit, ohne Sicherheiten zu leben, es auszuhalten, nichts zu haben und Gott selbst Gastfreundschaft anzubieten. Die „höchste Armut" macht dann zwar arm an materiellem Besitz, aber sie formt um zu „Erbinnen und Königinnen des Himmelreichs" (VIII,3-4). Sie führt und stimuliert das Wachstum zur Gleichförmigkeit mit Christus.

Diesem nicht zu erfassenden Geheimnis der „höchsten Armut" als entäußernde und wegschenkende Wirkung der Liebe Gottes zu uns, hat Klara einen Lobgesang gewidmet:

„O selige Armut!
Denen, die sie lieben und umfangen,
gewährt sie ewige Reichtümer!
O heilige Armut!
Wer sie besitzt und sich nach ihr verzehrt,
dem wird von Gott das Himmelreich verheißen
und ohne Zweifel wartet seiner ewiger Ruhm und seliges Leben.
O milde Armut!
Sie hat der Herr Jesus Christus,
der Himmel und Erde regierte und regiert,
der auch sprach und es ward,
vor allem anderen erwählt und an sich gezogen.
Die Füchse nämlich, so spricht er, haben ihre Höhlen
Und die Vögel des Himmels ihre Nester,
der Menschensohn aber, das heißt Christus, hat keinen Ort,

sein Haupt zurückzulehnen,
vielmehr neigte er sein Haupt und gab den Geist auf" (1 Agn 15-17).

Unfassbare Gegenüberstellungen des Geheimnisses von Gottes Entäußerung: Armut, die Reichtum schenkt; Armut, die man besitzen kann und nach der man sich sehnt; der Herr, der über Himmel und Erde regiert und auf dieser Erde als Menschensohn keinen Platz hatte, um sein Haupt niederzulegen; Christus, der nichts hat und den Geist gibt. Diese Paradoxien lassen eine nicht in Worte zu fassende Wirklichkeit erahnen. Klara versucht hier, die Erfahrung der göttlichen Armut zu beschreiben, die sie wie eine Geliebte in der Umarmung angerührt hat.[210] Sie erwägt, was die göttliche Armut mit der tut, die diese Armut mit ihrer Lebenswahl zu bejahen verlangt. Die Kraft der „seligen Armut" erfüllt den bedürftigen Menschen mit innerem Reichtum. Die „heilige Armut" formt sie um zu tiefer Empfänglichkeit, so dass sie in der alltäglichen Wirklichkeit Gottes wirksame Gegenwart in zunehmendem Maße erfahren darf. In der "treuen Armut", die Jesus Christus umarmt hat, ist Er ein Vorbild, um sich selbst von allen Formen des Eigentums zu entäußern.

11.2.7 Eschatologische Armut

„Und gleichsam als Pilgerinnen und Fremdlinge in dieser Welt, die dem Herrn in Armut und Demut dienen" (VIII,2). „O heilige Armut! Wer sie besitzt und sich nach ihr verzehrt, dem wird von Gott das Himmelreich verheißen und ohne Zweifel wartet seiner ewiger Ruhm und seliges Leben!" (1 Agn 16).[211] Die Perspektive, die die Armut in diesen Texten öffnet, richtet sich auf das Hier und Jetzt und über unseren menschlichen Horizont hinaus. Indem sie sich nichts aneignen, „weder Haus noch Ort noch irgendetwas" (VIII,1), bezeugen die Schwestern, dass

---

210   *Klara von Assisi – Licht aus der Stille*, 76–77.
211   Vgl. 2 Agn 21–23; 3 Agn 7; 4 Agn 14.

das Leben ein Durchgang ist. Das Leben ist viel mehr, als sich sicher niederzulassen mit allerlei Komfort und Absicherungen. Wir sahen es schon, das Leben einer armen Schwester ist eine Pilgerschaft mit dem einzigen Gepäck: Vertrauen und Glauben, ohne zu sehen. Die Armut ist das Unterpfand während der Lebensreise „ins Land der Lebenden" (VIII,5). Die Metapher der Pilgerin und der Fremden in der Lebensform ist dem ersten Petrusbrief 2,11 entnommen: „Liebe Brüder, da ihr Fremde (Vulgata: peregrinos = Pilger) und Gäste seid in dieser Welt, ermahne ich euch: Gebt den irdischen Begierden nicht nach, die gegen die Seele kämpfen." Und im Brief an die Hebräer 11,13: „Voll Glauben sind diese alle gestorben, ohne das Verheißene erlangt zu haben; nur von fern haben sie es geschaut und gegrüßt und haben bekannt, dass sie Fremde (Vulgata: peregrini = Pilger) und Gäste auf Erden sind." In diesem Brief erklingt die Melodie der eschatologischen Armut auf dem Grundton von Glauben und Vertrauen (vgl. Hebr 11,1-40) Die Pilgerschaft und das Fremdsein lässt uns sehnsüchtig nach dem „Land der Lebenden" Ausschau halten (VIII,5).

Die eschatologische Perspektive einzunehmen, bedeutet auch das Aushalten des Schmerzes, es noch nicht zu sehen, den Mut, das Ende des irdischen Lebens vor Augen zu haben und im Glauben zu warten auf Gottes Verheißung. Paulus schreibt in seinem Brief an die Römer 8,18: „Ich bin überzeugt, dass die Leiden der gegenwärtigen Zeit nichts bedeuten im Vergleich zu der Herrlichkeit, die an uns offenbar werden soll." Dieses Ausschau-halten und Warten ist keine Frage des Willens, sondern eine tiefe Erfahrung der Leere der Armut. Man kann nämlich jeder Perspektive beraubt werden, so dass man nichts mehr sieht. Dies könnte einst „das Erbteil" (VIII,5) der höchsten Armut sein: nichts mehr sehen und doch vertrauen. In der Kraft der Hoffnung auf das Unerwartete zu warten wagen. In Klaras Ausdrucksweise klingt diese Hoffnung durch: „Wer aber ausharrt bis ans Ende, der wird gerettet werden" (X,13). Das Bewusstsein der Endlichkeit aller Dinge hilft auch, sie loszulassen. Die Tugend der Armut schenkt Kraft, um im Vertrauen an das Gute zu leben, das „Gott selbst von Anbeginn für die aufbewahrt hat, die ihn lieben" (3 Agn 14).

11.3 Jesus Christus: Beispiel und Spiegel

In der Lebensform präsentiert Klara verschiedene Beispiele und Vorbilder: die Mutter Jesu, Franziskus, Klara mit ihren Schwestern (VI,1–2;
VI,7). Sie haben die Nachfolge Jesu Christi, besonders seine Armut und
Niedrigkeit, vorgelebt. All diese Beispiele sind jedoch Widerspiegelung
des einen Beispiels: Jesus Christus.

In jeder Form christlicher Spiritualität steht die Nachfolge Christi
im Zentrum. Es gibt zwar Akzentunterschiede in der Art und Weise,
wie man Ihn als Vorbild vor Augen hält: Jesus, der Wohltaten spen-
dend umherging; Jesus, der gute Hirt; Jesus, der sich zurückzog, um
in der Einsamkeit zu beten; Jesus, der sich über die Sünder erbarmte.
Welches Bild Jesu Christi lässt sich in der Lebensform erkennen? An
Hand einiger Texte aus dem Neuen Testament werde ich versuchen,
dieses Bild zu beschreiben.

Schon zu Beginn der Lebensform spiegelt sich das Beispiel des
Sohnes Gottes wider, der um unseretwillen auf seinen ewigen Reichtum verzichtet hat, und zwar dort, wo einer Kandidatin das Wort des
heiligen Evangeliums gesagt wird: dass sie hingehe und ihren ganzen
Besitz verkaufe und dass sie dies nach bestem Vermögen an die Armen
austeilen soll (II,7). Diejenige, die sich mit Ihm in seinem Verschenken verbindet, soll sich materiell arm machen, um sich ganz an Ihn
zu hängen (VIII,6). Bei seiner Geburt hat seine Mutter „das Kind in
ärmliche Windeln gehüllt in eine Krippe gelegt" (II,24). So hat Er auf
seine göttliche Gestalt verzichtet und Er ist einer von uns geworden.

In der Mitte der Lebensform ist der Weg der „armen Schwester" kurz
und bündig zusammengefasst mit: „Leben nach der Vollkommenheit des
heiligen Evangeliums" (VI,3). Was dies beinhaltet, kommt wenig später
schärfer in den Blick: „dem Leben und der Armut unseres höchsten
Herrn Jesus Christus und seiner heiligsten Mutter nachfolgen" (VI,7).
Wo der Pilgerweg mit aller Verwundbarkeit und seinen Risiken skizziert wird durch den Verzicht auf jede Form von Existenzsicherheit,
stehen das *Leben* und diese Armut Modell. Für diese Armut dürfen die
Schwestern sich „nicht schämen, weil sich der Herr für uns arm gemacht

hat in dieser Welt" (VIII,3). Schließlich ist es „die Armut und Demut unseres Herrn Jesus Christus und seiner heiligsten Mutter" (XII,13), worin die ganze Nachfolge Christi beschlossen liegt.

11.3.1 Er, der reich war, ist arm geworden

Neben den Evangelien Jesu Christi spiegeln sich in dem Beispiel, das Klara ihren Schwestern vor Augen hält, auch zwei christologische Überlegungen aus den Briefen des Paulus. Die Kraftquelle für die Entscheidung zu gerade dieser Nachfolge Christi liegt in dem Glauben, dass Gott sich um unseres Heiles willen in der Menschwerdung seines Sohnes freiwillig arm gemacht hat. Auf diese Liebestat Gottes sucht der Mensch, der freiwillig sich für ein Leben ohne Eigentum entscheidet, Antwort zu geben. Nicht Armut als asketische Übung ist das Ziel, sondern die befreiende Kraft der freiwillig gewählten Armut, die Raum schafft, um zur Gleichförmigkeit mit Christus zu wachsen. Klara orientiert sich an der göttlichen Dimension der Armut:

„Denn ihr wisst, was Jesus Christus, unser Herr, in seiner Liebe getan hat: Er, der reich war, wurde euretwegen arm, um euch durch seine Armut reich zu machen" (2 Kor 8,9; vgl. VIII,3).

Diesen Gedanken verarbeitet Klara auch in ihrem ersten Brief an Agnes:

„Wenn also ein so großer und so edler Herr in den jungfräulichen Schoß kam und verachtet, bedürftig und arm in der Welt erscheinen wollte, damit die Menschen, die ganz und gar arm und bedürftig waren und überaus großen Mangel an himmlischer Speise litten, in ihm reich würden durch den Besitz himmlischer Reiche, so jubelt von Herzen und freuet Euch, erfüllt von höchster Freude und geistlicher Fröhlichkeit!" (19–21)

Dieser Gedanke ist dem Paulus-Text noch näher als der in der Lebensform (VIII,3).[212] Jesus hat als Sohn Gottes die göttliche Armut, das ist

---

212 2 Kor 8,9: ‚Scitis enim gratiam Domini nostri Iesu Christi, quoniam propter vos egenus factus est, cum esset divis, ut illias inopia vos divitis essetis.' Klara 1 Agn 19-21: ‚Si ergo tantus et talis Dominus in uterum veniens virginalem, despectus,

das *freiwillige* Verschenken seines göttlichen Reichtums, den Menschen sichtbar gemacht in seiner Geburt, seinem armen und demütigen Leben und seinem schändlichen Tod am Kreuz (vgl. 4 Agn 19–23). In diesem Sinn können wir über die Armut Gottes sprechen. In Klaras Brief heißt dieses Glaubensgeheimnis der „lobenswerte Tausch" der seligen, heiligen und milden Armut (1 Agn 15–18; 30).[213] Diese Armut erscheint in dem Menschen Jesus als eine verletzliche Kraft der Entäußerung und Befreiung. Klara schaut auf Ihn von seinem göttlichen Ursprung her. Genau darum ist dieses Glaubensgeheimnis für sie wunderbar und Staunen erweckend (4 Agn 20). Sie nennt Ihn dann auch immer Herr Jesus Christus oder Sohn Gottes und wo sie den Titel Menschensohn gebraucht, fügt sie „Christus" hinzu (1 Agn 18). In der Armut des menschgewordenen Sohnes hat Gottes unaussprechliche Liebe sich gezeigt.

11.3.2 Lobgesang des Paulus auf Christus

Klara verdankt diese – durch Meditation herauskristallisierte – Sicht auf die göttliche Armut und Demut Jesu Christi auch der Hymne des Paulus in seinem Brief an die Philipper 2,6–11. Dieser Text erklingt von alters her in der Liturgie des Palmsonntags. Zweifellos stand dieser erste Tag der Karwoche in Klaras Erinnerung unauslöschlich eingeritzt, denn diesen Tag wählte sie als „Beginn", um mit Ihm den ganzen Weg zu gehen.[214] Der Paulus-Text lautet:

> *„Er war Gott gleich, hielt aber nicht daran fest, wie Gott zu sein, sondern er entäußerte sich und wurde wie ein Sklave und den Menschen gleich. Sein Leben war das eines Menschen; er erniedrigte sich und war gehorsam bis zum Tod, bis zum Tod am Kreuz. Darum hat*

---

egenus et pauper in mundo voluit apparere, ut homines, qui erant pauperrimi et egeni, caelestis pabuli sufferentes nimiam egestatem, efficerentur in illo divites regna caelestia possidendo exsultate plurimum et gaudete, repletae ingenti gaudio et laetitia spirituali.'

213 Siehe dazu in diesem Kapitel und in *Klara von Assisi: Licht aus der Stille*, 76–79 und 86.

214 Vgl. LebKl 7–8; 2 Agn 11;22–23.

ihn Gott über alle erhöht und ihm den Namen verliehen, der größer
ist als alle Namen, damit alle im Himmel, auf der Erde und unter
der Erde ihre Knie beugen vor dem Namen Jesu und jeder Mund
bekennt: Jesus Christus ist der Herr – zur Ehre Gottes, des Vaters."

Paulus beschreibt in dieser Hymne Jesu Hingabe in dem widerspenstigen
Vokabular von Entäußerung und Armut, Erniedrigung und Gehorsam
bis zum äußersten. So ist Er Diener geworden (vgl. Jes 53). Zu unserem Heil hat Er unsere menschliche Gebrechlichkeit, Abhängigkeit
und Begrenztheit angenommen und durchlebt. Um dieser äußersten
Selbstentäußerung bis in den Tod und seiner Hingabe an den Vater
willen ist Er erhöht. Er hat den Namen empfangen: Jesus Christus,
der Herr. Auf diese unaussprechliche Liebestat hin war für Klara (und
Franziskus) die einzige Antwort: „Um des Namens unseres Herrn Jesu
Christi [...] willen auf ewig unter dem Himmel nichts anderes haben"
(VIII,6). Die wahre Ehre, die ein Mensch dem Vater bringen kann, ist
dann auch diese Nachfolge des menschgewordenen Sohnes Gottes, der
Bild und Gleichnis seiner Herrlichkeit ist. Durch diese Nachfolge wird
ein Mensch christusförmig.

Dass Klara diesen Lobgesang des Paulus in ihrer Meditation häufig
erwogen hat, können wir in ihrem vierten Brief heraushören, kurz vor
ihrem Tod geschrieben:

„In diesem Spiegel erstrahlen die selige Armut,
die heilige Demut und die unaussprechliche Liebe,
wie du sie über diesen ganzen Spiegel hin mit Gottes Gnade
betrachten kannst.
Richte deine Aufmerksamkeit, sage ich, auf den Anfang dieses
Spiegels
und betrachte die Armut Dessen, der in eine Krippe gelegt
und in Windeln gehüllt wurde.
O wunderbare Demut,
o Staunen erweckende Armut!
Der König der Engel,
der Herr des Himmels und der Erde wird in eine Krippe gelegt.
In der Mitte des Spiegels betrachte die heilige Demut,

die selige Armut,
die unzähligen Anstrengungen und Mühen,
die er um der Erlösung des Menschengeschlechtes willen auf sich
genommen hat.
Am Ende des Spiegels aber versenke Dich schauend
in die unaussprechliche Liebe,[215]
mit der er am Holz des Kreuzes leiden
und an ihm auf die schimpflichste Todesart sterben wollte" (4
Agn 18–23).

Um den Prozess der Umformung in Christus zu beschreiben, gebraucht Klara mit Vorliebe die Metapher des Spiegels (vgl. 3 Agn 11–14).[216] Wer aufmerksam auf die Armut, Demut und Liebe Jesu Christi schaut, Ihn jeden Tag betrachtet und anschaut, wird in den Raum seiner Liebe gezogen und umgeformt zur Gleichförmigkeit mit Ihm. Sehnsucht und die Liebe halten die Dynamik dieser Umformung in Gang. Dieses Liebesverlangen wird durch die Liebe selbst geweckt und der Mensch darf sich durch jene Sehnsucht mitziehen lassen (vgl. 4 Agn 11; 24–27). Der innere Kern, da wo der Mensch in Wahrheit ganz von Gott ist, wird durch die Einwirkung des Spiegels umgeformt zur Wiedergabe von Ihm. Wenn der Mensch einmal Partner seiner Liebe geworden ist, lässt der Spiegel selbst diese Einwirkung auch erfahren: „Wenn Du darüber hinaus Dich in die Betrachtung seiner unsagbaren Wonnen, seines Reichtums, seiner ewigen Ehren versenkst, mögest Du seufzend vor übergroßer Sehnsucht und Liebe des Herzens rufen: Ziehe mich dir nach ..." (4 Agn 28–30).

11.4 Spirituelle Kraftlinien in der Lebensform

Drei Kraftlinien von Klaras Spiritualität, die in ihrer Hymne auf Jesus Christus durchklingen, nämlich seine Tugenden der Armut, Demut und

---

215 Es fällt auf, dass die „Liebe" hier personifiziert ist. Vgl.: ‚Gott ist Liebe' (1 Joh 4,9).
216 *Klara von Assisi: Licht aus der Stille*, 198–203; Kapitel VII, passim.

Liebe, geben der Lebensform dieselbe mystische Dynamik wie ihrem Abschiedsbrief.[217] Dieser mystischen Dynamik kann man am besten auf die Spur kommen, wenn man das Gegenteilige dieser Tugenden mitsprechen lässt.

- *Armut* („Er hat sich selbst entäußert") hat ihr Gegenteil darin, sich selbst etwas anzueignen (vgl. VIII,1). Die Erkenntnis, dass man als Mensch wesentlich bedürftig ist (VIII,15), ist das Gegenteil davon, sein Vertrauen auf materiellen Besitz zu gründen, wie die Sicherheit von festen Einkünften für die Gemeinschaft. Leben ohne Eigentum verlangt immerwährenden Verzicht auf das, was man im täglichen Leben unbewusst und selbstredend als eigenes betrachtet (VII,1; VIII,3; VIII,10–11). Die Nachfolge der Armut Jesu Christi befreit uns von materiellen und geistigen Hindernissen und Anschwemmungen, um Gottes Reichtum zu empfangen. Leben ohne Eigentum ist nicht ohne Perspektive. Wo die Sorge um eigene Interessen verschwindet, entsteht Raum für das Wirken des Heiligen Geistes und Raum auch für die Bedürftigkeit des anderen. Verzicht auf jede Form von Besitz ist schlechthin der Weg zur Umformung in Christus. Leben ohne Eigentum und ohne Aneignungskrampf ist die Erscheinungsform der heiligsten Armut (VI,3; VI,6).

- *Niedrigkeit* („Er hat sich erniedrigt") hat ihr Gegenteil in sich selbst erheben, was darauf hinausläuft, auf sich selbst besser zu achten als auf die Schwester neben mir. Diese Niedrigkeit bekommt Gestalt durch liebevolles und barmherziges einander bei leiblicher und geistiger Gebrechlichkeit *dienen* (XIII,13–14; IX,1–10) in der Nachfolge des Dienstes Jesu Christi.

- *Liebe*: das Gegenteil tritt auf, wo jemand eigenmächtig urteilt über die Schwäche seiner Schwester, sich über sie erregt oder böse auf sie wird und ihr nicht vergibt (IX,6–10). „Sie seien immer eifrig besorgt, untereinander die Einheit gegenseitiger Liebe zu wahren, die das Band der Vollkommenheit ist" (X,7). Die Liebe Christi bekommt Gestalt in der ungeteilten Hinwendung zu Gott und zueinander,

---

217 *Klara von Assisi: Licht aus der Stille*, 286–293.

im großherzigen Vergeben des angetanen Unrechts (IX,10) und im gegenseitigen Hören aufeinander oder *Gehorchen* in allem, was sie dem Herrn gelobt haben (X,3). („Er ist gehorsam geworden"). Die Orientierung an dem Beispiel des armen und demütigen Christus gibt dem die Richtung, der Ihm folgen will und danach verlangt, dem Evangelium in unserer sich verändernden Welt Gestalt zu geben. Jesus Christus hat uns in seiner Armut, Demut und seinem Gehorsam gezeigt, dass Gott in seiner Liebe immer auf Menschen bezogen bleibt. Das ist die frohe Botschaft, die Klara uns ins Herz schreiben will.

Die Lebensform des Ordens der armen Schwestern lässt sich erschließen als ein geistliches Umformungsmodell. Wenn jemand in dieser Lebensform seinen geistlichen Weg geht, wird sie deren vermittelnden Einfluss bei ihrer Suche nach Gott erfahren dürfen. In der Lebensform kann man kritische Töne heraushören gegenüber unseren heutigen Auffassungen von einem glücklichen Leben. Die Lebensform zeigt, dass die fundamentale Unbeständigkeit und wesentliche Verwundbarkeit unseres Daseins, die wir gewöhnlich als negativ erfahren, gerade Öffnungen bieten können zur gegenseitigen Bezogenheit und zum Gemeinschaftsaufbau. Vor allem lesen wir darin, dass ein einfaches und schlichtes Leben uns befreien kann von vielerlei Anschwemmungen, die unser Wachstum zu innerer Freiheit und Offenheit füreinander erschweren.

Überlieferte Formen von Spiritualität – wie die Lebensform des Ordens der armen Schwestern – können uns hervorragend helfen, in unserer Zeit unsere Weise zu leben abzustimmen auf das Evangelium. Sie sind jedoch nicht ausreichend. Für jede, die verlangt in den Fußspuren Jesu zu gehen, bleibt es in jeder Zeit und Kultur eine Aufgabe, in Besinnung miteinander und in Gebet nach einer authentischen Lebensweise nach dem Evangelium zu suchen. Neue Formen von Spiritualität sind nur lebensfähig, wo das Geheimnis des Gott-mit-uns sich als höchste und tiefste Wirklichkeit im alltäglichen Leben erkennbar werden kann.

Beilage

Lebensform des Ordens der Armen Schwestern	Bullierte Regel der Minderen Brüder (1223)	Wo weicht Klara ab? *Die Teile, die übereinstimmen, sind in Kursivschrift.*
Kapitel I: Im Namen des Herrn! Es beginnt die Lebensform der Armen Schwestern.	*Kapitel I: Im Namen des Herrn! Es beginnt die Lebensweise der Minderen Brüder.*	*KlReg I: parallel*
Kapitel II: Von denen, die dieses Leben annehmen wollen, und wie sie aufgenommen werden müssen.	*Kapitel II: Von denen, die dieses Leben annehmen wollen und wie sie aufgenommen werden sollen.*	*KlReg II: parallel*
Kapitel III: Vom göttlichen Offizium und vom Fasten; von der Beichte und der Kommunion.	*Kapitel III: Vom Göttlichen Offizium und vom Fasten, und wie die Brüder durch die Welt ziehen sollen.*	*KlReg III: teilweise parallel*
Kapitel IV: Von Wahl und Amt der Äbtissin, vom Kapitel und von den Amtsträgerinnen und Diskreten.	**Kapitel IV:** Dass die Brüder kein Geld annehmen sollen.	*KlReg VIII,*11
Kapitel V: Vom Stillschweigen, von der Sprechöffnung und vom Gitter.	**Kapitel V:** Von der Art zu arbeiten.	*KlReg VII*
Kapitel VI: Dass die Schwestern keine Besitzungen haben dürfen.	**Kapitel VI:** Dass die Brüder nichts als ihr Eigentum erwerben dürfen, sowie vom Bitten um Almosen und von den kranken Brüdern.	*KlReg VIII*
Kapitel VII: Von der Art zu arbeiten.	**Kapitel VII:** Von der Buße, die sündigen Brüdern auferlegt werden soll.	*KlReg IX*

Kapitel VIII: Dass die Schwestern sich nichts aneignen dürfen, vom Sorgen um Almosen und von den kranken Schwestern.	**Kapitel VIII:** Von der Wahl des Generalministers dieser Bruderschaft und vom Pfingstkapitel.	*KlReg IV*
Kapitel IX: Von der Buße, die sündigen Schwestern auferlegt werden soll, und von den außerhalb des Klosters dienenden Schwestern.	**Kapitel IX:** Von den Predigern.	*KlReg II: nicht parallel*
Kapitel X: Von der Ermahnung und Zurechtweisung der Schwestern.	**Kapitel X:** *Von der Ermahnung und Zurechtweisung der Brüder.*	*KlReg X: parallel*
Kapitel XI: Von der Wahrung der Klausur	**Kapitel XI:** *Dass die Brüder die Klöster der Nonnen nicht betreten sollen.*	*KlReg X und XI: parallel*
Kapitel XII: *Vom Visitator, vom Kaplan und vom Kardinalprotektor*	**Kapitel XII, 1-2:** Von denen, die unter die Sarazenen und andere Ungläubige gehen.	*KLReg XII,1-11: nicht parallel*
Kapital XII,12-13: Schluss	*Kapitel XII, 3-4: Schluss*	*KLReg XII,12-13: parallel*

Abkürzungen

1. Die Bücher der Heiligen Schrift

Namen und Abkürzungen biblischer Bücher sowie Schreibweise biblischer Namen (Personen, Realien) richten sich nach der *Einheitsübersetzung der Heiligen Schrift. Die Bibel*, Stuttgart⁷ 1992. Die Siglen sind nicht nach der Ordnung der biblischen Bücher gereiht, sondern alphabetisch.

A) Die Schriften des Alten Testaments

Am	Das Buch Amos
Bar	Das Buch Baruch
1 Chr	Das erste Buch der Chronik
2 Chr	Das zweite Buch der Chronik
Dan	Das Buch Daniel
Dtn	Das Buch Deuteronomium
Esra	Das Buch Esra
Est	Das Buch Ester
Ex	Das Buch Exodus
Ez	Das Buch Ezechiel
Gen	Das Buch Genesis
Hab	Das Buch Habakuk
Hag	Das Buch Haggai
Hld	Das Hohelied
Hos	Das Buch Hosea
Ijob	Das Buch Ijob
Jdt	Das Buch Judit
Jer	Das Buch Jeremia
Jes	Das Buch Jesaja
Joël	Das Buch Joël
Jona	Das Buch Jona
Jos	Das Buch Josua

Klgl	Die Klagelieder
1 Kön	Das erste Buch der Könige
2 Kön	Das zweite Buch der Könige
Koh	Das Buch Kohelet
Lev	Das Buch Levitikus
1 Makk	Das erste Buch der Makkabäer
2 Makk	Das zweite Buch der Makkabäer
Mal	Das Buch Maleachi
Mi	Das Buch Micha
Nah	Das Buch Nahum
Neh	Das Buch Nehemia
Num	Das Buch Numeri
Obd	Das Buch Obadja
Ps	Die Psalmen
Ri	Das Buch der Richter
Rut	Das Buch Rut
Sach	Das Buch Sacharja
1 Sam	Das erste Buch Samuel
2 Sam	Das zweite Buch Samuel
Sir	Das Buch Jesus Sirach
Spr	Das Buch der Sprichwörter
Tob	Das Buch Tobit
Weish	Das Buch der Weisheit
Zef	Das Buch Zefanja

B) Die Schriften des Neuen Testaments

Apg	Die Apostelgeschichte
Eph	Der Brief an die Epheser
Gal	Der Brief an die Galater
Hebr	Der Brief an die Hebräer
Jak	Der Brief des Jakobus
Joh	Das Evangelium nach Johannes
1 Joh	Der erste Brief des Johannes

2 Joh	Der zweite Brief des Johannes
3 Joh	Der dritte Brief des Johannes
Jud	Der Brief des Judas
Kol	Der Brief an die Kolosser
1 Kor	Der erste Brief an die Korinther
2 Kor	Der zweite Brief an die Korinther
Lk	Das Evangelium nach Lukas
Mk	Das Evangelium nach Markus
Mt	Das Evangelium nach Matth_us
Offb	Die Offenbarung des Johannes
1 Petr	Der erste Brief des Petrus
2 Petr	Der zweite Brief des Petrus
Phil	Der Brief an die Philipper
Phlm	Der Brief an Philemon
Röm	Der Brief an die Römer
1 Thess	Der erste Brief an die Thessalonicher
2 Thess	Der zweite Brief an die Thessalonicher
1 Tim	Der erste Brief an Timotheus
2 Tim	Der zweite Brief an Timotheus
Tit	Der Brief an Titus

2. Die Schriften der hl. Klara von Assisi

KlReg	Lebensform des Ordens der Armen Schwestern – die Regel der hl. Klara
KlTest	Das Testament der hl. Klara
Erster Brief, Zweiter Brief, Dritter Brief, Vierter Brief an Agnes von Prag	1 BrAgn; 2 BrAgn; 3 BrAgn; 4 BrAgn
Ermen	Ein angeblicher Brief an Ermentrud von Brügge
KlSeg	Der Segen der hl. Klara
KlSegA	Der Segen der hl. Klara für die hl. Agnes von Prag

3. Zeugnisse zur hl. Klara und Kuriale Quellen

TodKl	Rundschreiben zum Tod der hl. Klara (1253)
GlorD	Bulle zur Eröffnung des Heiligsprechungsprozesses für Klara (1253)
ProKl	Der Heiligsprechungsprozess der hl. Klara (1253)
BulKl	Die Heiligsprechungsbulle der hl. Klara
LebKl	Leben der hl. Klara von Assisi
1 Priv	Innozenz III., „Sicut manifestum est" – Armutsprivileg für San Damiano (1214–16)
2 Priv	Gregor IX., „Sicut manifestum est" – Armutsprivileg für San Damiano (1228)
HugKl	Hugolin von Ostia, „Ab illa hora" – Erster Brief an Klara von Assisi (1220)
HugReg	Hugolin / Gregor IX.,Die Hugolinregel (1219/28)
InnReg	Innozenz IV., Die Innozenzregel (1247)
UrbReg	Urban IV., Regel der Schwestern der hl. Klara (1263)
BulSol	Innozenz IV., Bulle „Solet annuere" vom 9. August 1253

4. Die Schriften des hl. Franziskus von Assisi

MahnKl	Mahnlied für Klara und ihre Schwestern
Ant	Brief an Bruder Antonius
2Gl	Der zweite Brief an die Gläubigen
Ord	Der Brief an alle Brüder oder den gesamten Orden
Off	Offizium vom Leiden des Herrn
BnR	Nicht-bullierte Regel
BR	Bullierte Regel
REins	Regel für Einsiedeleien
FrTest	Das Testament
Erm	Ermahnungen

5. Franziskanische Quellen

AP	Johannes von Perugia, *(Anonymus Perusinus), über die Anfänge des Ordens*
1C	Thomas von Celano, *1. Lebensbeschreibung (Vita) des hl. Franziskus*
2C	Thomas van Celano, *2. Vita oder Memoriale*
Gef	*Die Dreigefährtenlegende*
LM	Bonaventura von Bagnoregio, *Legenda Maior – das Große Franziskusleben*
Per	*Sammlung von Perugia*
MinMan!	*Het was een min mannetje om te zien. Franciscus en zijn broeders in verspreide geschriften uit de dertiende eeuw.* G.P. Freeman / H. Loeffen (red). Haarlem 1989.

6. Weitere Abkürzungen

Écrits	*Claire d'Assise. Écrits,* Introduction, texte latin, traduction, notes et index par Marie-France Becker, Jean-François Godet, Thaddée Matura. Sources Chrétiennes. (Cerf). Paris ²1997.
Escritos	Omaechevarria, Ignacio, *Escritos de Santa Clara y documentos complementarios.* (Biblioteca de Autores Cristianos). Madrid 1982.
Franziskus-Quellen	*Franziskus-Quellen. Die Schriften des heiligen Franziskus, Lebensbeschreibungen, Chroniken und Zeugnisse über ihn und seinen Orden.* Im Auftrag der Provinziale der deutschsprachigen Franziskaner, Kapuziner und Minoriten. (Hrg. von Dieter Berg und Leonhard Lehmann in Verbindung mit Johannes-Baptist Freyer, Bernhard Holter, Thomas Morus Huber, Florian Mair, Johannes Schlageter, Marianne Schlosser, Johannes Schneider, Paul Zahner). Butzon & Bercker, Edition T Coelde, Kevelaer 2009.
Klara-Quellen	*Klara-Quellen. Die Schriften der heiligen Klara. Zeugnisse zu ihrem Leben und ihrer Wirkungsgeschichte.* Im Auftrag der Provinziale der deutschsprachigen Franziskaner, Kapuziner und Minoriten, herausgegeben von Johannes Schneider und Paul Zahner. Kevelaer 2013.

The Lady	*Clare of Assisi. The Lady. Early Documents.* Revised Edition and Translation by Regis J. Armstrong, O.F.M.Cap. New York – London – Manilla 2006.
AFH	*Archivum Franciscanum Historicum*, Quaracchi – Grottaferrata 1908-1996
BKV	Bibliothek der Kirchenväter, Universität Fribourg: (http://www.unifr.ch/bkv/kapitel3287.htm).
Codex	*Codex iuris canonici. Wetboek van Canoniek Recht.* Latijns-Nederlandse Uitgave in opdracht van de Belgische en Nederlandse bisschoppenconferentie. Hilversum – Kevelaer 1987
Die Opuscula	Kajetan Esser OFM, *Die Opuscula des hl.Franziskus von Assisi.* Neue textkritische Edition (Spicilegium Bonaventurianum, XIII), Zweite, erweiterte und verbesserte Auflage besorgt von Engelbert Grau OFM, Grottaferrata. Romae 1989
Federazione, vol. I	Federazione S. Chiara di Assisi delle Clarisse di Umbria-Sardegna, *Chiara di Assisi e le sue fonti legislative. Sinossi cromatica. (Secundum perfectionem sancti evangelii.* La forma di vita dell' Ordine delle Sorelle povere). Volume I. Padova 2003.
Federazione, vol. II	Idem, *Chiara di Assisi. Una vita prende forma. Iter storica. (Secundum perfectionem sancti evangelii.* La forma di vita dell' Ordine delle Sorelle povere). Volume II. Padova 2005
Federazione, vol. III	Idem, *Chiara di Assisi. Il Vangelo come forma di vita. In ascolto di Chiara nella sua Regula. (Secundum perfectionem sancti evangelii.* La forma di vita dell' Ordine delle Sorelle povere). Volume III. Padova 2007
Franc Leven	*Franciscaans Leven*, Utrecht – 's Hertogenbosch 1917
Fontes	*Fontes Franciscani (Medioevo francescano. Testi 2).* Enrico Menestò — S. Brufani (ed. u.a.). Assisi 1995.
Generale Constituties	*Generale Constituties van de orde van de arme zusters van de heilige Clara.* Rome 1988.
LThK	*Lexikon für Theologie und Kirche.* Freiburg – Basel – Wien [3]2006.
BF	J.H. SBARAGLEA (ed.), *Bullarium Franciscanum I.* Roma 1759.
WiWei	*Wissenschaft und Weisheit*, Düsseldorf – Münster 1934

Bibliographie

Felice Accrocco, *The „Unlettered One" and His Witness: Footnotes to a Recent Volume on the Autographs of Brother Francis and Brother Leo*, in: *Greyfríars Revíew* 16 (2002), 265–282.

Maria Pia Alberzoni, *„Nequaquam a Christi sequela in perpetuum absolve desiderio." Clare between Charism and Institution*, in: *Archivum Franciscanum Historicum* ... (1996), 1–18.

Athanasius (295-373), *Leben des heiligen Antonius (Vita Antonii)*, II: Bc, 20. In: *Ausgewählte Schriften*. Band 2. Aus dem Griechischen übersetzt von Anton Stegmann und Hans Mertel. (Bibliothek der Kirchenväter, 1. Reihe, Band 31) München 1917.

M. Bernards, *Nudus nudum Christum sequi*, in: *WiWei* 14 (1951), 148–151.

Hubert Jan Bisschops, *Franciscus van Assisi: mysticus en mystagoog*. Assen 2008.

Stefano Brufani / Attilio Bartoli Langeli, *La Lettera* Solet annuere *di Innocenzo IV per Chiara d'Assisi (9 agosto 1253)*, in: *Franciscana* VIII (2006), 63–106.

Margaret Carney, *The First Franciscan Woman. Clare of Assisi and her Form of Life.* Quincy, Illinois 1992.

M. Carruthers, *The Book of Memory. A Study of Memory in Medieval Culture.* Cambridge 1990.

Andre R. Cirino, *Clare and the Rule for Hermitages*, in: *The Cord. A Franciscan Spiritual Review* 41 (1991), 195–202.

Conciliorum oecumenicorum decreta. Freiburg 1962.

Herman De Dijn, *De herontdekking van de ziel, Voor een volwaardige kwaliteitszorg.* Nijmegen 1999.

Ferdinand De Grijs, *Goddelijk mensontwerp. Een thematische studie over het beeld van God in de mens volgens het Scriptum van Thomas van Aquino. In twee delen: deel 2.* Antwerpen 1967.

Henri DE SAINTE MARIE, *Presence of the Benedictine Rule in the Rule of St.Clare*, in: *Greyfriars Review* 6 (1992), 49–66.

Peter D'HAESE, Iedere tijd opnieuw. Over de liturgie van de getijden, in: *Godlof! Kloosterliturgie in beweging. 40 jaar Intermomasteriële Werkgroep voor Liturgie*. Louis van Tongeren, Margareth van Gils ocso, Bruno Wilderbeek ocso, Hadewych Zomerdijk ocso (red.). Kampen 2007, 81–94.

Kajetan ESSER, *Franziskus von Assisi und die Katharer seiner Zeit*, in: *Archivum Franciscanum Historicum* 51 (1950), 225–264.

Gerard Pieter FREEMAN, *Clarissen in de dertiende eeuw. Drie Studies.* Utrecht 1997.

– idem, *Bidden en vasten. Historisch commentaar op het derde hoofdstuk van de regel voor de minderbroeders*, in: *Franc Leven* 91 (2008), 179–189.

Javier GARRIDO, *La Forma di Vita Santa Chiara*. Milano 1989.

Jean-François GODET, *A New Look at Clare's Gospel Plan of Life*, in: *Greyfriars Review* 5 (1991) Supplement, 1–84.

Engelbert GRAU, *Die Regel der hl. Klara in ihrer Abhängigkeit von der Regel der Minderbrüder (1223)*, in: *Franziskanische Studien* 35 (1953), 211–273.

– idem, *Leben und Schriften der Heiligen Klara. Einführung, Übersetzung, Anmerkungen*. (Franziskanische Quellenschriften, Band 2). Werl [4]1976.

Anselm GRÜN, *Fasten, Beten mit Leib und Seele*. (Taschenbuch – 1), Münsterschwarzacher Kleinschriften 1984.

Anselm GRÜN / Wunibald MÜLLER, *Was ist die Seele? Mein Geheimnis – meine Stärke*. (Goldman Verlag) 2011.

Herbert GRUNDMANN, *Religiöse Bewegungen im Mittelalter*. Hildesheim [2]1961.

Etty HILLESUM, Ausschnitte aus: *Das denkende Herz. Die Tagebücher von Etty Hillesum*, 11.1941.

Jan HOEBERICHTS, *Bedelbroeders?*, in: *Franc Leven* 92 (2009), 112–118.

Anton HOUTEPEN, *Uit aarde, naar Gods beeld. Theologische antropologie.* Zoetermeer 2006. [Von der Erde zum Bild Gottes, theologische Anthropologie].

Malachias HUIJINK OCSO, *Met Cassianus op weg naar het zuivere hart,* in: *De Kovel. Monastiek tijdschrift voor Vlaanderen en Nederland* 1 (2008) 5, 16–22.

JOANNES CASSIANUS (um 360 – †430), *Vierundzwanzig Unterredungen mit den Vätern* (Collationes patrum). BKV Bibliothek der Kirchenväter, Universität Fribourg: http://www.unifr.ch/bkv/kapitel3049.htm.

– idem, *Von den Einrichtungen der Klöster* (De institutis coenobiorum et de octo principalium vitiorum remediis). BKV Bibliothek der Kirchenväter, Universität Fribourg: http://www.unifr.ch/bkv/kapitel3287.htm.

Martina KREIDLER-KOS / Niklaus KUSTER OFMCap / Ancilla RÖTTGER OSC, *„Den armen Christus umarmen" – Das bewegte Leben der Klara von Assisi: Antworten der aktuellen Forschung und neue Fragen,* in: *Wissenschaft und Weisheit* 66 (2003), 3–81.

Niklaus KUSTER / Martina KREIDLER-KOS, *Neue Chronologie zu Clara von Assisi,* in: *Wissenschaft und Weisheit* 1 (2006) 3–46.

Niklaus KUSTER, *Schriften des Franziskus an Klara von Assisi. Eine Spurensuche zwischen „plura scripta" und den Schweigen der Quellen,* in: *Wissenschaft und Weisheit* 65 (2002), 163–179.

– idem, *Eine neu entdeckte Lichtgestalt. Forschungsbericht zu Clara von Assisi,* in: *Wissenschaft und Weisheit* 68 (2005), 125–153.

Jean LECLERCQ, *Women's Monasticism in the 12th & 13th Centrury,* in: *Greyfriars Review* 7 (1993), 167–192.

Pia LUISLAMPE, *Die „ars spiritualis" in der Regula Benedicti auf den Hintergrund es alten Mönchtum,* in: Anton ROTZETTER (Hrsg.), *Geist und Geistesgaben. Die Erscheinungsformen des geistlichen Lebens in ihrer Einheit und Vielfalt.* (Seminar Spiritualität, Band 2). Köln 1980, 95–104.

Theresia, MAIER, *Forma vitae: Eine Interpretation der Ordensregel der heiligen Klara von Assisi*, in: *Wissenschaft und Weisheit* 70 (2007), 3–61.

Werner MALECZEK, *Das „Privilegium Paupertatis" Innocenz III. und das Testament der Klara von Assisi. Überlegungen zur Frage ihrer Echtheit*, in: *Collectanea Franciscana* 65 (1995), 5–82.

Gerard, MATHIJSEN, *De abt is wezenlijk herder*, in: *Herademing, Tijdschrift voor spiritualiteit en mystiek* 16 (2008), 32–36.

Dom Bernardo OLIVERA O.C.S.O., *Licht op mijn pad. Geestelijke begeleiding. (Lumière sur mes pas)*, uit het Frans vertaald door zr. Humbelina Bara en br. Ivo Dujardin. Berkel-Enschot 2008.

Luigi PADOVESE, *Clare's Tonsure: Act of Consecration or Sign of Penance?*, in: *Greyfriars Review* 6 (1992) 1, 67–80.

Joy PRAKASH KUZHIPARAMBIL, Saint *Claire of Assisi: Prophetess of the Absolute*, in: *Vidyajyoti. Journal of Theological Reflection.* Vol. LIX (1995), 261–468.

Peter G.J.M. RAEDTS, *Jerusalem: Purpose of History or Gateway to Heaven? Apocalypticism in the First Crusade*, in: *Church, Change and Revolution. The Fourth Anglo-Dutch Church History Colloquium.* J. van den Berg en P. Hoffijzer (red.). Leiden 1991, 31–40.

Fulvio RAMPAZZO, *Fundamental Elements of Franciscan Liturgy. Inquiry on the Development of the Franciscan Calender of Saints*, translated by Michael Higgins T.O.R., in: *Greyfriars Review* 14 (2000), 277–294.

Ancilla RÖTTGER O.S.C., *Die archäologischen Untersuchungen in San Damiano. Interpretierende Zusammenfassung des Grabungsberichts*, in: *Klara von Assisi – Zwischen Bettelarmut und Beziehungsreichtum.* (Franziskanische Forschungen, Band 51). Münster 2011, 529–558.

Anton ROTZETTER, *Klara von Assisi. Die erste franziskanische Frau.* Freiburg – Basel – Wien 1993.

Gerard ROUWHORST, *Liturgie en de constructie van het verleden*, in: *Tijdschrift voor Liturgie* (2008), 298–311.

Herbert SCHNEIDER, *Commentary on the Rule of Saint Clare of Assisi.* Rome 1999.

Johannes SCHNEIDER (Hrsg.), *„Candor Lucis Eterne – Glanz des ewigen Lichtes". Die Legende der heiligen Agnes von Böhmen.* Übersetzt von Johannes Schneider OFM mit einer Einleitung von Christan-Frederik Felskau. Mönchengladbach 2007.

Basilius SENGER, *Zur Spiritualität der Benediktsregel,* in: Anton ROTZETTER (Hrsg.), *Geist und Geistesgaben. Die Erscheinungsformen des geistlichen Lebens in ihrer Einheit und Vielfalt.* (Seminar Spiritualität, Band 2). Köln 1980, 105–117.

Willem-Marie SPEELMAN, *De menselijke persoon,* in: *Franc Leven* 90 (2007), 231–237.

Uit de briefwisseling van de H. Coleta. Haar geestelijk testament. Uit het Frans vertaald door Br. Hilduard. Bonheiden 1978.

Fernando URIBE O.F.M., *The Rule Today,* in: *Greyfriars Review* 5 (1991), 191–200.

Edith VAN DEN GOORBERGH / Theo ZWEERMAN, *Klara von Assisi: Licht aus der Stille. Zu ihren Briefen an Agnes von Prag.* Kevelaer 2001.

– idem, *Was getekend: Franciscus van Assisi. Aspecten van zijn schrijverschap en brandpunten van zijn spiritualiteit.* Assen [2]2002.

Edith VAN DEN GOORBERGH, *Met open ogen. Enkele gedachten over „kijken" bij Clara van Assisi,* in: *Franc Leven* 73 (1990), 60–73.

– idem, *Maria bij Franciscus: spiegel en voorbeeld ter navolging. Overweging bij de antifoon van Maria,* in: *Franc Leven* 87 (2004), 174–185.

– idem, *Verbunden in der „Gnade des Ursprungs". Die Minderbrüder und die Armen Schwestern: ein Orden oder zwei?* (1. Teil), in: *CTC, Quaderni Dell'Ufficio „Pro monialibus"* 44 (2008), 30–33; (2.Teil), in: *CTC* 45 (2009), 49–60.

– idem, *Eile in schnellen Lauf und schau in den Spiegel. Das Bild des Weges und die Nachfolge Christ in den Schriften Klaras von Assisi,* in: *CTC, Quaderni Dell'Ufficio „Pro monialibus"* 46 (2010), 69–89.

Stephan J. P. VAN DIJK / J. HAZELDEN WALKER, *The Origins of the Modern Liturgy. The liturgy of the Papal Court and the Franciscan Order in the thirteenth Century*. London 1960.

Lode VAN HECKE, *Bernardus van Clairvaux en de religieuze ervaring*. Kapelle / Kampen 1990. [*Le Désir Dans L'expérience Religieuse – L'homme Réunifié, Relecture De Saint Bernard* . Paris 1990.]

Louis VAN TONGEREN, *Exaltatio crucis. Het feest van Kruisverheffing en de zingeving van het kruis in het Westen tijdens de vroege Middeleeuwen. Een liturgie-historische studie.* Tilburg 1995.

Sigismund VERHEIJ, *„Ins Land der Lebenden". Die Regel des Franziskus von Assisi für die Minderbrüder.* Aus dem Niederländisch übersetzt von Sr. Ancilla Röttger OSC. (Werkstatt Franziskanische Forschung, Band 4). Norderstedt 2009.

Kees WAAIJMAN, *Transformation. A Key Word in Spirituality*, in: *Studies in Spirituality* 8 (1998), 5–37.

– idem, *Der mystische Raum des Karmels. Eine Erklärung der Karmelregel.* Mainz 1998.

– idem, *Handbuch der Spiritualität. Formen – Grundlagen – Methoden.* Mainz, Teil I. 2007; Teil II. 2005; Teil III. 2007.

Caroline WALKER BYNUM, *Jesus as Mother. Studies in the Spirituality of the High Middle Ages.* Berkeley 1982.

– idem, *Holy Feast and Holy Fast. A Study of the Religious Significance of Food to Medieval Women.* Berkeley 1986.

Theo ZWEERMAN, *Wondbaar en vrijmoedig. Verkenningen in het licht van de spiritualiteit van Franciscus van Assisi.* Nijmegen 2001.

– idem, *Geduld: kracht om te wachten*, in: *Franc Leven* 87 (2004) 5, 214–223.

Theo ZWEERMAN / Edith VAN DEN GOORBERGH, *Franz von Assisi – gelebtes Evangelium. Die Spiritualität des Heiligen für heute.* Übersetzt von Ancilla Röttger. Kevelaer 2009.

„GRUNDRISS" DER LEBENSFORM DES ORDENS DER ARMEN SCHWESTERN (1253)

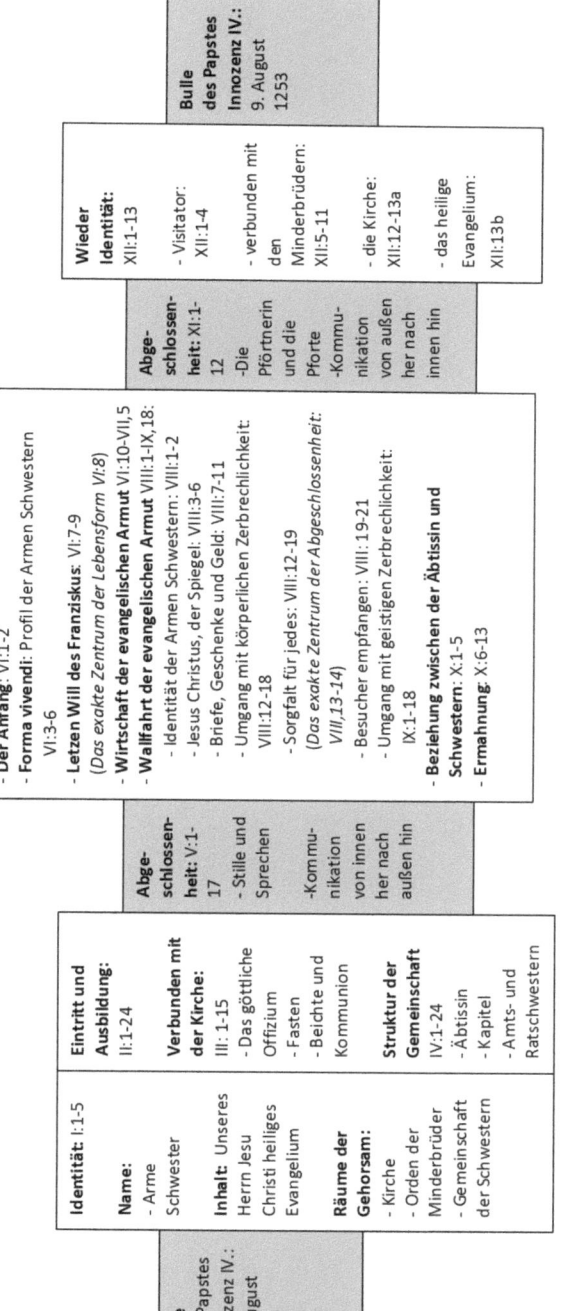

Bulle des Papstes Innozenz IV.: 9. August 1253

Identität: I:1-5

Name:
- Arme Schwester

Inhalt: Unseres Herrn Jesu Christi heiliges Evangelium

Räume der Gehorsam:
- Kirche
- Orden der Minderbrüder
- Gemeinschaft der Schwestern

Eintritt und Ausbildung: II:1-24

Verbunden mit der Kirche: III:1-15
- Das göttliche Offizium
- Fasten
- Beichte und Kommunion

Struktur der Gemeinschaft IV:1-24
- Äbtissin
- Kapitel
- Amts- und Ratschwestern

Abgeschlossenheit: V:1-17
- Stille und Sprechen
- Kommunikation von innen her nach außen hin

Das Herz der Lebensform VI:1-X:13

- **Der Anfang:** VI:1-2
- **Forma vivendi:** Profil der Armen Schwestern VI:3-6
- **Letzen Will des Franziskus:** VI:7-9
  (*Das exakte Zentrum der Lebensform VI:8*)
- **Wirtschaft der evangelischen Armut** VI:10-VII,5
- **Wallfahrt der evangelischen Armut** VIII:1-IX,18:
  - Identität der Armen Schwestern: VIII:1-2
  - Jesus Christus, der Spiegel: VIII:3-6
  - Briefe, Geschenke und Geld: VIII:7-11
  - Umgang mit körperlichen Zerbrechlichkeit: VIII:12-18
  - Sorgfalt für jedes: VIII:12-19
  (*Das exakte Zentrum der Abgeschlossenheit: VIII,13-14*)
  - Besucher empfangen: VIII: 19-21
  - Umgang mit geistigen Zerbrechlichkeit: IX:1-18
- **Beziehung zwischen der Äbtissin und Schwestern:** X:1-5
- **Ermahnung:** X:6-13

Abgeschlossenheit: XI:1-12
- Die Pförtnerin und die Pforte
- Kommunikation von außen her nach innen hin

Wieder Identität: XII:1-13
- Visitator: XII:1-4
- verbunden mit den Minderbrüdern: XII:5-11
- die Kirche: XII:12-13a
- das heilige Evangelium: XII:13b

Bulle des Papstes Innozenz IV.: 9. August 1253

(evdg)

In der Reihe
Werkstatt Franziskanische Forschung
sind bisher erscheinen

Band 1:
Regel und Leben. Materialien zur Franziskus-Regel, 1.
Norderstedt: Books on Demand GmbH, 2007. – 148 S.
ISBN 978-3-8370-0388-8 / Preis 8,90 € (D)

Band 2:
„Vena vivida – Lebendige Quelle". Texte zu Klara von Assisi und ihrer Bewegung. I: Deutsche und niederländische Zeugnisse zur hl. Klara.
Norderstedt: Books on Demand GmbH, 2008. – 209 S.
ISBN 978-3-8370-4189-7 / Preis 11,50 € (D)

Band 3:
Johannes Schneider (Hrsg.):
Regel und Leben. Materialien zur Franziskus-Regel, 2.
Norderstedt: Books on Demand GmbH, 2009. – 184 S.
ISBN 978-3-8370-2709-9 / Preis 9,90 € (D)

Band 4:
Sigismund Verheij:
„Ins Land der Lebenden". Die Regel der Franziskus von Assisi für die Minderbrüder. Materialien zur Franziskus-Regel, 3.
Norderstedt: Books on Demand GmbH, 2009. – 192 S.
ISBN 978-3-8391-0375-3 / Preis 10,00 € (D)

Band 5:
Leonhard Lehmann / Johannes Schneider (Hrsg.):
Die Heilige Klara in Kult und Liturgie. Vena vivida – Lebendige Quelle. Texte zu Klara von Assisi und ihrer Bewegung, II.
Norderstedt: Books on Demand GmbH, 2010. – 212 S.
ISBN 978-3-8391-6434-1 / Preis 11,50 € (D)

Band 6:
Elisabeth Bäbler / Susanne Ernst / Elisabeth Zacherl (Hrsg.):
Katharina (Vigri) von Bologna (1413–1463). Leben und Schriften. Vena vivida – Lebendige Quelle. Texte zu Klara von Assisi und ihrer Bewegung, III.
Norderstedt: Books on Demand GmbH, 2012. – 311 S.
ISBN 978-3-8482-1026-8 / Preis 16,00 € (D)

Band 7:
Leonhard Lehmann (Hrsg.):
Das Testament des hl. Franziskus. In Erinnerung an Kajetan Eßer OFM (1913–1978) zum 100. Geburtstag. Regel und Leben – Materialien zur Franziskus-Regel, 4
Norderstedt: Books on Demand GmbH, 2013. – 284 S.
ISBN 978-3-7322-4120-0 / Preis 14,90 € (D)

Band 8:
Michael Kleinhans:
Der Glaube in den Schriften der Äbtissin Caritas Pirckheimer. Vena vivida – Lebendige Quelle. Texte zu Klara von Assisi und ihrer Bewegung, IV.
Norderstedt: Books on Demand GmbH, 2015. – 205 S.
ISBN 978-3-7386-4271-1 / Preis 9,00 € (D)

Band 9:
Susanne Ernst (Hrsg.):
Maria Angela Astorch (1592–1665). Leben und Schriften. Vena vivida – Lebendige Quelle. Texte zu Klara von Assisi und ihrer Bewegung, V.
Norderstedt: Books on Demand GmbH, 2021. – X, 312 S.
ISBN 978-3-7543-0815-8 / Preis 15,49 € (D).

Band 10
Edith van den Goorbergh OSC:
Klara vpm Assisi. Mystik im Altag. Vena vivida – Lebendige Quelle. Texte zu Klara von Assisi und ihrer Bewegung, VI.
Norderstedt: Books on Demand GmbH, 2021. – VIII, 278 S.
ISBN 978-3-7543-3697-7 / Preis 9,49 € (D)